DIRECT FROM GERMANY

Authentic Materials for Reading and Conversation for Advanced-Beginning and Intermediate Students

Peter Lupson

National Textbook Company
NTC a division of *NTC Publishing Group* • Lincolnwood, Illinois USA

This edition first published in 1991 by National Textbook Company,
a division of NTC Publishing Group, 4255 West Touhy Avenue,
Lincolnwood (Chicago), Illinois 60646-1975 U.S.A. Originally published by
Stanley Thornes Publishers Ltd.
Manufactured in the United States of America.

0 1 2 3 4 5 6 7 8 9 BC 9 8 7 6 5 4 3 2 1

Contents

Preface

Direct from Germany is an exciting collection that allows students in their beginning years of German studies to read materials drawn from the German media, as well as other authentic selections that reflect the language, culture, and character of Germany today. Short stories, advertisements, cartoons, maps, school documents, government announcements, signs, schedules, personal notes, invitations—the impressive range of authentic readings presented here helps students to develop their reading skills, as they acquire the vocabulary and structures essential to "surviving" in German in a wide variety of everyday situations.

Divided by theme into ten chapters, *Direct from Germany* features subjects ranging from life at home, at school, and at work, to sports and leisure time, to food and health, and more. In addition to developing reading comprehension, each chapter can be used as a springboard for communicative activities in German. Questions marked *M,* for *mündlich,* are designed to encourage oral work in the classroom. These can also serve as a basis for writing practice. Questions in English marked *E* test for understanding of the specific content of readings, while those marked *Z,* for *Zusatzmaterial*, are designed to develop reading-comprehension skills in general. At the end of the book, two Practice Examinations encourage students to test the reading strategies that they have acquired in the course of working through the book.

With its wealth of readings and practice materials, *Direct from Germany* will prove to be an essential resource in the German-language classroom. Its emphasis on proficiency skills and on the everyday culture of the German people makes it an invaluable addition to any basic German course.

Chapter 1
Zu Hause

A Die Familie

WIR HEIRATEN

Martin Krietsch
Petra Lohmann

Die kirchliche Trauung findet am 25. Juli um 14 Uhr in der Matthäuskirche statt.

Nürnberg 10, Meuschelstr. 61

Gern erinnern wir uns an den schönen Tag unserer

SILBERNEN HOCHZEIT

Wir möchten unseren Freunden und Bekannten herzlich danken für die Glückwünsche, Blumen und Geschenke. Unseren Nachbarn einen besonderen Dank für die Ausschmückung.

Reinhard und Käthi van Nahmen

Ascheberg, am 18 Mai

Liebe Petra!
Hurra, endlich volljährig!
Herzlichen Glückwunsch
zum 18. Geburtstag von
Udo, Doris und Heike

Nadine Piotrowski, Im Dahl 13 in Herten, vollendet am Pfingstmontag ihr siebtes Lebensjahr. Ganz herzlich grüßen als Gratulanten: Mama, Papa und alle Verwandten und Bekannten.

Guten Morgen mein Schatz

Glückwunsch zum

3. Hochzeitstag

Dein Peter

Unser Sohn ***Marlon*** ist angekommen

Susanne Beissel geb. Bösch

Stefan Beissel

Düsseldorf-Gerresheim, den 20. 5. Sonnbornstraße 43
z. Z. Privatstation St. Vincenz, Düsseldorf, Schloßstraße

AE95950

22. März

Wir verloben uns

Brigitte Jödner
Peter Ermlich

Ehlingstraße 26 Recklinghausen Friesenstraße 67

M

Hier sind sieben Anzeigen. Setze sie in zeitliche Reihenfolge. Zum Beispiel:

1) Marlon (neu geboren) **2)** Nadine (siebter Geburtstag) usw.

E1

Match the people to the events that are being celebrated.

1	Brigitte Jödner	A	Wedding anniversary
2	Martin Krietsch	B	Birth of son
3	Stefan Beissel	C	Engagement
4	Käthi van Nahmen	D	Coming of age
5	Petra	E	Seventh birthday
6	Nadine Piotrowski	F	Marriage
7	'Darling'	G	Silver wedding

Ludwigshafen, den 15.7.

Hallo Jane!

Ich bin Claudia, Deine neue Brieffreundin aus Deutschland. Toll, daß ich endlich eine englische Brieffreundin habe!
Ich bin 15 Jahre alt und gehe in die zehnte Klasse des Geschwister-Scholl-Gymnasiums. Ich wohne in Mutterstadt. Das ist ein Stadtteil von Ludwigshafen am Rhein.
Meine ältere Schwester, Christine, besucht die Fachhochschule. Sie möchte Kindergärtnerin werden. Meine zwei Brüder, Ludger und Hermann, sind beide jünger als ich und gehen noch zur Schule.
Wir wohnen in einem Zweifamilienhaus. Unsere Wohnung ist im ersten und zweiten Obergeschoß. Im ersten Stock ist unsere Küche, das Wohnzimmer, ein Bad und das Elternschlafzimmer. Unsere Kinderzimmer sind unter dem Dach.
Zum Glück haben wir auch unseren eigenen Garten. Einen Teil davon benutzt Mutter als Gemüsegarten. Ich helfe ihr oft bei der Arbeit.
Seit Anfang Juni besuche ich mit meiner Schulfreundin, Kirsten, die Tanzstunde. Samstags gehen wir immer zusammen in die Disko. Das macht riesig Spaß!
Im nächsten Brief werde ich Dir mehr erzählen. Ich bin ganz auf Deinen ersten Brilf gespannt, Jane! Schreib' bald.

Tschüß

Claudia

M

Wie heißt du? Wie alt bist du? Hast du Geschwister? Beschreibe deine Familie.

E2

a) Where exactly does Claudia live?

b) How many brothers and sisters does she have?

c) Which rooms are on the first floor of her house?

d) What does her mother grow in the garden?

e) What does Claudia like to do on Saturdays?

Eine fährt Rad und die andere lacht so gerne

Ich habe noch zwei Omas und bin darüber auch sehr froh. Deshalb will ich nun auch beide Omas beschreiben.

Die erste Oma wurde am 9. April 70 Jahre alt. Für so ein ziemlich hohes Alter ist sie noch sehr fit und sportlich. Sie fährt noch oft mit ihrem Fahrrad, und das finde ich sehr toll. Sie ist zwar technisch total unbegabt und weiß nicht, wo und wie man die Gänge einschaltet, dafür hat sie andere starke Seiten. Sie ist auch immer sehr flott angezogen und trägt nur sehr schöne Sachen. Die sind gar nicht so altmodisch.

Wenn wir Kinder zu Oma kommen, dürfen wir meistens Dunkelbier trinken und das genießen wir. Sie ist im großen und ganzen eine sehr liebe Oma und nimmt sich viel Zeit für uns.

Die zweite Oma hatte am 25. Februar Geburtstag und wurde 76 Jahre alt. Im Mai hatten Oma und Opa „goldene Hochzeit". Sie sind also schon sehr lange verheiratet. Im letzten Jahr sind sie umgezogen, denn die alte Wohnung machte ihnen zu viel Arbeit. Wenn einer von uns Enkeln Geburtstag hat, gibt sie der Mutter dann Geld dafür, denn sie hat sehr, sehr viele Enkel und auch schon einige Urenkel.

Oma kann sehr herzlich lachen, so daß man einfach mitlachen muß. Sie ist zwar nicht so sportlich, wie die andere Oma, aber dafür ist sie ja auch älter. Oma wird schnell ohnmächtig, wenn es ganz plötzlich laut wird, oder wenn es sehr stinkt. So z. B. bei Farbe. Wenn wir bei Oma sind, gibt sie uns meistens etwas zum Knabbern, was uns natürlich sehr gefällt. Auch sie ist eine sehr nette Oma.

Susanne Nandelstädt (12), RE

Sie schläft ein

Am Wochenende dürfen meine Schwester und ich manchmal bei meiner Oma schlafen. Ich finde meine Oma sehr nett. Sie ist zwar schon siebzig Jahre alt, aber immer noch fit. Das Mühle-, Dame- und „Mensch ärgere dich nicht"-Spiel macht viel Spaß mit ihr.

Besonders lustig ist es morgens, wenn meine Oma uns erlaubt, die Matratzen zum Bauen zu benutzen. Wir türmen sie aufeinander und toben wie die Wilden. Das ist spitze!

Was ich nicht so gut finde, ist, daß meine Oma abends immer so lange aufbleibt und dann vor dem Fernseher einschläft.

Wenn wir in den Urlaub fahren, paßt unsere Oma auf unseren Hund auf. Meine Großmutter ist eine tierliebe Oma. Sie füttert die Katzen von der Nachbarin. Geht meine Oma dann zum Einkaufen, laufen ihr die Kätzchen sogar hinterher.

Die Lieblingsbeschäftigung meiner Omi ist die Zeitung zu lesen. Dabei trinkt sie eine Tasse Kaffee und raucht leider auch eine Zigarette.

Sina Schmidthaber (7), RE

M

Was hat deine Oma mit den Omas hier gemeinsam?

Oma ist ganz schön in Ordnung

Meine Oma wohnt in Datteln. Sie hat einen Hund, einen Hasen, einen Hamster und zwei Katzen. Sie ist sehr tierlieb. Sie schläft immer sehr lange. Wenn man sie wach macht, hat sie den ganzen Tag miese Laune. Im Gesicht hat sie viele Falten. Wenn sie mit meiner Mutter redet, und ich frage sie etwas, ist sie sofort wütend. Dann sagt sie immer: „Sei ruhig!"

Opa und mein Bruder und ich haben aber trotzdem eine gute Beziehung zu ihr. Sie ist sehr gütig. Wir kommen jeden Sonntag zu ihr. Sie hat immer meinen Lieblingskuchen. Meine Oma hat ein altes Fahrrad. Wenn sie zu uns kommt, bringt sie etwas mit, mal Bonbons, mal Schokolade. Sie muß sich sogar schon rasieren. Sie ist sehr lustig, weil ihr immer Witze einfallen. Sie ist sehr sportlich. Oma ist schon in Ordnung!

Daniel Neisen (10), Datteln

E3

Below are five statements about each of the four grandmothers mentioned. Say to whose grandmother each set of statements refers.

A	B	C	D
1 Likes to play games	1 Has had her golden wedding anniversary	1 Is 70 years old	1 Loves animals
2 Falls asleep watching TV	2 Moved last year	2 Likes to ride a bike	2 Has wrinkles
3 Loves animals	3 Gives money as a birthday present	3 Wears nice clothes	3 Has an old bicycle
4 Likes reading the paper	4 Cannot stand the smell of paint	4 Is very fit	4 Sleeps a lot
5 Smokes	5 Laughs heartily	5 Makes time for her grandchildren	5 Tells jokes

Darf meine Mutter mich so hart bestrafen?

Ich habe mit einem Jungen (15) rumgeknutscht, der aber eine feste Freundin hat. Seine Freundin (15) hat es irgendwie herausbekommen und es meiner Mutter erzählt.
Ich darf eigentlich von meinen Eltern aus keinen Freund haben. Seit diesem Tag darf ich nicht allein in die Stadt oder zu Feten. Darf meine Mutter mich so hart bestrafen?
Nicht nur das: Das Mädchen droht mir auch damit, daß sie meiner Mutter erzählen will, daß ich ab und zu mal eine Zigarette geraucht habe. Das wäre das Ende für mich. Wie kann ich mich gegen dieses Mädchen wehren?
Eigentlich haben wir uns vorher sehr gut verstanden. Ob sie mir, wenn ich sie frage, noch einmal vergibt? Soll ich es auf einen Versuch ankommen lassen?

Sonja, 13, Lüneburg

Dr.-Sommer-Team: Macht das untereinander aus!

Du würdest vermutlich ebenfalls ganz schön sauer reagieren, wenn das Mädchen mit Deinem Freund herumgeknutscht hätte. Aber ich meine, Ihr solltet versuchen, das unter Euch auszumachen und Deine Mutter aus dem Spiel zu lassen.
Ihr habt Euch früher gut verstanden, also rede mit dem Mädchen noch mal in Ruhe darüber. In erster Linie wird sie sich zwar mit ihrem Freund über den Vorfall auseinandersetzen müssen, doch Du kannst viel zur Bereinigung der Situation beitragen.
Denn wenn es für Dich nur ein „heißer Flirt" gewesen ist, sage ihr, daß sie jetzt beruhigt sein kann. Du würdest ihr in Zukunft nämlich nicht mehr dazwischenfunken.
Ich glaube, damit erübrigt sich dann auch jedes weitere Verpetzen an Deine Mutter und ihr seid quitt. Sobald Ihr Frieden miteinander geschlossen habt, unterhältst Du Dich mit Deiner Mutter nochmals über alles und erzählst ihr vom Ausgang Eurer Verhandlungen.
Vermutlich hebt Deine Mutter das Ausgangsverbot anschließend wieder auf, weil sie sieht, daß Du diese Sache wieder in Ordnung gebracht hast.

E4

a) Sonja has been flirting with someone else's boyfriend. How is the girl threatening to pay Sonja back?

b) What two things does Sonja ask the Dr.-Sommer-Team?

c) What, briefly, is the advice she receives?

Wegen seiner Tolle halten sie ihn für einen Punk

Ich habe vor kurzer Zeit einen Jungen kennengelernt, mit dem ich mich jetzt auch häufiger treffe. Er ist sehr nett. Meine Eltern jedoch dürfen von diesen Treffs nichts wissen, da sie ihn wegen seiner „Tolle" für einen Punk halten und mir den Umgang mit ihm verbieten.
Er ist jedoch kein Punk, sondern ein Rockabilly (Ted), was meine Eltern allerdings nicht verstehen. Wie soll ich meinen Eltern den Unterschied zwischen Punks und Teds klarmachen? Wenn ich mit meinen Eltern darüber diskutieren will, brauche ich ja handfeste Argumente.

Trixi, 15, Bielefeld

Dr.-Sommer-Team: Zeig Deinen Eltern mal einen Punk in der Stadt

Die Punk-Szene ist im wesentlichen eine Protestbewegung Jugendlicher gegen die bestehende Leistungsgesellschaft und deren Normen. Ihren Protest drücken die Jugendlichen hauptsächlich mittels Kleidung, Haartracht und Musik (z. B. Sex Pistols) aus.
Die Teds greifen dagegen in Aussehen und Musik auf die bereits vorhandenen Vorbilder der 60er Jahre (Elvis Presley, Bill Haley ...) zurück. Sie kleiden sich ähnlich wie diese und betonen dabei besonders die berühmte „Tolle", die Deine Eltern an Deinem Freund so stört.
Während Punks durch ihre „Markenzeichen" bewußt die Provokation mit allen übrigen suchen, leben die Teds in der Hauptsache einfach für und mit ihren Idolen und die „gute alte Zeit", ohne dadurch provozieren bzw. etwas verändern zu wollen.
Versuche das Deinen Eltern zu erklären. Wenn's geht, lade Deinen Freund zum Kaffee ein, dann kann er ihnen das alles noch viel genauer und ausführlicher auseinandersetzen. Vor allem habt Ihr beide dadurch die Chance, daß Deine Eltern hinter der Ted-Tolle den Jungen sehen, der durchaus nett und liebenswürdig ist und den man gern haben kann.

E5

a) Why have Trixi's parents forbidden her to see her new boyfriend?

b) What does Trixi feel might help to persuade her parents to change their minds?

c) What is the Dr.-Sommer-Team's main reason for recommending that Trixi should bring her boyfriend home to meet her parents.?

Ich habe Geld unterschlagen!

Es ist etwas Furchtbares passiert. Ich habe meinen älteren Bruder um Geld betrogen. Ich sollte mit meinem jüngeren Bruder zum Friseur. Mein größerer Bruder gab mir seinen Geldbeutel mit 20 Mark; von meiner Mutter erhielt ich 10 Mark für den Friseur, die ich auch ausgegeben habe. Von den 20 Mark kaufte ich mir für ca. 2 Mark noch Süßes.
Danach getraute ich mich nicht mehr, ihm den Geldbeutel mit dem angebrochenen Geld zurückzugeben. Ich nahm es immer mit zur Schule und gab es Stückchen für Stückchen aus.
Später wurde eine Hausdurchsuchung gemacht, und ich habe natürlich nichts gesagt. Jetzt haben meine Eltern den Geldbeutel in meiner Tasche gefunden, und es gab den größten Ärger. Das Vertrauen ist gebrochen. Jetzt muß ich mich entschuldigen, das Geld zurückzahlen und darf nicht mehr weggehen.
Sie haben mir sogar schon mit dem Psychiater gedroht. Das alles wäre gar nicht so schlimm, wenn meine Mutter nicht so enttäuscht wäre.

Peter, 13, Freising

Dr.-Sommer-Team: Zeige, wie leid Dir alles tut!

Es tut Dir leid, daß das alles passiert und das Vertrauen zu Deinen Eltern gestört ist. Daß Du das Geld zurückzahlen mußt, ist klar. Entschuldige Dich bei Deinem Bruder und erzähle ihm, wie Du in diese dumme Situation geraten bist. Daß Du den Geldbeutel zurückgeben wolltest, dann aber solche Angst hattest, daß Du's schließlich nicht mehr gewagt hast. Sprich auch noch mal mit Deiner Mutter und sag ihr, wie sehr Dir das Ganze leid tut und es Dich sehr bedrückt, daß das Vertrauen jetzt so gestört ist. Sag ihr auch ruhig, daß Dir das am allermeisten weh tut.
Als Du die 2 Mark herausgenommen hattest, warst Du offensichtlich so verschreckt und beunruhigt, daß Du keinen Weg mehr gesehen hast, mit Deiner Mutter zu sprechen. Das zeigt, daß die Vertrauensbasis, die nötig ist, Deine Probleme offen äußern zu können, recht schwach ist – was nicht allein an Dir liegt.
Lieber Peter, es gab sicher einen Grund für das, was da passiert ist. Manchmal nimmt man etwas als Ersatz für etwas anderes, was man nicht bekommt. Magst Du da mal drüber nachdenken? Wenn Du das bei Dir herausfinden kannst, bist Du schon ein ganzes Stückchen weiter. Besprich es am besten mit jemandem, mit dem Du offen reden kannst, z. B. mit Deinem Vertrauenslehrer oder einem guten Freund.

E6

a) What has Peter done that he now regrets?

b) How did his parents find out?

c) What does the Dr.-Sommer-Team recommend that he say to 1. his elder brother 2. his mother, to help make things right again?

M

1) Welche Probleme haben Jugendliche?

2) Wann sind die Eltern und die Lehrer manchmal zu streng?

B Haustiere

NIEDERÖSTERREICH

Das Tierheim Klosterneuburg in Kritzendorf, Herzogenburger Straße, Telefon 0 22 43/46 06, sucht wieder zahlreiche Tierfreunde, die sich der herrenlosen Vierbeiner annehmen.

Ein guter Wachhund ist der **Schäfermischling** „Zorro". Der Rüde mag allerdings keine Katzen, ist sonst aber sehr gutmütig und brav. Nummer 365.

„Timmy" heißt ein braver **Schäferspitzmischling.** Der Rüde hat schwarzes Fell und ist sehr lieb und gutmütig, im Anfang jedoch etwas scheu. Nummer 466.

Sehr zärtlichkeitsbedürftig ist eine herzige, acht Wochen junge **Katze,** die ebenfalls auf ein neues Zuhause wartet. Nummer 288.

Weiters sind abzugeben:

- acht **Dackelmischlinge,** knapp zwei Wochen jung, können nur vorbestellt und in etwa fünf Wochen abgeholt werden; Nr. 412,
- die **Schäferwindhundmischlingshündin** „Asta", zwei Jahre alt, sehr lieb und gutmütig, Nummer 413,
- die elf Jahre alte **Schäferhündin** „Mira", sie ist sehr scheu, aber gutmütig, und sucht nach dem Tod ihres Frauerls eine verständnisvolle Tierfreundin, 414,
- ein **Zwerghase** und ein **Meerschweinchen,** nach Möglichkeit auf denselben Platz, Nummer 416,
- „Tasso", ein **Jagdhundmischling,** sechs Jahre alt, schwarzes Fell, er ist zwar sehr gutmütig, mag aber keine Kinder, Nummer 415,
- ein sehr schöner, zwei Monate alter grau-weißer **Kater,** er hat noch keinen Namen und wartet unter der Nummer 362, und
- zwei **Krähen,** sie sind nicht zahm, sollten gemeinsam auf einen guten Platz zu einem Kenner. Sie haben beide einen Flügel gebrochen.

ENTFLOGEN

Ein mittelgroßer **Grünpapagei** mit roter Stirn ist am 13. Juli aus Wien-Mariahilf entflogen. 1000 Schilling Belohnung, Hinweise an Telefon 57 98 512.

Auch ein grauer **Wellensittich** mit brauner Zeichnung hat sich Anfang August im Raum Südstadt selbständig gemacht. Hinweise gegen Belohnung an Telefon 36 61 34

Das ist die herzige, acht Wochen junge Katze aus NÖ, 288

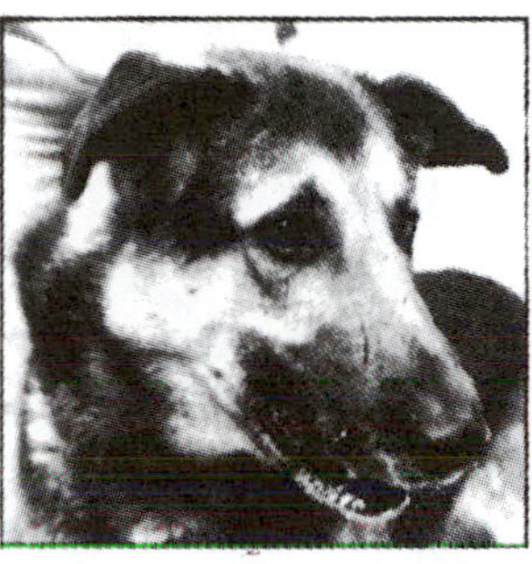

Schäfer „Zorro", 365, NÖ

Schäfer „Timmy", 466, NÖ

M

Hast du ein Haustier? Beschreibe es.

E8

a) If you already had a cat, why would it not be sensible to bring Zorro (No.365) into your home?

b) Why is the German Shepherd Mira (No.414) in need of a new home?

c) If you were interested in having the rabbit (No.416) what other pet would you have to take as well?

d) Why would it be foolish to take Tasso (No.415) into your family if you had a very young brother?

e) You have found a grey parakeet and discover there is a reward for returning it. What number do you phone?

E7

a) Your German exchange partner's family are taking you for a short stay at a holiday resort. They cannot take their cat with them. What number do they call to have it looked after?

b) What number would you call if you wanted a parrot and a cage?

Tiermarkt

Blaustirn-Amazone, zahm und sprechend, wegen Krankheit, nur in gute Hände zu verkaufen. ☏ 02361/1 24 38.

Ein Wurf Yorkshire-Terrier, Preis 550 DM mit Papieren u. Impfausweis zu verkaufen, sowie 1 Wurf Silberpudel mit Papieren u. Impfausweis. ☏ 02365/6 74 62 o. 69 10 30.

Hundehaftpflicht 79,80 DM/Jahr, Pferdehaftpflicht 104,10 DM/Jahr, Adler-Versicherungen-Oestreich, ☏ 02363/6 56 20.

Jg. Graupapagei mit Käfig umständeh. zu verk. 02595/34 99.

Perserkätzchen (sehr verschmust) zu verkaufen und nehme Kätzchen in Urlaubspflege. ☏ 02365/2 25 34.

Rauhhaardackel, Rüde, 1 J. alt, kinderlieb und stubenrein, preiswert zu verkaufen. ☏ 02361/4 17 21.

Wachsame Mischlingshündin, 52 cm Kopfhöhe, umständehalber in gute Hände zu verschenken. 02309/42 19.

2 Welpen (Rüden) zu verschenken. ☏ 02363/69 58.

Hase Cäsar

Eines Tages brachte unser Enkel einen ganz jungen Hasen nach Hause. Mit zwei Freunden fand er im Feld drei kleine Hasenkinder bei einer toten Mutter. Jeder nahm eines der kleinen Häsen mit nach Hause. Der kleine Hase wog ganze 120 g!
Unsere Schwiegertochter versorgte den Hasen – er wurde auf den Namen „Cäsar“ getauft – zunächst stündlich mit einer Pipette Milch mit Traubenzucker. Da es dem kleinen Cäsar gut bekam, gab es bald Haferschleim mit Karottensaft, später auch frisches Gras, Löwenzahn, Klee und Kräuter. Da Hasen nur fressen was über der Erde wächst, verschmähte unser Cäsar zunächst Möhren. Später fraß er sie mit Vorliebe.
Bei guter Pflege wurde er lebhafter und größer und kam in einen Kaninchenstall zu zwei Meerschweinchen. Alle drei Tiere verstanden sich prächtig. Futterneid gab es nicht.
Selbstverständlich wurde Cäsar oft ins Haus geholt. In der Diele konnte er sich ordentlich austoben, rannte über unsere Enkel – die ausgestreckt auf dem Boden lagen – hinweg, holte sich bei jedem etwas Leckeres und sprang oftmals vor lauter Übermut aus freiem Stand ganze zwei Meter hoch.
So war Cäsar ein lieber Hausgenosse über drei Jahre, leider ist er nicht zahm geworden. An einem Novembertag verschwand er ganz plötzlich durch die offene Stalltür mit einem Riesensatz in die Freiheit. Er

ließ sich nicht wieder einfangen, hatte jedoch sein Revier ganz in der Nähe und wurde noch lange gesehen. Wenn er mit seinem Namen angerufen wurde, stellte er seine großen Löffel auf und blieb sitzen. **Erika Störcker, Laboe**

E10

a) What had happened to Cäsar's mother?

b) Name any one thing that was fed to Cäsar when he was first brought home.

c) Who shared his living space with him?

d) Eventually he escaped but continued to live nearby. What did he do when his name was called?

E9

a) Where did the writer of this letter find Mäuschen?

b) What was their reaction when they first saw each other?

c) How long have they now been together?

Mäuschen

Ich habe lange gesucht nach einem kleinen Hund, denn es sollte auf jeden Fall ein Hund aus dem Tierheim sein, dem ich ein neues Zuhause geben wollte. So besuchte ich mehrere Tierheime und glaubte schon nicht mehr daran, noch etwas „Wuscheliges“ zu finden. Doch dann sah ich sie. Der Besitzer eines Tierheimes zeigte mir eine kleine 3 Monate alte Mischlingshündin, die erst seit kurzem hier lebte. Ihre bernsteinfarbenen Augen strahlten mich an, es war die „berühmte Liebe auf den ersten Blick“. Ich nahm das „Mäuschen“ gleich mit und nun lebt sie schon seit 4 Jahren bei mir. Wie Sie auf dem beiliegenden Foto sehen, glücklich und zufrieden. **B. Schmidt, Bergkamen**

M

Welche Haustiere kannst du auf Deutsch nennen?
Welches ist dein Lieblingstier? Warum?

«Ich verwinde den Tod meines Hundes nicht!»

«Liebe Martina!
Ich habe mich noch nie einem fremden Menschen anvertraut und bin auch sonst immer ganz gut mit meinen Problemen allein klargekommen. Aber mit einer Sache werde ich beim besten Willen nicht fertig: Ich war im letzten Jahr die ganzen sechs Wochen Sommerferien im Urlaub. Bei meiner Rückkehr musste ich erfahren, dass mein kleiner Hund Sascha gestorben war. Er war 8 Jahre alt, und so lange hatte ich ihn auch. Er war mein allerbester Freund, und ich liebte ihn wirklich über alles. Obwohl die Sache nun schon so lange zurückliegt, kann ich den Schmerz über Saschas Tod einfach nicht überwinden. Sobald ich an ihn denke, muss ich weinen. Das ist doch nicht mehr normal, oder?»
Antonia (15), aus Aschaffenburg

«Liebe Antonia.
Deine tiefe Trauer ist durchaus nichts Unnormales, und Du brauchst Du Dich Deiner Gefühle auch nicht im geringsten zu schämen. Jeder Mensch gerät in eine heftige Krise, wenn plötzlich der beste Freund stirbt, sei es nun ein anderer Mensch oder auch ein Tier. Manche Leute sagen, Tiere seien weniger wert als Menschen, und darum sei tiefe Trauer bei einem Tier Unsinn. Aber Tatsache ist doch, dass Tiere – wie in Deinem Fall – häufig bessere Freunde sind als Menschen. Sie sind stets voller Freude, wenn sie Dir begegnen, sie sind treu, feinfühlig und dankbar. Jeder Hunde-, Katzen- und Vogelbesitzer kann Dir gut nachfühlen, welche Trauer Du empfunden hast. Sprich ruhig mal mit anderen Hundebesitzern aus Deiner Nachbarschaft. und Du wirst sehen, dass Du mit Deinen Gefühlen gar nicht so allein bist, wie Du vielleicht denkst.
Ganz sicher wirst Du in einigen Monaten langsam über den Verlust Deines Hundes hinweggekommen sein. Dabei kann es helfen, ständig ein kleines Foto oder irgendein Spielzeug Deines Hundes mit Dir herumzutragen. Und eines Tages ist es vielleicht ja sogar möglich, dass Du Dir ein neues, kleines Hunde-Baby holst.»

E11

a) Why is Antonia so unhappy?

b) What does Martina suggest Antonia should carry with her to help get over her unhappiness?

Ich würde lieber im August nach England fahren, da ich dann für unseren Wellensittich eine Nachbarin hätte, die ihn pflegt, im Juli weiß ich nicht, wo ich ihn hingeben soll.

E12

Why does the writer of this letter want to come to England in August rather than July?

C Im Haus

E13
What service does Heinrich Raspel offer?

Tag der offenen Tür

In **Merligen am Thunersee** zeigen wir Ihnen am

24. und 25. Mai,
von 10.00 bis 16.00 Uhr

schöne, neue, exklusive 3½- und 4½-Zimmer-

Eigentumswohnungen

mit Blick auf den See und die Berge.

Standort: Neben Motel «Mon Abri»

Auskunft und Verkauf:
WITAG, Wüthrich AG, Dorfplatz 1
3114 Wichtrach, Telefon 031/98 02 18

655012 05-44225

E16
A business contact of your father's has decided to buy an apartment in Switzerland.

a) Why is he going to Merlingen on May 25th?

b) What would he have a view of if he bought one of the apartments advertised here?

M
Was sind die Hauptunterschiede zwischen deutschen und englischen Häusern und Wohnungen? Welche findest du besser? Warum?

Komfortable 3-Zimmer-Wohnung
in Datteln von Privat zu vermieten.
2. OG. 109 m², zentral und doch sehr ruhig in der Fußgängerzone gelegen. Gute Raumaufteilung, große sonnige Dachterrasse kann mitgenutzt werden. Miete 817,50 DM + NK.
Interessenten melden sich bitte unter der Telefon-Nr. 0 23 65 / 10 72 08 werktags zwischen 10.00 und 18.00 Uhr.

E14
Your exchange partner's eldest brother is looking for an apartment in Datteln, since he will shortly be starting a new job there. You happen to see this ad and mention it to him. He asks you where the apartment is in Datteln. What do you tell him?

E15
What kind of houses are referred to here?

Einfamilienhaus
in Datteln, zentrale, ruhige Lage, 145 m² Wfl. in versetzten Wohnebenen, Bj. 1980, 2 Wohnzimmer, 3 Schlafräume, Atelier, Kü., Eßraum, Bad, Gäste-WC, Garage am Haus, kleiner Garten nach Süden, 350 000 DM, von Privat.
Telefon 0 23 66 / 4 23 10

E17
Your penpal's family has just moved to a new home. This is the ad they saw in the paper for the house they have bought. Your penpal describes it to you.

a) What kind of house is it?

b) What does the ad tell you about its location?

c) How many bedrooms does it have?

d) What other rooms are there in the house?

An sehr schöner, ruhiger Lage in **Pfeffingen** freistehende, neue

Einfamilienhäuser

zu verkaufen.
Wohn-/Esszimmer 46 m². Holzeinbauküche mit Glaskeramikkochfeld, Multifunktionsbackofen, Kühlschrank, Geschirrspüler. 4 Schlafzimmer. Bad, Dusche, Gäste-WC. Doppelgarage.
Areal 545 m². Preis Fr. 755 000.-.
Bezug ca. Spätherbst

656169 03-1282

E18
A German friend of your mother's has moved to the Basel area of Switzerland and she writes and tells your mother about the move. She encloses this ad with the letter, since it is the one that drew the family's attention to the house.

a) What kind of house have they bought?

b) From what date was the house available for occupancy?

c) Name two kitchen appliances included with the sale.

Haltern:
Einfamilien-Reihenhaus
Garage, Bj. 1980, 113 m² Wohnfläche, Gashzg., einschl. Grundstück **KP 298 000 DM.**

Haltern:
komfortables Einfamilienhaus
1½geschossig, frei stehend, mit Garage und Geräteraum, 116 m² Wohnfl., 940 m² Grundstück, in erstklass. Wohnlage und allerbester Ausstattung. **KP 390 000.- DM.**
Weitere Angebote auf Anfrage!

SPRENGER
Immobilien RDM
Auf der Heide 19, 4358 Haltern
Telefon 0 23 64 / 26 67

M

1) Gefällt dir dein Haus/deine Wohnung? Warum (nicht)?

2) Ist es besser, in der Stadt oder auf dem Lande zu wohnen? Warum?

E19
Your penpal's grandparents are looking for another house. They particularly want gas central heating. Which of these two houses would they probably not buy?

Wo in aller Welt bekommen Sie soviel Möbel für so wenig Geld?

E20
What is on sale at bargain prices?

Waschbecken für Kinder

Klar, daß so ein kleiner Wicht noch nicht ans normale Waschbecken im Badezimmer herankommt. Doch auf Sauberkeit brauchen kleine Kinder deswegen nicht zu verzichten. Von Neckermann, Hanauer Landstraße 360, 6000 Frankfurt 61, gibt's ein Kinderwaschbecken, das an jede Badewanne paßt. Für 29,90 DM mit Handtuchhalter, Spiegel und mehr.

frau 74

E21
a) For whom were these washbasins designed?
b) Name one other item that is supplied with them.

Aber nun zu Euch. Ich freue mich sehr, daß Ihr schon so weit mit Eurem Haus seid und Euch schon soviel geschafft habt, der letzte Raum wird ja auch noch kommen. Hauptsache Ihr habt ein Schlaf- und Wohnzimmer und eine Küche zum kochen.

E22
This letter was written to a young married couple who had just bought a new house. Not all the rooms are furnished yet. Name the three that are.

Schlafen Sie gesünder
mit Qualitätsbetten und -matratzen.

Bettenreinigung schnell und preiswert.

HÜLSER
Bettenhaus
Kraushaar
Marl-Hüls, Bergstr. 60–62, Tel. 3 50 55

E23
Your German friend's parents have gone into this store. What might they be looking for?

„Wo Anrichte und Bilder nachher die Wand verdecken, muß man doch nicht noch teure Farbe hinpinseln, nicht wahr?"

E24
Why is the man in this picture leaving part of the wall unpainted?

E25
Your exchange partner's parents have just bought an item of furniture from KAT. What do you think it is?

Kleiderschränke
mit Dreh- oder Schiebetüren in versch. Holz- und Oberflächenarten. Folgende Breiten stehen zur Verfügung: 51/91, 101, 136/151, 181, 201, 251, 301, 351 cm. Ob hell od. dunkel, ob weiß od. farbig, immer sofort „frei Haus" ab 125 DM lieferbar. Wertvolle süddeutsche Qualitäten.
KAT-Möbel, RE-City, Löhrhofcenter, I. Etage

„Gardinen nach Maß!"
dazu Teppichböden • Betten • Tischwäsche • Beraten • Ausmessen • Nähen • Dekorieren • Verlegen

KRAUSHAAR
Bergstraße 60–62
Tel. Marl (0 23 65) 3 42 22

E26
What could your exchange partner's parents buy here, already made to measure?

Teppiche für Alle
Hier kann sich jeder einen guten Orientteppich leisten!

E27
What is advertised here?

Für unsere Jüngsten

Kann Thomas hier lernen?

Es kann nicht jedes Kind ein Zimmer für sich haben; aber so wie Thomas hier sitzen muß, ist es schon schlimm

Dies ist ein Katastrophenbild. Was ist das, eine Katastrophe? Ein Zusammenbruch. Wenn alles schief geht. Wenn nichts mehr klappt. Eine entscheidende Wende zum Schlimmen. Ein Unglück. Ein großes, vollständiges Mißgeschick.

Seht euch mal dieses Bild genau an. Dann merkt ihr gleich, warum wir es ein Katastrophenbild nennen. Da ist aber auch alles zusammengekommen, was nur geht. Hier stimmt aber auch gar nichts. Thomas sitzt nämlich am Tisch, wie wir sehen, und möchte seine Hausaufgaben machen. Aber wie soll er das? In einem solchen Durcheinander? Natürlich kommt in Wirklichkeit nicht alles so auf einmal zusammen, wie es hier gezeichnet ist. Aber gewiß erkennst du auch vieles, was bei dir selbst stört, wenn du Schularbeiten machen willst. Nicht jedes Kind hat ein eigenes Kinderzimmer. Oder eine eigene Ecke zum Arbeiten. Darum muß die ganze Familie zusammenhelfen, damit das Kind bei den Schularbeiten nicht gestört wird. Denn zum Hausaufgabenmachen braucht man einen ruhigen Platz, wo man aufmerksam arbeiten kann. Kannst du aufzählen, was hier auf diesem Bild alles stört?

Es gibt verschiedene Arten von Hausaufgaben: solche, bei denen man sich konzentrieren muß. Und andere, wie Basteln, Zeichnen, Kleben, wo man ruhig Radio hören kann und andere Personen im Raum sein können. Die gröbsten Störungen auf diesem Bild sind: Fenster ist auf, Straßenlärm kommt herein. Fernseher und Radio laufen. Auf dem Tisch ist nicht genug Platz für Schularbeiten. Es steht zuviel auf ihm herum. Der pfeifende Wasserkessel stört. Mutters verbranntes Essen lenkt ab. Die Haustiere und Geschwister lärmen und verursachen Unruhe. Geräuschvolles Spielzeug, tropfender Wasserhahn und ein Telefongespräch sind weitere Ursachen für die Störung der Konzentration und Aufmerksamkeit für die Schularbeiten.

M

Beschreibe dein Zimmer. Was hat es mit dem Zimmer auf diesem Bild gemeinsam?

E28

A number of reasons are listed in the text as to why this room is unsuitable for doing homework. Read the text carefully, then mention the first five of the reasons listed.

Toast und frische Brötchen:
UNIVERSAL-Toaster TT 5210
2 goldbraune Toasts, 3 knusprige Brötchen oder eine gebräunte Brotscheibe machen das Frühstück erst schön. Den Röstgrad bestimmen Sie nach Ihrem Geschmack. Mit Brötchenaufsatz.
DM 79.50

Mehr Aroma aus dem Kaffee:
CAFEMAT® TC 7640
12 Tassen. Verstärktes Aroma durch Brühzeitwähler. Automatic-Kippfilter. VARIOTHERM®-Warmhalteregelung.
DM 99.-

In Safaribeige, ohne Brühzeitwähler: CAFEMAT TC 7605.
DM 89.-

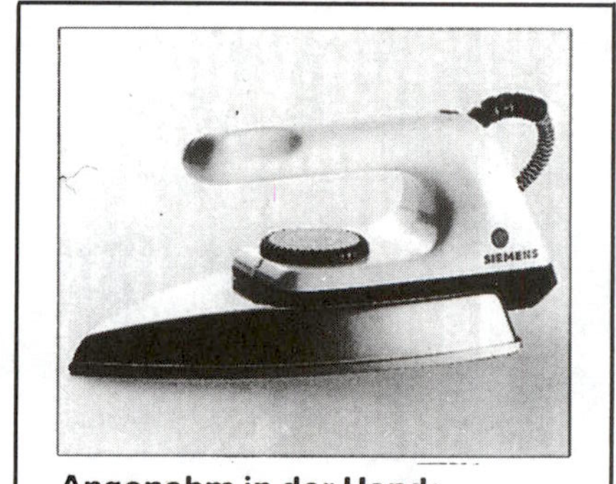

Angenehm in der Hand:
Leicht-Bügler TB 1200
Handliches Trockenbügeleisen – nur 700 g. Flach, auch zum leichten Bügeln in Ärmeln und Taschen. Kontrollampe. Temperaturregler. Flexibler Kabelschutz.
DM 39.50

Besonders vielseitig
mit DUO-ELECTRONIC:
Allesschneider MS 4805
Nicht immer das gleiche schneiden, aber immer gleich gut – die DUO-ELECTRONIC paßt die Schnittgeschwindigkeit genau an und hält sie konstant. Mit Moment- und Dauerschaltung.
DM 138.-

E29

You have been staying with a German friend during your summer vacation. Before you are due to leave, you go shopping to look for a present for your friend's mother. Choose any three items on this page that you think might be a possibility, and mention two things about each (apart from the price).

Läßt nichts kalt werden:
Warmhalteplatte TP 2000
Hält Speisen bis zu einer guten halben Stunde warm, ohne daß ein Kabel am Tisch stört. Automatische Temperaturbegrenzung. Kratzfeste Emaille-Oberfläche.
DM 69.50

Für den kleinen Haushalt:
Eierkocher TE 1500
Schön klein auf dem Tisch und beim Wegräumen. Für 3 Eier, ganz nach Wunsch von weich bis hart. Sind sie gar, ertönt ein Summsignal.
DM 39.50

Immer frische Vitamine:
Zitruspresse MP 4000
Holt viel Saft aus Orangen, Zitronen, Pampelmusen. Früchte nur leicht auf den Preßkegel drücken. Fruchtfleisch und Kerne bleiben im Siebkorb. Meßskala am Saftbehälter.
DM 49.50

Sie ist so klein und kann doch alles: ›compact‹ Küchenmaschine MK 1001
Kneten, mischen, rühren, schlagen, mixen, hacken, pürieren, schnitzeln, schneiden, raspeln, reiben... Von 5 g Petersilie bis zu 1,5 kg Teigmasse. Auf einer Stellfläche von nur 28 x 20 cm.
DM 198.-

M

Hier sind einige Haushaltsgeräte. Welche sind deiner Meinung nach sehr notwendig und welche weniger notwendig? Warum?

Verkaufszeiten: Mo. bis Fr. von 9 bis 18 Uhr, Sa. von 9 bis 14 Uhr

Total-Ausverkauf

einer der größten Hausausstattungsfachmärkte Münchens, vom 20. 5. bis 20. 7. wegen totaler Geschäftsaufgabe.

Waschmaschinen AEG, Siemens, Bosch, Zanker, Miele, Constructa, Bauknecht: z. B. 5-kg-Vollaut. bish. 898,- jetzt 448,-, AEG Lavamat bish. 1198,- jetzt 750,-, Miele Vollaut. bish. 1598,- jetzt 998,- und viele, viele andere

Geschirrspüler Großauswahl aller Markenhersteller Stand- und Einbaugeräte jetzt ab 500,-

Herde Heißluftherde, Kombiherde, Mikrowellengeräte, Einbauherde, ab 285,-

Elektrogeräte Bodenbeläge Teppiche Farben Zubehör jetzt radikal reduziert bis zu **50%** Alles muß raus – egal wie . . .

Kühl-Gefriergeräte Kühlschränke ab 240,-, Kühlgefrierkombinationen ab 490,-, Gefriergeräte ab 318,-, Truhen, Einbau-Kühlschränke enorm reduziert.

Staubsauger Handstaubsauger, Bodenstaubsauger, Klopfer, AEG, Miele, Siemens, Rowenta, Progress, alle radikal reduziert.

Bodenbeläge Teppichböden, Velour viele Farben, Schlingenware, PVC, Fliesenböden, jetzt total reduziert. Auf Wunsch Lieferung + Verlegung, durch eigene Fachleute.

Tapeten, Farben Riesenauswahl an Tapeten – viele Muster, Malerzubehör, Farben. Für jeden Wunsch die richtige Tapete. jetzt Kauf, bei uns so günstig wie noch nie!

Kleingeräte Kaffeeautomaten, Küchenmaschinen, Mundpflegegeräte, Toaster, Eierkocher, Mixer, Dampfbügeleisen, Allesschneider und, und, und. Haartrockner, Lockenstab.

Auf alle Geräte Garantie und Kundendienst, auf Wunsch Lieferung und Anschluß.

Fa. Isarcolor GmbH Haushaltsfachmarkt

8 München 45, Schittgablerstr. 1 / Ecke Lerchenauer Str. neben ARO-Markt, Nähe Olympiazentrum.
Tel. 089/3515291,
Bus Nr. 81, 84, 184,
Haltestelle Schittgablerstr.

E30

Your penpal's parents are going to buy a new Phillips freezer. Mention any two things that are stated about it in the ad.

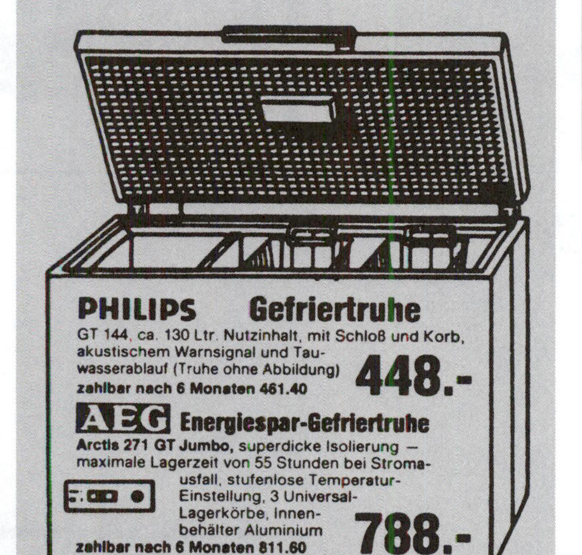

PHILIPS Gefriertruhe
GT 144, ca. 130 Ltr. Nutzinhalt, mit Schloß und Korb, akustischem Warnsignal und Tauwasserablauf (Truhe ohne Abbildung)
zahlbar nach 6 Monaten 461.40
448.-
AEG Energiespar-Gefriertruhe
Arctis 271 GT Jumbo, superdicke Isolierung – maximale Lagerzeit von 55 Stunden bei Stromausfall, stufenlose Temperatur-Einstellung, 3 Universal-Lagerkörbe, Innenbehälter Aluminium
zahlbar nach 6 Monaten 811.60
788.-

M
Was sind die Vorteile einer Gefriertruhe?

Die kluge Hausfrau weiß immer Rat

An manchen Tagen ist es sehr praktisch, etwas fertig Gekochtes aus dem Gefriergerät holen zu können. Doch nicht alles schmeckt nach dem Auftauen gut. Ungeeignet sind z. B. hartgekochte Eier, Sahnesoßen und Baisers, Pell- und Salzkartoffeln sowie Lebergerichte. Fertiggerichte sollten höchstens drei Monate im Gefriergerät gelagert und nach dem Auftauen nicht noch einmal eingefroren werden.

E31

Having bought the freezer, your penpal's mother notices this article in a magazine.

a) Mention any two food products that the article states are not suitable for a freezer.

b) What does the article say about the length of time that ready-made meals will keep in the freezer.

E32

Copy out the table and check the items that your exchange partner's parents might buy while on a shopping trip to Munich.

	Item	Yes	No
1	Vacuum cleaners		
2	Curtains		
3	Stoves		
4	Wardrobes		
5	Dishwashers		
6	Pans		
7	Refrigerators		
8	Hairdryers		
9	Bookshelves		
10	Wallpaper		

D Im Garten

JETZT IST PFLANZZEIT!

Beet- und Balkonpflanzen in großer Auswahl, bester Qualität und doch preiswert

E33

While on vacation with your parents in Germany, you visit a garden center. Your father, who is an avid gardener, asks you what this notice means. Mention any three things that you tell him.

Garten-Grill-wagen
Küppersbusch
liefert einen Party- u. Garten-Grillwagen mit echter Ceran-Glas-Grill-Fläche und das zum Preis eines normalen Servierwagens. Unbedingt ansehen bei
KAHRMANN
Horster Str. 74
4650 GE-Buer
Tel. 0209/59922

E34

He is interested in the price of this barbecue cart. It isn't actually stated in the brochure he is looking through, but what are you able to say about the cost?

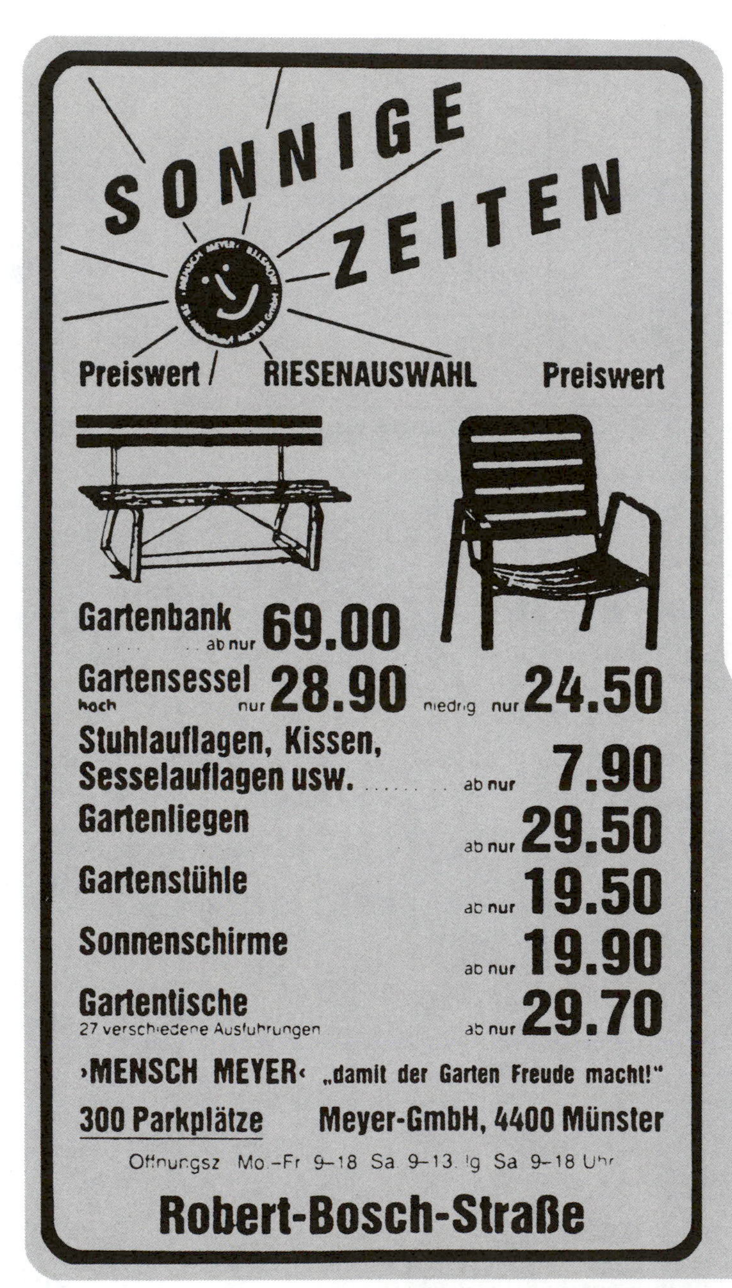

SONNIGE ZEITEN
Preiswert / RIESENAUSWAHL Preiswert
Gartenbank ab nur 69.00
Gartensessel hoch nur 28.90 niedrig nur 24.50
Stuhlauflagen, Kissen, Sesselauflagen usw. ab nur 7.90
Gartenliegen ab nur 29.50
Gartenstühle ab nur 19.50
Sonnenschirme ab nur 19.90
Gartentische 27 verschiedene Ausführungen ab nur 29.70
›MENSCH MEYER‹ „damit der Garten Freude macht!"
300 Parkplätze Meyer-GmbH, 4400 Münster
Öffnungsz. Mo.–Fr. 9–18 Sa. 9–13. lg. Sa. 9–18 Uhr
Robert-Bosch-Straße

Benzin-Rasenmäher Golf GUTBROD
4-Takt-Motor mit 3,5 PS, 45 cm Schnitthöhenverstellung, Heckauswurf, TÜV/GS-geprüft,
449.00
komplett mit Grasfangbox

E35

What fuel does this lawnmower use?

E36

Your father sees this ad in the paper. He asks you the following questions:

a) Does it say anything about lounge chairs?

b) What items cost DM 19,50?

c) How much does a garden bench cost?

d) Until what time is the store open during the week?

Gartenmöbel in Riesenauswahl!
Sonnenschirme
Ø 200 cm,
29.95
Lattensessel weiß oder braun, stapelbar, niedere Lehne
27.90
hohe Lehne
29.90
Gartentisch
110 x 70 cm, abklappbare Platte, mit Werzalit-Beschichtung, weiß oder braun
149.00

M

Hast du einen Garten? Was hast du im Garten?

E37

In what colors are garden tables available?

Chapter 2
In der Schule

Schülerausweis

NAME
(BLOCKSCHRIFT)

geboren am

wohnhaft in

ist Schüler(in) der Anstalt:

(Langstempel der Anstalt)

Ausgestellt am: ____________

Gültig für das Schuljahr 19____/____

Klasse: ____________

Für die Direktion

Lichtbild
des Schülers oder
der Schülerin
(Im Zeitpunkt des Einklebens
nicht älter als ein Jahr)

Mindestgröße des Kopfes:
20 mm

Rund-
stempel
der
Anstalt

Unterschrift des Schülers oder der Schülerin

Klasse 2 a:

Oskar Gallop:
Klassensprecher
Gustav Draxl:
Klassensprecher-Stv.
Karin Krismer:
Kassier
Elisabeth Spieß:
Kassier-Stv.
Helga Krug:
Jugendrotkreuz
Andreas Prantl:
Schrankwart
Doris Rainer:
Ordner bei Klassenwechsel

E1

Above is a student's identity card. Which of the following points of information does it contain?

Information	Yes	No
Date of birth		
Student's signature		
Principal's signature		
Home telephone number		
Home address		
Place of birth		
Name in italics		
Name in capital letters		
Student's photograph		
School telephone number		

M
Gibt es bei euch in der Schule Aufgaben wie diese bei Klasse 2a?

M
Was sind die Vorteile eines Schülerausweises?

E2

Match the student with his/her special responsibility.

1	Doris Rainer	A	Junior Red Cross
2	Gustav Draxl	B	Treasurer
3	Helga Krug	C	Class president
4	Andreas Prantl	D	Deputy treasurer
5	Elisabeth Spieß	E	Locker monitor
6	Oskar Gallop	F	Deputy class president
7	Karin Krismer	G	Room change supervisor

Jahrgangsstufe: 11 II   Stundenplan   Cornelia Busch

Zeit:	Std.	Montag	Dienstag	Mittwoch	Donnerstag	Freitag	Samstag
8^{00} – 8^{45} Uhr	1.	Religion R.: 210	Biologie R.: 122	Deutsch LK	Biologie	Pädagogik R.: 60	Deutsch LK
	2.	Musik R.: 210	frei	" R.: 20	" R.: 20	Mathematik R.: 154	" R.: 60
	3.	Mathematik	Spanisch	Englisch LK (ü)	Englisch LK	Englisch LK	Spanisch
	4.	" R.: 153	" R.: 96	" R.: 153	" R.: 155	" R.: 155	" R.: 56
	5.	Pädagogik	Religion	Musik	frei	frei	frei
	6.	" R.: 158	" R.: 159	" R.: 210		Deutsch LK R.: 218	
14^{40} – 15^{45}	7.	Sport	Deutsch LK R.: 158	Sport	frei	frei	frei
	8.	" R.: Turnhalle	frei	" R.: Turnhalle			

R.: Raum

LK.: Leistungskurs

(ü): an ungeraden Wochen ist Unterricht und an geraden nicht.

M

1) Wieviel Stunden hast du pro Tag?
2) Was ist dein Lieblingsfach? Warum?
3) Was machst du in der Morgenpause?
4) Wie sind deine Lehrer(innen)? Beschreibe eine(n).

E3

a) It is 3:30 p.m. on Monday. There is an urgent message for Cornelia Busch from home. Where does the school secretary go to find her?

b) On Thursday afternoon Cornelia is likely to be doing her homework. Why?

c) In the third period on Wednesday during the fourth week of classes, what class will Cornelia be taking?

»Unser Lehrer ist unfähig — er hat's wieder nicht geschafft, mich ins nächste Schuljahr zu bringen.«

E4

What is this student blaming his teacher for?

M

Ist es fair, daß deutsche Schüler sitzenbleiben können? Lernen sie deswegen besser?

1. Was macht Dein Studium, Peter? Lernst du noch weiter? Herbert hat jetzt die letzten Schularbeiten vorbei, und wir sind zufrieden. In Englisch hat er einen Einser und alles andere ist auch gut.

2. In Englisch bin ich nicht gerade das, was ich sein sollte. Meine Noten fallen rapide - und zwar immer zwischen genügend und nicht genügend. Sonst war ich eigentlich nicht schlecht, was mir schwer fällt, ist ein wenig die Grammatik und der Ausdruck. Ich hoffe daher, daß ich durch den Briefverkehr etwas besser werde.

E5

a) Read the extracts from the two letters. What problem does Herbert not have that the writer of letter 2 has?

b) Why are Herbert's parents pleased with him?

c) How does the writer of letter 2 hope to improve the situation?

M

1) Ist es wichtig, eine Fremdsprache zu lernen? Was sind die Vorteile?

2) Welche sind deiner Meinung nach die nützlichsten Schulfächer? Warum?

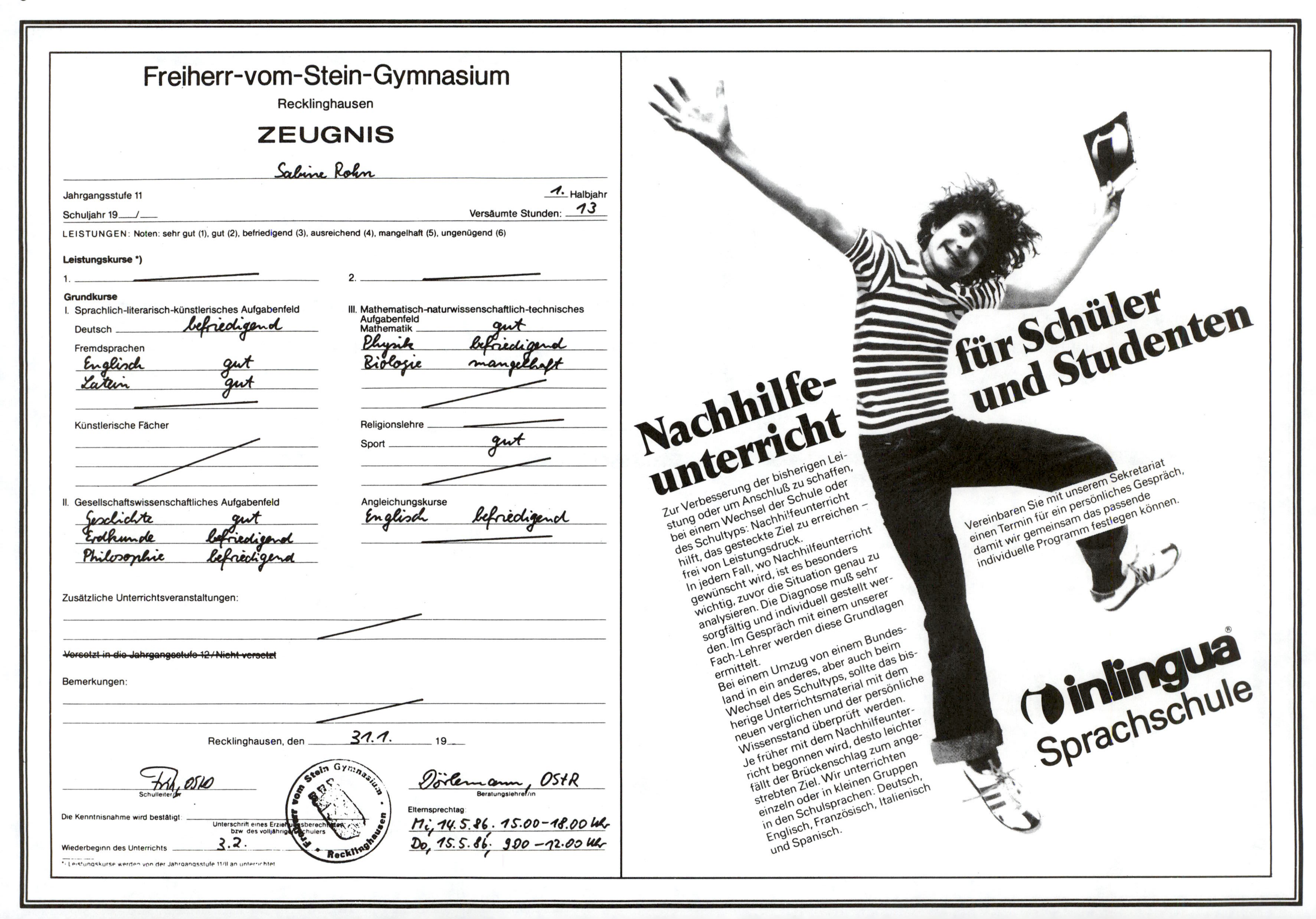

Freiherr-vom-Stein-Gymnasium

Recklinghausen

ZEUGNIS

Sabine Rohn

Jahrgangsstufe 11 — 1. Halbjahr

Schuljahr 19__/__ — Versäumte Stunden: 13

LEISTUNGEN: Noten: sehr gut (1), gut (2), befriedigend (3), ausreichend (4), mangelhaft (5), ungenügend (6)

Leistungskurse *)

1. ______ 2. ______

Grundkurse

I. Sprachlich-literarisch-künstlerisches Aufgabenfeld

Deutsch — befriedigend

Fremdsprachen

Englisch — gut

Latein — gut

Künstlerische Fächer

II. Gesellschaftswissenschaftliches Aufgabenfeld

Geschichte — gut

Erdkunde — befriedigend

Philosophie — befriedigend

III. Mathematisch-naturwissenschaftlich-technisches Aufgabenfeld

Mathematik — gut

Physik — befriedigend

Biologie — mangelhaft

Religionslehre ______

Sport — gut

Angleichungskurse

Englisch — befriedigend

Zusätzliche Unterrichtsveranstaltungen:

~~Versetzt in die Jahrgangsstufe 12 / Nicht versetzt~~

Bemerkungen:

Recklinghausen, den 31.1. 19__

Frh, OStD — Schulleiter/in

Dörlemann, OStR — Beratungslehrer/in

Freiherr vom Stein Gymnasium • Recklinghausen

Die Kenntnisnahme wird bestätigt: ______ Unterschrift eines Erziehungsberechtigten bzw. des volljährigen Schülers

Elternsprechtag:

Mi, 14.5.86. 15.00–18.00 Uhr

Do, 15.5.86. 9.00–12.00 Uhr

Wiederbeginn des Unterrichts 3.2.

*) Leistungskurse werden von der Jahrgangsstufe 11/II an unterrichtet

BUNDESHANDELSSCHULE TELFS
A-6410 Telfs, Weißenbachgasse 33, Tel. 05262/2689-21

Herrn/Frau

Telfs,....................

....

Ich möchte Ihnen mitteilen, daß Ihr (e) Sohn (Tochter) in folgenden Gegenständen schlechte Leistungen aufweist: ....
....
Seine (ihre) Mitarbeit in der Schule ....
....
Seine (ihre) Hausübungen ....
....
Sein (ihr) disziplinäres Verhalten ....
....
Sonstiges ....

....
U n t e r s c h r i f t

B e s t ä t i g u n g

Ich bestätige hiermit, daß ich von Frau/Herrn Professor ....
.... verständigt wurde, daß die Leistungen meiner Tochter/meines Sohnes in .... sich verschlechtert haben.

....
Unterschrift d.Erziehungsberechtigten

E6 (Page 16)

a) After reading her report, Sabine Rohm's parents decided to pay for extra tuition. In which subject?

b) Why does she not need to enroll at the *inlingua Sprachschule* in Recklinghausen on this occasion?

E7

a) Why would the parents of a student at the *Bundeshandelsschule* in Telfs not be pleased to receive the message on the left?

b) Mention any five things that a teacher looks for when grading on class participation. *(Mitarbeitsnote)*

Wie entsteht die Mitarbeitsnote?

— **Bei Wiederholen des Lehrstoffes** (gewöhnlich am Anfang der Stunde): Wie oft zeigt er auf? Wieviel weiß er vom Stoff der vorhergehenden Stunde, wieviel vom länger zurückliegenden Stoff? Hat er nur auswendig gelernt oder auch verstanden? Sieht er die Zusammenhänge, hat er Übersicht?

— **Wenn Lehrstoff neu erarbeitet wird:** Versteht er die Problemstellung? Trägt er zur Erarbeitung bei? Kann er das Erarbeitete einordnen bzw. anwenden? Stellt er entsprechende Fragen?

— **Bei der Gruppenarbeit:** In welchem Maße beteiligt er sich? Liefert er Beiträge (die meisten, die wenigsten)? Ist er seinen Kollegen gegenüber rücksichtsvoll? Kann er mit anderen zusammenarbeiten? Übernimmt er oft (gelegentlich) eine führende Rolle?

— **Bei Alleinarbeit:** Wie ist sein Durchhaltevermögen? Ist er stark anfällig, bleibt er bei der Sache? Ist er einfallsreich, genau?

— **Bei Hausübungen:** Sind sie vollständig, genau, richtig, sauber?

— **Besondere Bemerkungen?**

M

Wenn ein(e) Schüler(in) viel lernen will, was sollte er/sie in der Klasse immer machen?

Wir Lehrer haben die Schüler befragt

und sie sind mit uns und der Schule nicht immer zufrieden. Der eine oder andere Lehrer erklärt nicht treffend genug, überhaupt wollen die Schüler »mehr

Ein Satz, der natürlich nicht stimmt:
Wenn wir Schüler Lehrer bekämen, die wir verdienen, könnte uns nichts Schlimmeres passieren.

Beispiele und nicht so viel Theoretisches«. Beim Notengeben »werden Kleinigkeiten oft zu groß herausgebracht«. Einmal war zu lesen: »Die Notengebung richtet sich nach dem Äußeren und nach dem Ruf.« Besonders aufhorchen ließ uns die Bemerkung, daß es Schüler, die auf 3 oder 4 stehen, im Verhältnis schwerer haben als die Sehr-gut- und Gut-Kandidaten.

Ein Vorwurf, dem wir bei der nächsten Konferenz nachgehen werden.

Auf die Frage: »Wurde ich ungerecht behandelt?« kamen Antworten wie: »... selten, nur in kleinen Dingen, die fast nicht der Rede wert sind«, oder: «Manchmal schon«, »Eigentlich nicht«. Ebenfalls waren direkte »Nein« angeführt.
Selbstverständlich fehlte auch die Feststellung nicht: »Mädchen werden in gewissen Fächern bevorzugt.«
Übrigens, die Fragen wurden den Absolventen vorgelegt, als die Noten schon feststanden und niemandem mehr etwas passieren konnte.
Die Aussage, »wenn ein Professor von einer Klasse geärgert wurde, ließ er das meistens in der nächsten Stunde in einer anderen aus«, müßte bei uns Lehrern zu noch größerer Selbstkontrolle führen.
Zur Frage, was in der Schule am positivsten war, meinten einige: »Die Professoren waren in den Abschlußklassen großzügiger als in den vorhergehenden. Die meisten Lehrer haben Rücksicht auf die Probleme der Schüler genommen.« Wir wurden auch mehrfach — und das freut uns Lehrer sehr — als »verständnisvoll« und sogar als »humorvoll« eingestuft.

E8

Above is a summary of students' attitudes toward their teachers. Name three things the students disliked about the teachers and two things that they liked.

M
Was ist dein(e) ideale(r) Lehrer(in)?

Eine Mutter zur anderen: »Warum bis du so gut aufgelegt?«
—»Ich war in der Sprechstunde«
— »Und das ist der Grund zu so guter Laune?«
— »Natürlich, er war nicht da und kommt erst in 2 Tagen zurück«.

E9

Why is one of the mothers so pleased about the outcome of the parents' night?

Rund um die Sprechstunde

— die Sprechstunden der Lehrer werden den Schülern jeweils zu Beginn des Schuljahres bekanntgegeben.
— Sie können (müssen aber nicht) Ihren Besuch telefonisch anmelden (Telefon: 05262/2689/21, jeweils vormittags von 8 bis 12 Uhr, samstags ausgenommen).
— Versuchen Sie weder sich selbst noch dem Lehrer etwas vorzumachen.
— Ihr Sohn oder Ihre Tochter ist keine Ausnahme! Es mag vorgekommen sein, was auch immer, es war garantiert schon einmal da.

Höflichkeit ist wie ein Luftpolster: Es mag zwar nicht viel drinnen sein, aber es dämpft die Schläge des Lebens.
Schopenhauer

— Wenn Sie glauben, **Grund zur Klage zu haben** (Ungerechtigkeiten etc.), so schimpfen Sie nicht gleich auf uns Lehrer, hören Sie erst auch die Gegenseite (also die Lehrerseite). Allzuoft sieht dann die Sache ganz anders aus.

E10

a) When in the school year are students informed about the times of parents' night?

b) On which days are parents asked not to call to make an appointment?

c) What attitude are parents asked to adopt if they have cause for complaint?

M
Glaubst du, daß Sprechstunden nützlich sind? Warum (nicht)?

In unserer Klasse gibt es einen Außenseiter . . .

Wir, vier Schülerinnen, haben seit einiger Zeit ein Problem: In unserer Klasse gibt es einen Außenseiter, der von allen Mitschülern verlacht und verspottet wird. Wenn wir versuchen, unsere Kameraden zur Vernunft zu bringen, werden sie denken, wir seien in ihn verknallt, was wir nicht wollen.

Wenn man ihm als Mädchen helfen und ihn in die Klassengemeinschaft bringen will, zeigt er Mißtrauen und weicht aus. Obwohl er Klassenbester ist, verhält er sich schüchtern, unsicher und ist überhaupt nicht schlagfertig. Soviel wir wissen, hat er nur zwei Freunde und keine Freundin.

Wenn ihm jemand einen Streich spielt oder ihn ärgert, reagiert er so überreizt, daß er von vielen mit Fleiß geärgert wird. Mit komischen Grimassen und Augenrollen versucht er seine Unsicherheit zu überspielen.

Wir denken, daß seine Überreiztheit und die damit verbundene Unfreundlichkeit nur eine Maske sind, hinter der er sich versteckt. Man sieht ihm an, daß er nicht glücklich ist, doch er läßt sich nicht helfen. Wir würden ihm trotzdem gern helfen. Wie sollen wir das machen?

Doris, 14, Wasserburg

Dr.-Sommer-Team: Laßt ihm die Zeit, die er braucht

So schnell läßt sich ein tiefsitzendes Mißtrauen nicht beseitigen und in Vertrauen umwandeln. Euer Klassenkamerad wird wohl noch einige Zeit brauchen, bis er etwas lockerer und aufgeschlossener sein kann. Ihr dürft also keine Wunder erwarten.

Helft ihm da, wo es Euch angebracht erscheint. Geht immer wieder auf ihn zu, versucht ihn in Eure Unterhaltungen und Unternehmungen mit einzubeziehen und vermittelt ihm durch Euer tägliches Verhalten, daß Ihr ihn mögt und an ihm interessiert seid.

Gebt ihm auch ruhig hin und wieder Rückmeldung darüber, wie er sich selbst verhält. Fragt ihn z. B., weshalb er jetzt gerade so abweisend oder ausweichend ist. Aber zwingt ihn dabei zu nichts, was er nicht will! Akzeptiert ihn so, wie er ist und laßt ihm die Möglichkeit, sich zurückzuziehen.

Ich bin sicher, er wird sich mit der Zeit entscheiden, ob er mehr Kontakt zu Euch aufnehmen will oder nicht. Erzwingen sollt und könnt Ihr das sowieso nicht. Wenn Ihr ihm aber Eure Freundschaft als Geschenk anbietet, ohne daß er dafür gleich eine Gegenleistung erbringen muß (nämlich so zu sein, wie Ihr Euch das vorstellt), kann er dieses viel leichter annehmen.

E11

a) Mention three things about the outsider's behavior.

b) How does he respond to attempts to help him?

c) Mention two suggestions made by the Dr.-Sommer-Team that might help him.

Ist das Abitur so wichtig?

Vielen Dank für den Bericht über Nicole! Ich finde, ihr neues Lied ist Spitze. „Papillon" wird bestimmt ein Hit! Ihr Freund Winfried ist auch nett. Ob sie ihn wirklich heiratet, muß man abwarten. Daß Nicole jetzt, nachdem sie so viel Erfolg als Sängerin hat, trotzdem noch das Abitur machen will, imponiert mir. Bloß – ist das Abi so wichtig? Für ihren Beruf braucht sie es doch gar nicht!

Birgit Möhlmann, Straubing

E12

Why does Birgit feel that studying for the *Abitur* is not really that important for Nicole?

Verknallt in den Lehrer

Ich bin unheimlich in den Lehrer unserer Schule verknallt. Es gibt einen Ort, von dem aus man ins Lehrerzimmer sehen kann. Da manche Lehrer das nicht gern sehen, schicken sie uns ab und zu weg. Mir geht das ganz schön an die Nerven, da ich ihn sonst nur selten sehe.

Ich habe auch schon mit ihm gesprochen und finde ihn sehr nett. Besonders hübsch ist er auch. Was soll ich tun, um an ihn heranzukommen? Selbst wenn eine Freundschaft zwischen uns verboten wäre, würde ich mich nicht davon abhalten lassen.

Rita, 15, ohne Anschrift

Dr.-Sommer-Team: Mach Dir keine falschen Hoffnungen . . .

Für viele Mädchen beginnt die Zeit der Freundschaften mit einem großen Schwarm oder einer einseitigen Liebe, die nicht erwidert wird. Das braucht nicht unterdrückt und auch nicht lächerlich gemacht werden.

Denn schwärmen, träumen, einen anderen bewundern, ist eine ganz natürliche Sache für Mädchen in Deinem Alter. Du kannst daher dem tollen Lehrer ruhig sagen, daß Du ihn nett findest und ihn bewunderst. Du kannst ihm sogar sagen, daß Du Dich heftig in ihn verliebt hast.

Er wird dies als Kompliment auffassen, Dir aber auch unmißverständlich mitteilen, daß Du Dir keine Hoffnung auf eine Freundschaft mit ihm zu machen brauchst.

Die Tatsache, daß Deine Gefühle nicht erwidert werden, hilft Dir vielleicht dabei, Dich um Freundschaften zu bemühen, die nicht Deinen Träumen und heimlichen Gefühlen entspringen.

Mit Trotzigkeit kannst Du nämlich die Liebe eines Menschen nicht erzwingen.

Z1

Read the article above, then find the German for:

1) Staff room
2) It gets on my nerves
3) They send us away
4) To admire
5) In love with
6) No hope
7) Secret feelings

M

Kann man ohne Qualifikationen Karriere machen? Lohnt es sich, für GCSE und A level zu studieren? Warum (nicht)?

Exklusiv in der „jungen Zeitung"

Focus interviewt Focus

– Wer seid ihr?
+ Wir sind die Schülerzeitung des Frobenius-Gymnasiums Hammelburg, kurz das Frob-GymHab.
– Wieviele Leute sind denn an eurer Schule? Und in eurer Redaktion?
+ Unsere Schule hat ungefähr 620 Schüler? In der Redaktion sind wir 11 Leute, die sich regelmäßig treffen. Ab und zu kommen auch ein paar „freie Mitarbeiter" dazu. Aber da hapert's noch ein bißchen.
– Kommt ihr denn nicht gut an, oder warum ist das Interesse der Schüler so gering?
+ Doch, doch. Die letzte Ausgabe war ein voller Erfolg: positive Leserbriefe und allgemein gute Echos. Trotzdem haben wir mit dem Problem jeder Schülerzeitung zu kämpfen: die Schüler wollen konsumieren, aber kaum produzieren. Hier zu motivieren fällt echt schwer.
– Aber 11 Leute sind doch genug für eine Redaktion, oder?
+ Sicher, besonders natürlich, wenn man noch die freien Mitarbeiter dazurechnet. Doch gibt es da noch ein Problem, das auch schon unseren Vorgänger-Redaktionen zu schaffen machte: Wenn ein Teil der aktiveren Redakteure durch die Vorbereitungen aufs Abi ausscheiden, zerfällt erfahrungsgemäß der Rest der Redaktion sehr leicht.
– Der Focus besteht aber doch schon seit über 14 Jahren!
+ Stimmt, aber eben mit Unterbrechungen und häufigem Wechsel der Redaktionen. Wir bestehen erst seit ¼ Jahr, haben aber die feste Absicht, durch Einbeziehen von Schülern auch niedrigerer Jahrgangsstufen den Fortbestand unserer jetzigen Redaktion zu gewährleisten. Wenn wir also Abi machen, muß dann dieser „Nachwuchs" unsere Aufgaben übernehmen.
– Das ist ein guter Vorsatz. Uns würde aber auch interessieren, wie eure Redaktionssitzungen aussehen.
+ Naja, ziemlich chaotisch, obwohl sie bisher meistens in der Schule stattgefunden haben. Es gibt vor allen Dingen viel Kaffee. Wir besprechen auf den Sitzungen Artikel, arbeiten Ideen aus und verteilen alle anderen Aufgaben: Layout, Abtippen, Werbung . . . Das geschieht alles ziemlich locker, was es aber manchmal schwer macht, effektiv zu arbeiten. Doch Spaß muß die Arbeit eben auch machen, und das ist so der Fall.
– Was erhofft ihr euch für die Zukunft?
+ Nun, viele Erfahrungen machen, die Schülerzeitung ständig verbessern, die Zensur abschaffen, die Auflage erhöhen, die Einnahmen steigern und demnächst die Main-Post aufkaufen . . .
– Wir danken für dieses Gespräch.
+ Bitte.
– Danke.
+ Bitte.
– Danke.
+ Bitte.
– Ach, Depp!

Unser Frobenius: Umrahmt von der Focus-Redaktion

E13

a) How many students are on the editorial staff of this school magazine?

b) How do we know that the latest edition was well received?

c) What is described as the major problem of any school magazine?

d) What happens when some members of the editorial staff are involved in preparation for the *Abitur* exam?

e) How many years altogether has *Der Focus* been in existence?

f) Mention two things that happen when the editorial staff meets.

g) Name any one hope for the future expressed by the team.

M

Welche Artikel sollte eine Schülerzeitung enthalten?

Innsbruck, 19. Aug.

Lieber Peter!

Vielen Dank für den Anruf am 18. Juli d. J.

Es freut uns sehr, daß 6 - 7 Mädchen aus verschiedenen Grafschaften die Genehmigung für einen 3wöchigen Studienaufenthalt in Telfs erhalten haben.

Selbstverständlich werden wir uns bemühen, geeignete Familien für deren Unterbringung (gegen Austausch oder Bezahlung) zu finden.

Leider ist uns das allerdings nicht vor dem 10. September möglich, da wir in den Sommerferien weder Schüler noch Eltern erreichen.

Wir wissen, daß dieser Termin sehr spät ist, hoffen aber trotzdem auf Ihr (Dein) Verständnis.

Wir wünschen gutes Gelingen und warten auf Ihre (Deine) weiteren Informationen.

Herzliche Grüße und auf ein baldiges Wiedersehen bzw. -hören

Gisela Huber

E14

a) For what have the girls in question received permission?

b) How will they be accommodated in Telfs, and on what terms?

c) Why can arrangements not be made before September 10?

d) How can you tell that Peter and Gisela have met before? There are two clues.

M

Du fährst bald zum ersten Mal zu deinem Austauschpartner in Deutschland. Du bist ziemlich nervös, aber zum Glück lernst du einen Schüler kennen, der letztes Jahr auf Besuch bei einem Austauschpartner in Deutschland war. Erzähle ihm deine Sorgen. Was sagt er, um dich zu beruhigen?

Schüleraustausch England–Telfs
Initiative zur Völkerverständigung

EINE SCHÜLERGRUPPE aus dem englischen Chester zu Besuch bei der Handelsschule Telfs. Vorne rechts die beiden Initiatoren der internationalen Freundschaftsaktion Dir. Josef Walter und Prof. Peter Lupson: Im Austausch sollen Telfer Schüler nach England. TT-Foto: Dietrich

TELFS (SD). Eine sehr bemerkenswerte Aktion im Sinne der Völkerverständigung und der internationalen Freundschaft zwischen jungen Leuten hat sich innerhalb kurzer Zeit in Telfs fest eingebürgert: Zum dritten Male kam heuer eine größere Schülergruppe aus England in die Marktgemeinde, um hier mit gleichaltrigen Tiroler Schülern Sport zu treiben und ihre Sprachkenntnisse zu verbessern.

Die Initiatoren der Aktion, die zu einem großen Erfolg geworden ist, sind der englische Pädagoge und Lehrer Prof. Peter Lupson und der Leiter der Handelsschule Telfs, Dir. Josef Walter. 35 Kinder aus einer Schule im nordenglischen Chester waren es heuer, die mit ihren Begleitpersonen nach Telfs kamen, um hier Land und Leute kennenzulernen, Ski zu fahren und ihre Deutschkenntnisse erstmals praktisch zu erproben.

Es wurden Kontakte geknüpft, die garantieren sollen, daß diese völlig private Aktion auch in Zukunft fortgesetzt wird. Der Erfolg sprach für sich, und so denkt man nun natürlich auch daran, im Gegenzug bald auch eine Ferien- und Studiengruppe der Handelsschule Telfs zu den neugewonnenen Freunden nach England zu schicken.

Z2

Read the newspaper article above about a school exchange program, then see if you can find the German for:

1) International understanding
2) Friendship
3) To be involved in sports
4) To improve one's language proficiency
5) To get to know the country and its people
6) Contacts were made
7) In the future
8) Success
9) New-found friends

M

Bist du schon nach Deutschland/Österreich/in die Schweiz gefahren? Was hast du dort gemacht?/Möchtest du gern nach Deutschland fahren? Warum (nicht)?

Chapter 3

Ausbildung und Beruf

A Ausbildung

E1

a) State the number of boys receiving training in the following occupations:

1. Electrician
2. Baker
3. Mechanic
4. Painter
5. Bricklayer

b) Which occupation had the following number of trainee girls:

1. 107,555
2. 37,936
3. 62,041
4. 27,092
5. 40,463

M
Was willst du werden, wenn du die Schule verlassen hast?

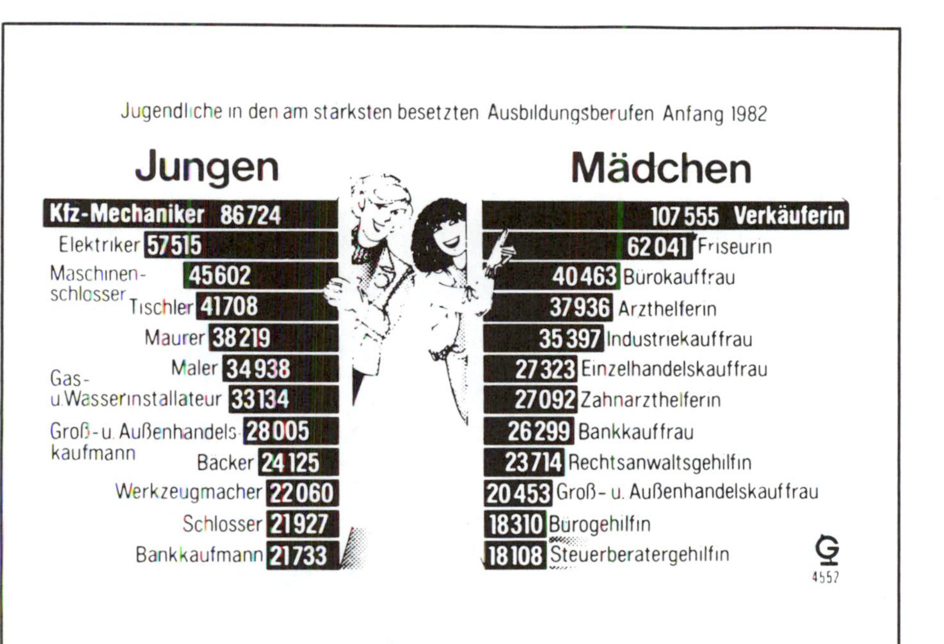

Berufszufriedenheit der Auszubildenden

In einer wissenschaftlichen Untersuchung wurden Lehrlinge danach gefragt, ob sie ihren jetzigen Ausbildungsberuf noch einmal ergreifen würden und welches die Gründe für die Unzufriedenheit mit dem Ausbildungsberuf sind. Die Ergebnisse könnt ihr den Tabellen entnehmen:

Frage: Wenn Sie heute noch einmal einen Lehrberuf wählen könnten und hätten dabei eine wirkliche Wahlmöglichkeit, würden Sie dann Ihren jetzigen Beruf noch einmal ergreifen?	**Frage:** In welchem Ausbildungsjahr sind Sie?			
	im 1.	im 2.	im 3.	im 4.
	(in Prozent)			
Ja, bestimmt.	29	21	16	15
Wahrscheinlich ja.	43	36	32	23
Wahrscheinlich nein.	16	27	26	28
Auf keinen Fall.	10	15	25	31
Keine Angabe	2	1	1	3

Nach-Frage: Falls „wahrscheinlich nein" oder „auf keinen Fall" – welcher der folgenden Sätze trifft den Grund am genauesten (mehrere Angaben möglich)?	Angaben in %
Der Beruf entspricht nicht meinen Neigungen.	29
Meine Fähigkeiten liegen auf anderen Gebieten; für diesen Beruf bin ich nicht geeignet.	22
Ich fühle mich in diesem Beruf nicht voll ausgelastet; woanders könnte ich mehr leisten.	45
Der Beruf bietet zu wenig Aufstiegsmöglichkeiten.	17
Ich kann in diesem Beruf nicht genug verdienen.	26
Andere Gründe	17

E2

a) In a scientific survey, apprentices were asked if they would choose the same occupation again.

1. What percentage of first-year apprentices said, "Yes, definitely"?
2. What percentage in their second year said, "Probably not"?
3. What percentage in their fourth year said, "Absolutely not"?

b) When asked to give reasons for their dissatisfaction, what percentage said:

1. "I'm not suited for this job."
2. "There are too few promotion prospects."
3. "I cannot earn enough."

M
Warum sind viele Leute nicht glücklich im Beruf?

Ausbildung zum Fremdsprachen-Korrespondenten

Eine abwechslungsreiche und verantwortungsvolle Tätigkeit finden Sie als Fremdsprachen-Korrespondent.
Wenn es um wichtige Positionen geht, haben fremdsprachlich geschulte Mitarbeiter den Vorzug: in Import- und Exportunternehmen, in Behörden, im Bank- und Versicherungswesen, in der Touristik und bei Fluggesellschaften.

Fremdsprachlich geschulte Mitarbeiter bearbeiten hier die Korrespondenz mit dem Ausland, erledigen einfache Übersetzer- und Dolmetscherarbeiten und betreuen ausländische Kunden und Geschäftspartner.
Die Ausbildung zum Fremdsprachen-Korrespondenten sichert Ihnen in der zunehmend international orientierten Wirtschaft und Industrie Ihre berufliche Zukunft.

Berufsausbildung

MED.-KFM. ARZTHELFERIN, 1jährige Berufsfachschule; Beihilfen nach dem AFG u. BAFÖG; eigenes Wohnheim. Priv. Handelsschule Merkur, 8980 OBERSTDORF, Tel. (0 83 22) 42 46

BERUFE MIT ZUKUNFT: Touristikfachkräfte, Reiseleiter/innen, Flug- u. Messehostessen, Reisebüroexpedient/innen, Stenotypistinnen, Hotelrezeptionistinnen, Fremdsprachenkorrespondentinnen u. -Sekretärinnen werden weltweit gesucht. Direkt- u. Fernkurse, Wochenendseminare. TOURISTIK-INSTITUT FREIFRAU VON DEM BUSSCHE, Dienerstr. 20, 8000 München 2, Tel. 22 44 44

Wollen Sie einen sozialen Beruf erlernen und warten auf einen Ausbildungsplatz? Die Schule Schwarzerden bietet Realschulabgängern und Abiturienten ein bewegungs- und gesundheitspädagogisches Vorbereitungsjahr. Gymnastikschule Schwarzerden, 6412 Gersfeld-Bodenhof, Tel.: (0 66 54) 2 23

BERUFE FÜR DAS LEBEN: Sekretärin, Fremdsprachen- und **Europasekretärin, Erzieherin, Kinderpflegerin, Hauswirtschafterin** – staatliche Abschlüsse – Förderung nach BAFÖG/AFÖG. Einjährige Haushaltsschule (auch Kurzkurse). Gertrud-Stahmer-Schulen, Wohn- und Studienheime, 8213 Aschau/Obb., Tel. (0 80 52) 3 49

Hotel- und Gaststättengewerbe. Einjährige Berufsfachschule. Voraussetzung: erfüllte Volksschulpflicht – gründliche Ausbildung in Theorie und Praxis, Beihilfen (BAföG, AFG) – angeschlossenes Wohnheim – Beginn: 13. September. Priv. Berufsfachschulen Merkur, 8980 OBERSTDORF, Tel. (0 83 22) 42 46

B.-Blindow-Schulen, Ausbildung zur Med.-tech., Bio.-tech., Pharm.-tech., Chem.-tech. Assistentin, Beschäftigungstherapeutin, Masseurin u. med. Bademeisterin, Kosmetikerin. **Staatlich geprüfte** Berufe mit Zukunft. 3062 Bückeburg (0 57 22) 37 90; 4500 Osnabrück (05 41) 58 71 55

Kunstschule Alsterdamm Hamburg, Internationale private Schule für Graphik-Design. Seit 35 Jahren anerkannte Berufsausbildung zum Graphik-Designer(in). Leitung: Gerd F. Setzke. Broschüre kostenfrei durch das Sekretariat: Ferdinandstraße 17, 2000 Hamburg 1

Ausbildung zur Sport- und Gymnastiklehrerin (staatliche Prüfung). Edith-Jahn-Schule, 2392 Glücksburg/Ostsee, Tel. (0 46 31) 5 60. Ausbildungsbeginn Oktober

FREMDSPRACHEN-SEKRETÄRIN IHK, SEKRETÄRIN INTERNATIONAL ISA. Attraktivster gehobener weiblicher Beruf ohne Hochschulstudium. Aufstiegsberuf ohne Beschäftigungsrisiko. Jede Woche ca. 200 Stellenangebote in der deutschen Presse. Berufskollegs für Realschüler, Abiturientinnen und Berufspraktiker. Staatlich anerkannte Abschlüsse. AFG- oder BAFÖG-Förderung möglich. A.-Schriever-Weg 11 b – T. (0 72 21) 2 31 65, WIRTSCHAFTSINSTITUT 7570 BADEN-BADEN. Staatlich anerkannte Berufsfachschule

Ausbildung zur STAATLICH ANERKANNTEN KOSMETIKERIN mit STAATLICHER URKUNDE! BAFöG möglich. Bremer Berufsfachschule für Kosmetik, Sonnenstr. 9, 2800 Bremen 1, Tel.: (04 21) 7 20 24-5

Arzthelferin: Statt 2-jähriger Lehre ½-jährige Ausbildung. Ärztekammerprüfung ohne zusätzliches Praktikum. Beginn Oktober und April. STAATL. ANERKANNTE MED.-KAUFM. ASSISTENTIN durch einjähriges Berufskolleg. Beginn Oktober. Beihilfen. Freiprospekt BE. NUR IM LEHRINSTITUT DR. MED. BUCHHOLZ, Starkenstr. 36, Postfach 12 50, Tel. (07 61) 2 54 43, Univ.-Stadt 7800 Freiburg/Schwarzwald

E3 (Page 24)

a) If you received training as a bilingual secretary, you could work in a number of different fields. Name any three.

b) Name any one activity you might carry out.

E4

Look at the training opportunities listed on the left. What number would you phone if you wanted to enquire about becoming:

a) A gym teacher

b) A children's nurse

c) A stewardess

d) A doctor's receptionist (but as soon as possible!)

M

Welche Berufe findest du attraktiv und welche nicht? Warum?

Zum nächstmöglichen Eintritt suchen wir eine vielseitige, zuverlässige

Bürogehilfin

mit schneller Auffassungsgabe.

Ihre Bewerbung erbitten wir schriftlich mit den üblichen Unterlagen.

Radio Fernsehen Elektro

Fels am Viehtor

Größtes Fachgeschäft im Kreis RE

Hauptgeschäft Breite Straße 29/31

Lüdinghausen

Zahnarzthelferin

gesucht zum 1. 7. Fundierte Kenntnisse in Abrechnung (auch KFO) und Praxisorganisation sind Voraussetzung.

Auszubildende

zum 1. 8. gesucht (Realschulabschluß erf.)
Off. WN, Lüdinghausen, Wolfsberger Str. 5, ALH 1512

Ich suche für mein **Spezialitäten-Restaurant** einen

Koch oder Jungkoch

zur Aushilfe für's Wochenende ab 16 Uhr.
Telefon RE 1 50 55

Ihre Chance!

Wir suchen für sofort oder später

Spielwaren-Fachverkäufer(in)

ca. 18–28 Jahre, und

2 Auszubildende

(männlich und weiblich) zum 1. August.
Ausführliche Bewerbungen an

Spielwaren Willig

Vedes-Fachgeschäft
4354 Datteln · Hohe Straße 19

E5

a) Your German penpal's brother would like to be a chef. You see one of the advertisements above in the newspaper. What number do you suggest he should call?

b) What number would you have to call if you wanted to be a dental receptionist?

c) What work is available for a person between 18–28 at Willig?

d) What position is vacant at Fels am Viehtor?

Tschüß Schule
„Was Berufsanfänger wissen sollten
Was tun
?
130 Seiten voller Tips für Bewerbung und Berufsanfang.
„Tschüß Schule" ist eine Broschüre für alle Entlaß-schüler. Aktuell. Von Experten geschrieben. Eine praktische Hilfe, auf die man nicht verzichten sollte.
„Tschüß Schule" gibt es nur bei uns. Kostenlos und unverbindlich.
„Uns hat Tschüß Schule sehr geholfen. Können wir jedem nur empfehlen."

E6

Mention three things we are told about *'Tschüß Schule'*.

E7

a) According to a survey in Siegen, it was discovered that bosses looked for eight qualities in their trainees. Name any three.

b) It was also found that master craftsmen in Lower Bavaria ranked two qualities as equally the most important for trainees. What are they?

Zu intelligent, zu kreativ?

Das Rennen bei der Testerei macht übrigens nicht unbedingt, wer durch Intelligenz oder gar Kreativität auffällt. Chefs gehen zunehmend nach dem Motto vor: „Wir brauchen nicht nur Häuptlinge, sondern auch Indianer." Eine Umfrage der Industrie- und Handelskammer Siegen ergab, was die Betriebe an ihren Auszubildenden schätzen. Gewünscht sind in dieser Reihenfolge: Aufgeschlossenheit, Anpassungsfähigkeit, Pünktlichkeit, Eifer, Sauberkeit, gute Umgangsformen, Intelligenz, Ordnung.
Ähnlich denken Handwerksmeister in Niederbayern. Bei ihnen nehmen Genauigkeit und Sauberkeit den ersten Rang ein, Kreativität und eigene Planung den zehnten und letzten Platz.

M

Der Vater deines Austauschpartners ist Chef bei einer großen Firma. Er beschreibt seine(n) ideale(n) Auszubildende(n). Was sagt er?

M

Wie kannst du dich auf ein Vorstellungsgespräch vorbereiten?

E8

Here are some tips for those attending an interview.

a) What advice is given about clothes?

b) What extremes of behavior should be avoided?

c) About what should you be fully informed before you go for an interview?

d) What shows that you are really interested in the position you are being interviewed for?

Vorstellung:

Natürlichkeit ist Trumpf

Eine Vorstellung beim Personalchef ist keine Theaterpremiere. Die Punkerkluft oder das Konfirmandenkleid sollte im Schrank hängen bleiben. Ordentlich angezogen erscheinen – das heißt statt in ausgefransten Jeans besser in Kordhose oder Rock und Pullover oder Bluse –, macht einen guten Eindruck. Verhaltensregeln für das Gespräch gibt es nicht, aber auch hier gilt: Alles Extreme vermeiden. Die schüchterne „Ja-nein-ich-weiß-nicht-Haltung" ist ebenso unangebracht wie aufgesetzte Schnoddrigkeit. Je mehr man sich über den angestrebten Beruf und den Betrieb informiert hat, um so besser. Wer selber fragt, zeigt Interesse. Personalchefs sind durchaus bereit, ihrerseits auf Fragen nach Ausbildung und Berufschancen zu antworten und bieten dies in der Unterhaltung oft auch ausdrücklich an!

B Betriebspraktikum

Ferialarbeit?

Ferialarbeit würden wir in jedem Fall befürworten, soferne der Arbeitsplatz in Ordnung, die Arbeitszeit, der Lohn, die Unterbringung (Hin- und Rückfahrt) geregelt sind. Es kommt dabei nicht so sehr darauf an, was gearbeitet wird, sondern daß überhaupt. Freilich sollte nicht während der ganzen Ferien gearbeitet werden. Im Durchschnitt ungefähr 4 Wochen.
Die Schüler(innen) lernen auf diese Weise die Lebenswirklichkeit und die Arbeitswelt außerhalb der Familie aus eigener Erfahrung kennen.
Sie merken, daß einem im Leben kaum etwas geschenkt wird, daß ein Arbeitstag gewöhnlich kein Honiglecken ist, daß man sich einfügen muß; sie lernen ebenso im richtigen Moment nachzugeben wie sich zu behaupten (hoffentlich!); sie lernen, daß wir Menschen nicht alle Engel sind, daß es aber auch hilfsbereite gibt, solche, die einem Respekt abverlangen, weil sie auf ihrem Platz still, stetig und einwandfrei ihre Pflicht tun. Sie lernen, daß das Geld nicht irgendwoher kommt, sondern verdient sein will, Schilling für Schilling; sie lernen dabei die nützliche Lektion, daß es besser ist, wenn man etwas gelernt hat; sie machen auch meistens die für Schüler segensreiche Erfahrung (Onkel, Tante und Eltern haben es ihnen ohnedies schon öfters gesagt), daß in die Schule zu gehen nicht das Schlechteste ist.

E9

This is an extract from the brochure of an Austrian school.

a) The school says that it is in favor of summer jobs, provided that certain conditions are met. name three of these.

b) The article states that pupils can learn a great deal from summer employment. Mention any three things they might learn.

M

1) Hast du einen Ferienjob gehabt? Was hast du gemacht? Was hast du am Arbeitsplatz gelernt?
2) Welche Ferienjobs gibt es, wobei du dein Deutsch gebrauchen könntest?
3) Was sind die häufigsten Jobs, die Schüler(innen) in den Ferien bekommen?

E10

This article is about training for students.

a) How long have training programs been in existence?
b) For which students are they intended?
c) How long does a training program last?
d) Who is responsible for finding placements with companies?
e) How far in advance should a student apply for training programs?
f) How did Anja Mynarik manage to find placement?
g) What advice is given to students whose schools do not have training programs?

M

1) Hast du Betriebspraktikum gemacht? Was hast du dabei gelernt?
2) Sollten alle Schüler(innen) die Möglichkeit haben, Betriebspraktikum zu machen? Warum (nicht)?

Betriebspraktikum

Arbeitsalltag auf Probe

An manchen Schulen gibt's sie seit 30 Jahren, an anderen leider immer noch nicht: Betriebspraktika. Schüler und Schülerinnen der achten bis zehnten Klassen – je nach Schultyp – gehen für ein paar Wochen in Betriebe statt zur Schule.
Auch wenn ein Betriebspraktikum nicht dazu gedacht ist, einen Ausbildungsplatz zu finden – es hilft, sich zu orientieren, zu klären: Wäre ein Beruf in dieser Branche was für mich? – Ein Teil der Praktikantenstellen wird von den Schulen organisiert, die anderen muß man sich selber suchen. Hört euch um bei Freunden, Verwandten, Bekannten, in was für Firmen die arbeiten und ob ihr da eventuell einen Platz bekommen könntet. Laßt alle Beziehungen spielen! Fragt wirklich jede und jeden!
Und dann bewerbt euch schriftlich um ein Praktikum – am besten ein oder zwei Jahre vorher. Anja Mynarik, 15jährige Gymnasiastin aus Hamburg, hat die Frau, bei der sie „babysittet", eingeschaltet und über sie jetzt schon einen Platz in einem grafischen Betrieb gefunden.
Was das Praktikum an Erfahrungen bringt, liegt nicht nur am Entgegenkommen der Firma, sondern auch an euch: Fragt soviel ihr könnt! Nach Arbeitsabläufen, Berufsaussichten, Verdienstchancen, nach der Branche allgemein. Wenn es an eurer Schule nicht üblich ist, Praktika zu machen: Fragt eure Lehrer danach! Redet mit der Schulleitung! Sagt euren Eltern, sie sollen sich dafür stark machen!

Wäre ein Beruf im grafischen Gewerbe richtig? Anja Mynarik will das in ihrem Betriebspraktikum herausfinden.

Richtlinien zur Durchführung von Betriebspraktika

... für Schüler an allgemeinbildenden Schulen der Sekundarbereiche I und II

1. Allgemeines

1.1 Das Betriebspraktikum ist eine Schulveranstaltung im Rahmen des Bildungsauftrags der Schule. Es kann im Sekundarbereich I ab Klasse 8 sowie im Sekundarbereich II durchgeführt werden. Es ist weder ein Ausbildungs- noch ein Beschäftigungsverhältnis nach arbeitsrechtlichen Vorschriften; eine Vergütung wird nicht gewährt...

1.6 Alle Schüler einer Klasse leisten in der Regel das Praktikum gleichzeitig ab; die Teilnahme ist für die Schüler Pflicht.

1.7 Ein Schüler, der aus besonderen Gründen nicht am Betriebspraktikum seiner Klasse teilnimmt, ist verpflichtet, während dieser Zeit den Unterricht einer anderen Klasse zu besuchen.

(aus: Erlaß des Kultusministers des Landes Niedersachsen v. 30.8.1978 – 302/303 – 33 004 – GültL 174/74)

E11

Look at these guidelines laid down by the Minister of Education for students from Lower Saxony involved in training programs.

a) Which students in the types of school referred to take part in training programs?

b) What does a student have to do if he/she cannot take part in a program in which the rest of his/her class is involved?

Jugendarbeitsschutzgesetz

Für Praktikanten/innen sind folgende Bestimmungen des Jugendarbeitsschutzgesetzes wichtig:

- Die tägliche Arbeitszeit der Schüler/innen darf 7 Stunden, die wöchentliche Arbeitszeit 35 Stunden nicht überschreiten (§ 5 Abs. 2 i.V.m. § 7 Abs. 2 Nr. 2).
- Den Schüler(n)/innen sind bei einer Arbeitszeit von mehr als 4 1/2 Stunden eine oder mehrere im voraus feststehende Ruhepausen von angemessener Dauer zu gewähren, die frühestens 1 Stunde nach Beginn und spätestens 1 Stunde vor Ende der Arbeitszeit liegen. Sie müssen betragen:
  bei mehr als 4 1/2 bis zu 6 Stunden mindestens 30 Min.,
  bei mehr als 6 Stunden mindestens 60 Minuten.
  Als Ruhepausen gelten nur Arbeitsunterbrechungen von mindestens 15 Minuten (§ 11).
- Die Schüler/innen dürfen nicht in der Nachtzeit von 20 Uhr abends bis 7 Uhr morgens beschäftigt werden (§ 14 Abs. 1) und müssen nach Beendigung der täglichen Arbeitszeit mindestens 12 Stunden Freizeit haben (§ 13).

An Samstagen, Sonntagen sowie an gesetzlichen Feiertagen dürfen Schüler/innen im Alter bis zum 15. Lebensjahr nicht beschäftigt werden (§§ 7, 16–18 JArbSchG und RdErl. des MAGS-NW vom 6. 9. 1976).

- An Sonn- und gesetzlichen Feiertagen dürfen Schüler nicht beschäftigt werden. Ausgenommen ist u.a. die Beschäftigung in Krankenanstalten sowie in Alten-, Pflege- und Kinderheimen:
  in der Landwirtschaft; jedoch mit Arbeiten, die auch an Sonn- und Feiertagen naturnotwendig vorgenommen werden müssen;
  im Familienhaushalt; jedoch nur, wenn der Schüler in die häusliche Gemeinschaft aufgenommen ist.
  Bei einer Beschäftigung an Sonntagen soll jeder zweite Sonntag beschäftigungsfrei bleiben. In jedem Falle aber müssen zwei Sonntage im Monat beschäftigungsfrei sein (§§ 17, 18).

E12

a) On the right you can see extracts from the law that protects young people in training programs. Which paragraphs state the following:

1. That students under 15 may not work on Saturdays, Sundays and public holidays.
2. That students may not work at night.
3. That students must be allowed to have fixed breaks during the working day.

b)

1. Look at the paragraphs that deal with working on a Sunday and on public holidays (for students over 15). They state that work on these days is forbidden. However, certain exceptions are listed. Name four places where students may work on these days.
2. Even when working on a Sunday is allowed, students may not work every Sunday. What two restrictions are there?

Betriebspraktikum als Probelehre?

„Das Betriebspraktikum stellt eine ideale Form des Kennenlernens von potentiellen (möglichen) Bewerbern für einen Ausbildungsplatz dar. Innerhalb des Betriebspraktikums können zwei Bereiche geprüft werden, die für eine Einstellungsentscheidung von Bedeutung sind:

- die soziale Fähigkeit, sich in den Betriebsablauf zu integrieren (einzufügen)
- das Prüfen der Fähigkeiten, die für die Ausführung des Berufes von Bedeutung sind.

Für erfahrene Betriebsinhaber und Vorgesetzte gibt die Beobachtung eines Praktikanten in der Gruppe wertvolle Hinweise in bezug auf die soziale Integrationsfähigkeit (Einpassungsfähigkeit) in die Gruppe, mit der später die Auszubildenden auskommen müssen. Folgende Kriterien können in diesem Zusammenhang über einen längeren Zeitraum beobachtet werden:

- die äußere **Erscheinung:** sie kann gepflegt, schlampig, praktisch, auffallend oder unpraktisch sein
- das **Auftreten:** es kann arrogant (überheblich) oder bescheiden, sicher oder unsicher, mit übersteigertem oder gar keinem Selbstvertrauen verbunden sein
- die **intellektuelle** (geistige) **Leistungsfähigkeit** und **Auffassung** kann gut, durchschnittlich oder schwerfällig sein. Die Praxis erfordert oft die Fähigkeit, sich schnell umzustellen. Auch dieses ist in diesem Zusammenhang zu prüfen.
- Die **Zielstrebigkeit,** der Wille zum Weiterkommen ist gerade im Rahmen eines Betriebspraktikums, in dem ungewohnte Aufgaben mit nicht abschätzbarer Schwierigkeit auftauchen, gut beobachten. ...

E13

a) During the course of a training program, students are carefully observed so that their performance can be assessed. There are four categories of assessment. They are:

1. Outward appearance
2. Determination
3. Attitude
4. Mental ability

Can you find the German for each of these?

b) In the category "outward appearance" mention any three things that might be noticeable.

c) In the category "attitude" mention any three things that might be noticed about a student's approach to his/her work.

Z1

On the right you can read Dieter's report about his training program. Can you find the following words in his report?

1) Training workshop
2) Preparation for work experience
3) Factory/shop
4) My future occupation
5) Abilities
6) Students doing training programs
7) The trainees
8) A course in metalworking
9) A block of metal
10) A drawing

Praktikum in der Lehrwerkstatt

Dieter wurde wunschgemäß in den Beruf des Fernmeldeelektronikers vermittelt. Hier sein Bericht:

In der schulischen Vorbereitung auf das Betriebspraktikum hatte ich gelernt, Erkundigungen über den Beruf im Betrieb anzustellen, worauf man alles achten sollte, wen man fragen konnte usw. Meine Erwartungen an das Praktikum waren ganz schön hoch. Anschließend, dachte ich, würde ich meinen zukünftigen Beruf genau beschreiben und einschätzen können: ich meine in bezug auf die Anforderungen und die Fähigkeiten.

Mit mehreren anderen Praktikanten wurde ich in die Lehrwerkstatt eines Elektro-Großbetriebes geschickt. Für die Auszubildenden des 1. Lehrjahres lief dort gerade ein Lehrgang über Metallbearbeitung. Hierbei sollten wir Praktikanten mitmachen. So fand ich mich am Schraubstock wieder, wo ich tagelang mit einer Feile einen Metallklotz in eine durch Zeichnung vorgeschriebene Form bringen sollte. Ich meine, das ist Lernen für und nicht über einen Beruf.

C Bewerbungen

Bewerbungen

Hundert Mark sind schnell weg

„Wer sich mit schlampigen Unterlagen bewirbt, hat von vornherein schlechte Karten!" Die 17jährige Katja Schubert verschickte rund 65 Bewerbungen und alle mit der gleichen Sorgfalt. Da sie früh genug – eineinhalb Jahre vor ihrem Schulabschluß – an den Start gegangen ist, sitzt sie nun ohne Bewerbungsstreß in den Prüfungen für die mittlere Reife. Sie hat einen Ausbildungsplatz.
Der klassische Weg dorthin ist immer noch die schriftliche Bewerbung: der Lebenslauf in Stichworten, eine Fotokopie des letzten Zeugnisses (niemals Originale verschicken) und das Begleitschreiben, die eigentliche Bewerbung mit einer kurzen Begründung, warum man diesen Beruf erlernen möchte. Wenn nicht ausdrücklich handgeschriebene Unterlagen gefordert werden, die Schreibmaschine benutzen! Wer Kurse oder Lehrgänge vorweisen kann, sollte sie unbedingt erwähnen, soweit sie etwas mit dem gewünschten Beruf zu tun haben.
„Ganz wichtig ist das Paßbild", ergänzt Katja. „Schwarzweißfotos reichen aus, aber auf keinen Fall diese düsteren Automatenbilder verwenden." Die Geldausgabe beim Fotografen lohnt sich, denn bei so vielen Bewerbern achtet ein Personalchef auch verstärkt auf den ersten optischen Eindruck der Ausbildungskandidaten.
Die Unterlagen sollten nicht gefaltet oder zusammengeheftet werden. Die Blätter möglichst einzeln in Klarsichthüllen stecken und in einem entsprechend großen Umschlag verschicken. Dabei auf ausreichendes Porto achten, Briefwaagen geben genaue Auskunft.
Bewerbungen sind nicht billig: Wer rund 30 Anschreiben versenden will, wird dafür mit ungefähr 100 Mark rechnen müssen.

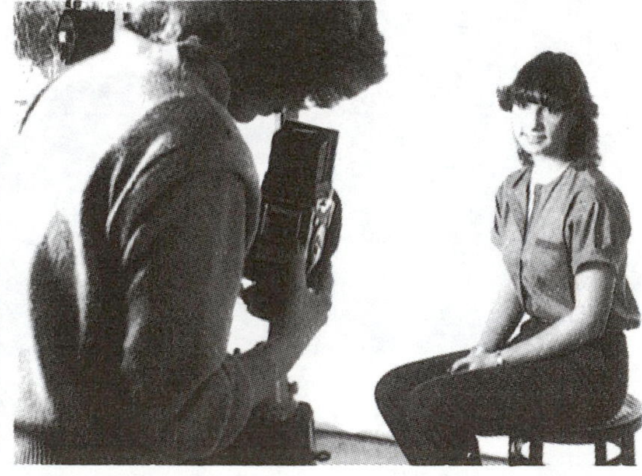

Personalchefs suchen auch nach Fotos aus! Katja Schubert, die nach 65 Bewerbungen viel Erfahrung hat: „Ganz wichtig ist ein neues Paßbild – aber nicht aus dem Automaten."

E14

The article on the left is about job applications. It gives tips about the correct procedure.

a) Following Katja's example, how soon is it advisable to begin making applications for a training position?

b) What three things should be sent when an application is made?

c) How should forms be completed?

d) What kind of photographs should be avoided for application forms?

e) What should you not do with application forms?

f) What are we told about the cost of applying for jobs?

Nur nicht zu spät bewerben!

Zwei Jahre vor Beginn der Ausbildung kann man sich schon an vielen Fachschulen bewerben und vormerken lassen. Während der Zeit mal fragen, ob eure Anmeldung noch auf der Liste steht oder wiederholt werden muß!

Eineinhalb Jahre vorher (auch früher) bei großen Firmen, Banken, Ämtern und Behörden bewerben! Also jetzt, wenn man 1992 aus der Schule kommt! Manche Betriebe testen ihre künftigen Azubis bereits Anfang des letzten Schuljahrs und machen kurz vorher ihre Bewerberlisten dicht.

Ein Jahr sollte für die Suche bei kleinen Betrieben, Geschäften, Arzt- oder Anwaltspraxen ausreichen.

Ein halbes Jahr vor Ausbildungsbeginn haben viele Jugendliche, die in einem großen Betrieb lernen wollen, ihre Verträge bereits in der Tasche.

Ein Trost für alle, die jetzt noch keine Zusage bekommen haben – bis zum Ende des Schuljahres, sogar in den ersten Wochen und Monaten nach dem allgemeinen Ausbildungsbeginn gibt es noch freie Plätze. Manche Betriebe zögern sehr lange, ob sie überhaupt ausbilden wollen, und tun es schließlich doch. Appelle von Politikern und Gewerkschaften, finanzielle Hilfen und Modellprogramme schaffen in letzter Minute weitere Plätze. Außerdem wird hier und da wieder etwas frei, weil Bewerber mehrere Zusagen bekommen haben oder ihre Lehre gar nicht erst antreten.

E15

Look at the article on the right. It suggests a schedule that should be followed when applying for jobs or training positions.

a) How soon in advance should the following be applied for:

1. Large companies
2. Stores and doctors' practices
3. Technical colleges

b) Why should students not be discouraged if they haven't found a training position at the ideal times?

c) Give two reasons why places sometimes become available at the times referred to in **b)**.

M

Welche Auskunft sollte man über sich selbst in einer schriftlichen Bewerbung geben?

D Der Arbeitsplatz

Der neue Arbeitsplatz

Sie haben einen neuen Arbeitsplatz gefunden. Jetzt geht es darum, daß Sie ihn auch behalten.

Üblicherweise wird bei der Einstellung eine Probezeit vereinbart. Es kommt darauf an, in dieser Zeit die Erwartungen zu erfüllen. Ein enger Kontakt zum direkten Vorgesetzten ist deshalb besonders wichtig.

Suchen Sie die Zusammenarbeit mit einem Kollegen, der Sie am Arbeitsplatz einweist und der Ihnen die Arbeitsgepflogenheiten und Besonderheiten des Unternehmens erklären kann.

Wenn Sie etwas nicht verstehen, scheuen Sie sich nicht, dies zuzugeben und zu fragen. Bemühen Sie sich, Wissenslücken auch selbständig zu schließen. Sie werden erstaunt sein, in welch kurzer Zeit dies gelingt.

Ständige Selbstkontrolle ist eine Grundlage des Erfolgs. Auch dann, wenn Sie in Ihre neuen Aufgaben eingearbeitet sind, sollten Sie sich immer wieder Rechenschaft über Ihre Arbeit geben und versuchen, Schwachstellen zu verbessern. Dabei helfen Gespräche mit Vorgesetzten und Kollegen sowie Kolleginnen.

E17

This is an article containing advice to those who are starting a new job.

a) What should you aim to achieve with your immediate boss?

b) Who could help to show you the ropes?

c) What should you not be afraid to do if you don't understand something?

d) What is an important basis for success?

Arbeitslos sein ist kein Makel

Vermutlich fällt es Ihnen nicht leicht, Ihrer Familie, Ihren Freunden und Bekannten von Ihrer Arbeitslosigkeit zu berichten. Und wahrscheinlich wird Ihnen das Zuhausesein über kurz oder lang auf die Nerven gehen.

Das alles ist kein Grund, an sich selber zu zweifeln. Arbeitslosigkeit kann jeden treffen, und es ist keine Schande, einmal ohne Beschäftigung zu sein. Dies gilt auch dann, wenn die Arbeitslosigkeit länger dauert.

E16

Out of every 100 employees, how many suffer stress at work from:

a) Noise

b) Fumes

c) The pace of work

d) Danger of accidents

e) Uncomfortable body posture

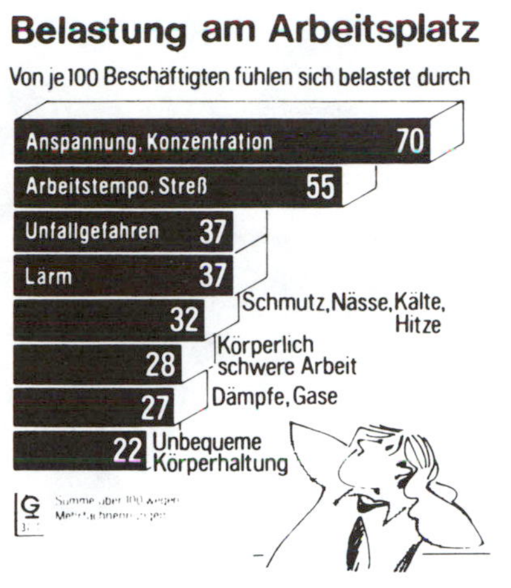

Belastung am Arbeitsplatz

Von je 100 Beschäftigten fühlen sich belastet durch

Anspannung, Konzentration	70
Arbeitstempo, Streß	55
Unfallgefahren	37
Lärm	37
Schmutz, Nässe, Kälte, Hitze	32
Körperlich schwere Arbeit	28
Dämpfe, Gase	27
Unbequeme Körperhaltung	22

M

Möchtest du eine Arbeitsstelle haben? Warum (nicht)?

Grips und schöne Augen

Nur schöne Augen und gerade gewachsene Beine reichen heute nicht mehr aus, wenn sich eine Schulabgängerin für den „Traumberuf" einer Friseuse entscheidet. Der Würzburger Innungsobermeister Arnold Röder dazu: Nur jeder dritte Auszubildende kommt aus Begeisterung in diesen Beruf. Viele – und in den zurückliegenden Jahren des Lehrstellenmangels ganz einfach zu viele – gehen nur dann in einem Salon in die Lehre, wenn alle anderen Ausbildungsmöglichkeiten abgehakt sind. Solche Verlegenheitsentscheidungen werden dann meist nicht alt in der Branche, wechseln ins Kaufhaus oder an die Kasse im Supermarkt. Für gute Fachkräfte sieht der Innungs-Chef auch in den kommenden Jahren optimale Berufs-Chancen.

E18

a) What two things are no longer enough to get a hairdressing job?

b) According to Arnold Röder, who tends to apply for training as a hairdresser these days?

c) What occupations do trainees sometimes change to if they are dissatisfied with hairdressing?

M

Warum sind Leute, die arbeitslos sind, oft sehr unglücklich? Wie könnte man ihnen helfen?

Z2

Match the German words with their English meanings.

1	*Beschäftigung*	A	No disgrace
2	*An sich selber zweifeln*	B	Not easy
3	*Arbeitslos*	C	Employment
4	*Keine Schande*	D	Unemployed
5	*Nicht leicht*	E	To doubt oneself

Louisa „macht“ Models Fotomodell bleibt Traumberuf

Deutsche Designer machen international anerkannte Mode. Und auch der deutsche Frauentyp liegt wieder im Trend. Fand man auf den Titelseiten der internationalen Modemagazine jahrelang hauptsächlich Skandinavierinnen, Französinnen oder den exotischen Frauentyp, so steigen jetzt die Chancen für die deutschen Models und für die, die es werden wollen.

Für unzählige junge Mädchen ist „Fotomodell“ ein Traumberuf. Es ist nicht allein die Faszination der Selbstdarstellung, sondern auch die Möglichkeit zu reisen, unabhängig zu sein und nicht zuletzt das hohe Einkommen, das den Reiz dieses Berufes ausmacht. Gutes Aussehen allein reicht aber nicht aus. Disziplin, Zuverlässigkeit und Pünktlichkeit sind unabdingbare Voraussetzungen, um als Fotomodell erfolgreich arbeiten zu können.

Nachwuchs wird immer gebraucht und gute, professionelle Agenturen sind immer wieder auf der Suche nach neuen, interessanten Gesichtern.

So auch Louisa von Minckwitz. Unter dem Namen „Louisa Models“ führt sie seit vier Jahren – nach einem abgeschlossenen Studium der Zeitungswissenschaften, Heirat und Geburt von zwei Kindern – mit 29 Jahren eine der wichtigsten Modellagenturen Deutschlands. Seit ein paar Monaten vertritt sie übrigens auch Männer.

„Ich liebe meinen Beruf, ich liebe die Abwechslung, die er bringt, ich liebe es, mit jungen Mädchen zu tun zu haben, denen ich manchmal helfen kann, eine Karriere aufzubauen.“ Diese starke Begeisterung, die Identifikation mit allem, was sie tut, ist ohne Zweifel eine der Quellen ihres Erfolgs.

Junge Mädchen und junge Männer, die die geeigneten Voraussetzungen mitbringen und sich für eine Laufbahn als Fotomodell interessieren, können sich direkt bei Louisa Models, Karolinenstraße 4, 8000 München 22, bewerben. Der Bewerbung sollte ein Foto beigelegt werden sowie die genauen Angaben über Personalien und Maße.

E19

a) What profession is that of a photo model compared to?

b) From where have cover-girl models tended to come until recently?

c) Apart from good looks, what other qualities are required to be a successful photo model?

d) Name two attractions of this career?

e) What are agencies always on the look-out for?

f) Louisa von Michkwitz runs a model agency. Mention two things that she loves about her work.

g) If you were interested in a modeling career, and applied to her agency, what information should you provide?

h) What should be enclosed with your application?

JACQUE D.
WERBEAGENTUR GBR
AGENTUR FUR VISUELLE KOMMUNIKATION
INH SIGRID DORDELMANN & CLAUS BOLLRATH

Nach nunmehr vierjähriger Existenz suchen wir für die unterschiedlichsten Fotoproduktionen im Modebereich und für den Einsatz während unserer Modenschauen heute einmal auf diesem Wege

FOTOMODELLE
MANNEQUINS
DRESSMEN

Bewerben Sie sich heute!
HOHE STRASSE 26 · D-4354 DATTELN · 02363/51334

E20

a) When are applicants invited to apply for these positions?

b) How long has this agency been established?

M

Warum ist Fotomodell ein Traumberuf? Welche anderen Traumberufe gibt es? Was ist dein persönlicher Traumberuf? Warum?

Chapter 4

Freizeit und Sport

A Tanz und Musik

E1

a) Look closely at the three advertisements. At whom do you think each is aimed? Give reasons.

b) At which functions is food not advertised?

c) Which of the establishments is open all year?

d) Where could you dine by candlelight?

e) Which functions are sponsored by a bank?

M

Was machst du in deiner Freizeit? Was für Hobbys hast du?

Jeden **Freitag** und **Samstag**

02. 05. — 11. 10.

Musikalische Unterhaltung an Bord.

Abfahrt: **20.00** Uhr
Rathausufer (Pegeluhr)

Rückkehr: ca **23.30** Uhr
Preis: **DM 15.—**

Kalte und warme Küche an Bord

Tischbestellung möglich

Telefon: 02 11/32 61 24

Neu **Tanz – Tanz – Tanz** Neu

im Tanzcafé-Restaurant

„Deutsches Haus"

in Greven-Reckenfeld (Ortsmitte)

Jeden Mittwoch

TANZTEE

von 15–18 Uhr und 19.30–24 Uhr
jeden Freitag von 19.30–24 Uhr
jeden Sonntag von 15–18 Uhr

auch Pfingstsonntag

bei Kaffee, Kuchen und Kerzenschein
– Eintritt frei –

Ihre Tischreservierung nehmen wir gern entgegen:
Tel. 0 25 75/22 04

Es singt und spielt für Sie
Ihr **„Siggi"**

– montags Ruhetag –

Karte zum freien Eintritt
Kinder-Karnevals-Disco
Beginn jeweils 15.30 Uhr
mit der Kindertanzgruppe Wulfen und der Musicbox-Disco
Samstag, 1. Februar
Erich-Klausener-Schule Herten
Donnerstag, 6. Februar
Kolpinghaus Westerholt
Mittwoch, 5. Februar
Gemeinschaftshaus Wulfen
Freitag, 7. Februar
Stadtbibliothek Dorsten
Ende um 17.30 Uhr
...wenn's um das Sparen geht
Kreissparkasse

M

Was für Musik hörst du gern? Wieviel Schallplatten hast du? Welche sind deine Lieblingssänger(innen)?

E2

Above you can see the advertisements of two companies that sell records by mail order. At first reading they both seem very similar, but if you study them closely you will find that there are differences. Which would you write to because you thought it was the better of the two? Give two reasons.

PINWAND

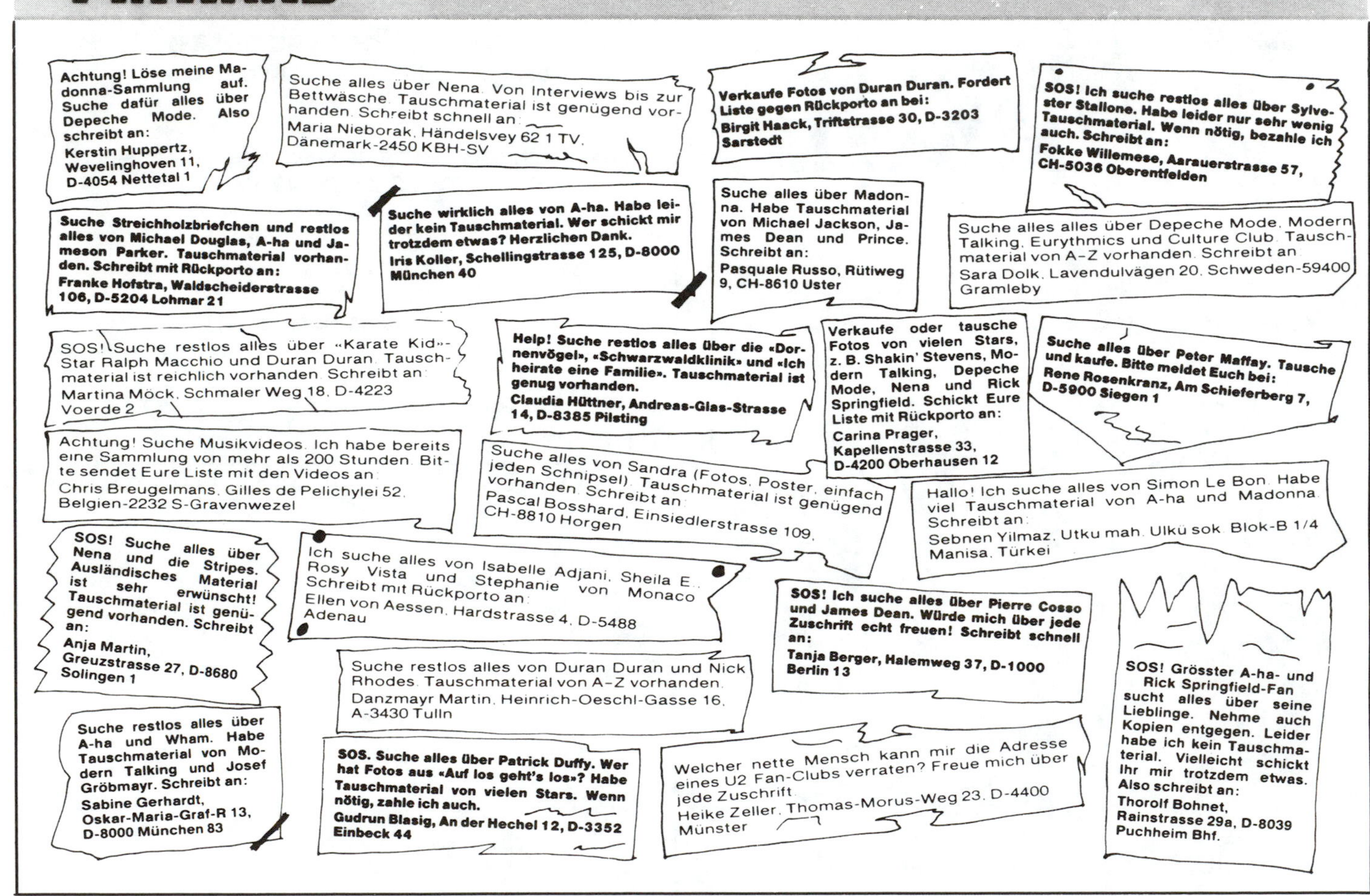

Achtung! Löse meine Madonna-Sammlung auf. Suche dafür alles über Depeche Mode. Also schreibt an: Kerstin Huppertz, Wevelinghoven 11, D-4054 Nettetal 1

Suche alles über Nena. Von Interviews bis zur Bettwäsche. Tauschmaterial ist genügend vorhanden. Schreibt schnell an: Maria Nieborak, Händelsvey 62 1 TV, Dänemark-2450 KBH-SV

Verkaufe Fotos von Duran Duran. Fordert Liste gegen Rückporto an bei: Birgit Haack, Triftstrasse 30, D-3203 Sarstedt

SOS! Ich suche restlos alles über Sylvester Stallone. Habe leider nur sehr wenig Tauschmaterial. Wenn nötig, bezahle ich auch. Schreibt an: Fokke Willemese, Aarauerstrasse 57, CH-5036 Oberentfelden

Suche Streichholzbriefchen und restlos alles von Michael Douglas, A-ha und Jameson Parker. Tauschmaterial vorhanden. Schreibt mit Rückporto an: Franke Hofstra, Waldscheiderstrasse 106, D-5204 Lohmar 21

Suche wirklich alles von A-ha. Habe leider kein Tauschmaterial. Wer schickt mir trotzdem etwas? Herzlichen Dank. Iris Koller, Schellingstrasse 125, D-8000 München 40

Suche alles über Madonna. Habe Tauschmaterial von Michael Jackson, James Dean und Prince. Schreibt an: Pasquale Russo, Rütiweg 9, CH-8610 Uster

Suche alles alles über Depeche Mode, Modern Talking, Eurythmics und Culture Club. Tauschmaterial von A-Z vorhanden. Schreibt an: Sara Dolk, Lavendulvägen 20, Schweden-59400 Gramleby

SOS! Suche restlos alles über »Karate Kid«-Star Ralph Macchio und Duran Duran. Tauschmaterial ist reichlich vorhanden. Schreibt an: Martina Möck, Schmaler Weg 18, D-4223 Voerde 2

Help! Suche restlos alles über die »Dornenvögel«, »Schwarzwaldklinik« und »Ich heirate eine Familie«. Tauschmaterial ist genug vorhanden. Claudia Hüttner, Andreas-Glas-Strasse 14, D-8385 Pilsting

Verkaufe oder tausche Fotos von vielen Stars, z. B. Shakin' Stevens, Modern Talking, Depeche Mode, Nena und Rick Springfield. Schickt Eure Liste mit Rückporto an: Carina Prager, Kapellenstrasse 33, D-4200 Oberhausen 12

Suche alles über Peter Maffay. Tausche und kaufe. Bitte meldet Euch bei: Rene Rosenkranz, Am Schieferberg 7, D-5900 Siegen 1

Achtung! Suche Musikvideos. Ich habe bereits eine Sammlung von mehr als 200 Stunden. Bitte sendet Eure Liste mit den Videos an: Chris Breugelmans, Gilles de Pelichylei 52, Belgien-2232 S-Gravenwezel

Suche alles von Sandra (Fotos, Poster, einfach jeden Schnipsel). Tauschmaterial ist genügend vorhanden. Schreibt an: Pascal Bosshard, Einsiedlerstrasse 109, CH-8810 Horgen

Hallo! Ich suche alles von Simon Le Bon. Habe viel Tauschmaterial von A-ha und Madonna. Schreibt an: Sebnen Yilmaz, Utku mah. Ulkü sok. Blok-B 1/4 Manisa, Türkei

SOS! Suche alles über Nena und die Stripes. Ausländisches Material ist sehr erwünscht! Tauschmaterial ist genügend vorhanden. Schreibt an: Anja Martin, Greuzstrasse 27, D-8680 Solingen 1

Ich suche alles von Isabelle Adjani, Sheila E., Rosy Vista und Stephanie von Monaco. Schreibt mit Rückporto an: Ellen von Aessen, Hardstrasse 4, D-5488 Adenau

SOS! Ich suche alles über Pierre Cosso und James Dean. Würde mich über jede Zuschrift echt freuen! Schreibt schnell an: Tanja Berger, Halemweg 37, D-1000 Berlin 13

SOS! Grösster A-ha- und Rick Springfield-Fan sucht alles über seine Lieblinge. Nehme auch Kopien entgegen. Leider habe ich kein Tauschmaterial. Vielleicht schickt Ihr mir trotzdem etwas. Also schreibt an: Thorolf Bohnet, Rainstrasse 29a, D-8039 Puchheim Bhf.

Suche restlos alles von Duran Duran und Nick Rhodes. Tauschmaterial von A-Z vorhanden. Danzmayr Martin, Heinrich-Oeschl-Gasse 16, A-3430 Tulln

Suche restlos alles über A-ha und Wham. Habe Tauschmaterial von Modern Talking und Josef Gröbmayr. Schreibt an: Sabine Gerhardt, Oskar-Maria-Graf-R 13, D-8000 München 83

SOS. Suche alles über Patrick Duffy. Wer hat Fotos aus »Auf los geht's los«? Habe Tauschmaterial von vielen Stars. Wenn nötig, zahle ich auch. Gudrun Blasig, An der Hechel 12, D-3352 Einbeck 44

Welcher nette Mensch kann mir die Adresse eines U2 Fan-Clubs verraten? Freue mich über jede Zuschrift. Heike Zeller, Thomas-Morus-Weg 23, D-4400 Münster

E3

Match the following people with the items they are looking for, or the items they are offering.

1	Franke Hofstra	A	A fan club address
2	Anja Martin	B	Cash
3	Maria Nieborak	C	Material from abroad
4	Fokke Willemese	D	Books of matches
5	Heike Zeller	E	Bed linen

Neues von Madonna!

Madonna ist wieder dabei, die Hitparaden in aller Welt zu stürmen. Ihre neue Single die Schmuseballade «Live To Tell», ist beim Rundfunk und in den Discotheken bereits der grösste Renner, und die Plattenläden freuen sich über grosse Absätze der neuen Madonna-Scheibe. «Live To Tell» ist übrigens eine der Melodien zum Film «At Close Range», in dem Madonna-Ehemann Sean Penn zur Zeit in unseren Kinos zu sehen ist!
Auch Madonna selbst könnt Ihr bald wieder auf der Leinwand bewundern. Ihr Film «Shanghai Surprise» läuft in diesen Tagen in Amerika und wenige Wochen später auch in Europa an. Und musikalisch gibt es ebenfalls gute Kunde aus dem Hause Ciccone: Das nächste Album soll schon fast im Kasten sein und in den nächsten Wochen auf dem Ladentisch liegen!

E4

a) What success is "Live to tell" enjoying?

b) Name one of the actors in "At Close Range" and say who he is.

c) Where is "Shanghai Surprise" currently running, and where will it soon be appearing?

d) What is the good news for Madonna fans about her next album?

M

Glaubst du, daß Gesangsstars zu viel Geld verdienen? Warum (nicht)?

Elton John als Torero am Klavier

Gesangsstar Elton John, bürgerlich Reg Dwight aus Middlesex in England, hat seine Fans schon immer wenigstens ebenso durch seine Verkleidungen wie durch seine Musik begeistert. Das teuerste Kostüm, das er je bei einem Konzert trug, führte er jetzt während eines Auftritts im New Yorker Madison Square Garden vor. Elton setzte sich in der Tracht eines spanischen Stierkämpfers, die über und über mit echten Goldfäden bestickt war, ans Klavier. Den Preis kennen nur er und sein Schneider.

Teures Kostüm: Elton John.

E5

a) In what two ways has Elton John fascinated his fans?

b) When did he first appear in a Spanish costume?

c) How much did it cost?

Beim Singen siegen ist kein Kinderspiel

Nicole Seibert, mit „Ein bißchen Frieden" bisher einzige deutsche Grand-Prix-Siegerin, zum diesjährigen europäischen Schlager-Wettbewerb in Bergen

Es ist schon ein eigenartiges Erlebnis, wenn jemand wie ich ein Eurovisions-Finale nun als Zuschauerin miterlebt. Ich hatte zu dieser Zeit zwei Konzerte in Norwegen; der Abstecher nach Bergen war also ein kurzer Ausflug.
Als die kleine Sandra Kim zum Abschluß ihren Siegertitel noch einmal sang, fühlte ich mich um vier Jahre in die gleiche Situation zurückversetzt. Ich war zwar damals, als ich in England gewann, „schon" 17, aber Sandra wird das als 13jährige nicht anders empfunden haben: dies unbeschreibliche Gefühl...
Ein paar Plätze neben mir bemerkte jemand, daß „der Grand Prix jetzt wohl den Kindern gehört". Ich halte das für töricht. Im Sport werden die Sieger und Siegerinnen ja auch immer jünger. Die Leistung zählt nun mal.
Unsere Deutsche Ingrid Peters ist, meine ich, zu schlecht weggekommen. Sie hat ausgezeichnet gesungen und hätte weiter vorn sein müssen.

Nicole Seibert, Nohfelden/Saar

HÖRZU-Leserin Nicole

E6

a) What is Nicole Seibert the only German to have achieved?

b) How did Nicole feel when she heard Sandra Kim sing the winning song in the Eurovision Song Contest?

c) What comment did someone sitting near to her make about the Eurovision Song Contest?

d) What does Nicole feel about this comment?

e) What did Nicole think of Ingrid Peters' singing?

Cliff Richard

Münster. Es muß was dran sein, wenn ein Sänger über 22 Jahre erfolgreich sein kann.
CLIFF RICHARD, der ewig junge Rock'n Roller konzertet am **8. Oktober** in der Halle Münsterland.
Man darf gespannt sein, welche Superhits er diesmal präsentieren wird.

E7

a) What compliment is paid to Cliff Richard?

b) What can the audience look forward to with excitement in his concert in Münster?

Super! Die Stones bei Gottschalk

Die sechziger Jahre, die „Roaring Sixties", werden wieder lebendig, wenn Thomas Gottschalk zu „Na, sowas Extra" (ZDF, Samstag, 20.15 Uhr) einlädt. Höhepunkt der Nostalgieshow soll eine Talkrunde mit den Rolling Stones werden! Die Stones, die bereits seit über zwanzig Jahren Musikgeschichte schreiben, sind auch heute noch genauso aktuell wie damals. Ober-Stone Mick Jagger: „Natürlich hat jeder einzelne von uns inzwischen viele Solo-Projekte hinter sich. Doch wir gehören immer noch zusammen. Ich könnte mir ein Leben ohne die anderen nicht vorstellen!"

Damit brach er wieder einmal eine Lanze gegen die Trennungsgerüchte, die seit Jahren durch die Presse geistern. Im Gegenteil: Ab Herbst wollen die Stones mit ihrer Musik wieder Fußballstadien füllen, natürlich auch in Deutschland. Mit Songs aus der neuen LP „Dirty Work", darunter auch der derzeitige Hit „Harlem Shuffle".

Bei Tommy werden die Stones ihr neues Video-Clip präsentieren, und – ein Schmankerl für Fans – auch mit Originalaufnahmen der sechziger Jahre zu sehen sein.

Wir dürfen uns freuen! Auch auf ein Wiedersehen mit Altstars wie The Hollies, Frankie Vallie, Roger Daltrey und Peggy March, Drafi Deutscher und Roy Black. Ein Abend für alle Altersklassen. *Falk Diehl*

Stones Gestern
In der Besetzung: Bill Wyman, M. Jagger, Keith Richards, Brian Jones †, Charlie Watts

Mick Jagger Heute
Auch heute noch ein Temperamentsbündel wie früher . . .

Foto: L. F. I.

Rod Stewart

Paul Young

Sam Cooke

Pop-Stars von heute entdecken den Soul-Star von gestern

„Er hat mich als einziger wirklich beeinflußt", gesteht Rod Stewart. Und: „Einen Song von ihm zu singen, macht dich frei", weiß Paul Young. Vor 22 Jahren starb Sam Cooke, doch erst heute entdecken seine Pop-Nachfahren die wahre Bedeutung des Soul-Stars. Und auch die Fans: In England schoß Cookes „Wonderful World" (auf LP „The Man And His Music") hoch in die Charts.

E8

a) How long ago did Sam Cooke die?

b) What does Paul Young say about singing a Sam Cooke song?

c) What are we told about "Wonderful World"?

M

Warum sind Sänger wie Sam Cooke, Cliff Richard und Mick Jagger noch immer beliebt? Was haben sie gemeinsam? Warum sind so viele Schlagersänger schnell vergessen?

E9

True or false? Read the article on the left and check these statements against it.

a) The Stones are as much a part of today's music scene as they ever were.

b) Only Mick Jagger has gone solo at times.

c) Mick Jagger couldn't imagine life without the others.

d) The Stones are going on the road again in the spring.

e) Their new video will include shots from the Sixties.

B Im Vergnügungspark

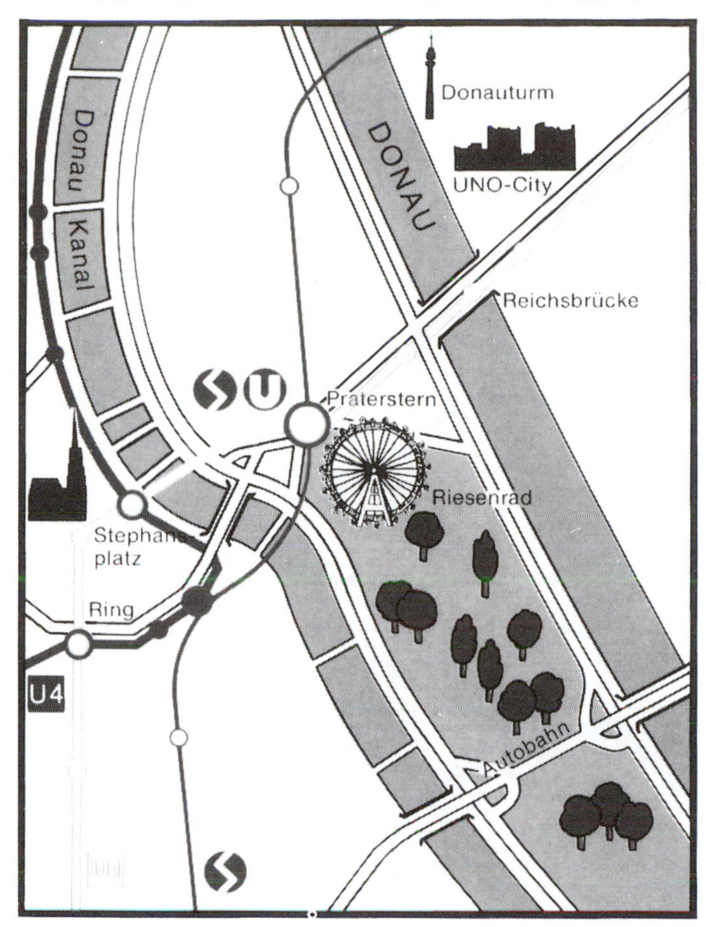

Hinweise für den Praterbesucher

Der Prater ist kein umzäunter Vergnügungspark, sondern frei zugängliches Gelände. (Wenn Sie Ihren Wagen direkt im Prater abstellen, beachten Sie bitte die täglich ab 15 Uhr geltenden Fahr- und Halteverbote.)

Die Saison des Praters dauert von März bzw. April bis Oktober (Riesenrad von Anfang März bis 1. November in Betrieb). In den Wintermonaten sind einige Gaststätten und einzelne Betriebe, wie z. B. das Ponykarussell oder die Spielhallen, geöffnet. Auskunft erhält man an Werktagen außer Samstag von 9 bis 12 Uhr telefonisch beim Verband der Praterunternehmer, Tel. 24 52 02. Insgesamt umfaßt der „Wurstelprater“ mehr als 150 Betriebe; nur eine Auswahl konnte in diesem Prospekt namentlich erwähnt werden.

Die Praterleute feiern gerne: Ein Frühlingsfest, ein großer Blumenkorso, der „Praterrummel“ und andere Veranstaltungen stehen auf dem Programm, das jeweils gesondert verlautbart wird. Im Sommer ist der Prater ins „Wiener Ferienspiel“ integriert, das vom Landesjugendreferat veranstaltet wird: mit 50% Ermäßigung auf allen Attraktionen, Riesenrad-Freifahrt und besonders preisgünstigem Imbiß (Anfang Juli bis dritte Augustwoche).

An Samstagen, Sonntagen und Feiertagen von 14 bis 19 Uhr ist das Pratermuseum (im Planetarium) geöffnet, in dem historische Erinnerungsstücke aus der über 200jährigen Geschichte des Praters gezeigt werden.

Wenn es Ihnen im Prater besonders gut gefallen hat oder wenn Sie Wünsche oder Anregungen zur weiteren Ausgestaltung des Praters haben, schreiben Sie bitte an den Praterbeirat, A-1010 Wien, Stubenring 8—10. Gegen Einsendung eines frankierten Rückkuverts erhalten Sie unter dieser Adresse auch den vierfarbigen Autoaufkleber „Wiener Prater“, gegen Einsendung von 30 öS den großen Praterposter (60x80 cm), der ausschnittweise auf der Titelseite dieses Prospekts abgedruckt ist.

WIENER PRATER

Riesenrad · Liliputbahn · Watschenmann · Pferdereiten Geisterbahnen · Autodrome · Schaukeln · Schießbuden Lachkabinett · Toboggan · Fotoschießen · Ballwurf Spiegelirrgarten · Hochschaubahnen · Pferdekarussel Go-Kart · Ringelspiele · Grottenbahnen · Dicke Berta Minigolf · Kinos · Bowling · Bogenschießen · Loopingbahn · Gaststätten · Kindereisenbahnen · Sauna · Preßluftflieger · Autobahn · Imbißstände · Ballonschießen Trudelrad · Herunter mit dem Zylinder · Spielhallen Eissalons · Wellenflieger · Panoptikum · Fliegender Teppich · und vieles mehr

E10

Which of the following could you enjoy at Vienna's Prater fairground? Copy the box and check accordingly.

		Yes	No
1	Big dipper		
2	Ghost train		
3	Mini railway		
4	Rollerskating		
5	Swings		
6	Slides		
7	Seesaws		
8	Horseback riding		
9	Shooting gallery		
10	Hall of mirrors		

E11

a) Your penpal from Vienna has invited you to spend two weeks in the summer with him. During this time he wants to take you to the Prater fairground. The Saturday after you arrive, he calls the Prater after you have had lunch (at 1 p.m.). There is no reply. When is the next time he could call?

b) Since you are in Vienna for the first two weeks in August, you can get certain benefits at the Prater. Mention two.

c) Since you like history you ask to see the Prater museum. On which days could you go?

M

Warst du schon in einem Vergnügungspark oder auf einem Jahrmarkt? Was hast du dort gemacht?

C Kino

M
Gehst du gern ins Kino? Was für Filme siehst du gern? Warum?

KINO IST IN!

M
Hast du einen Lieblingsfilmstar? Warum magst du ihn/sie?

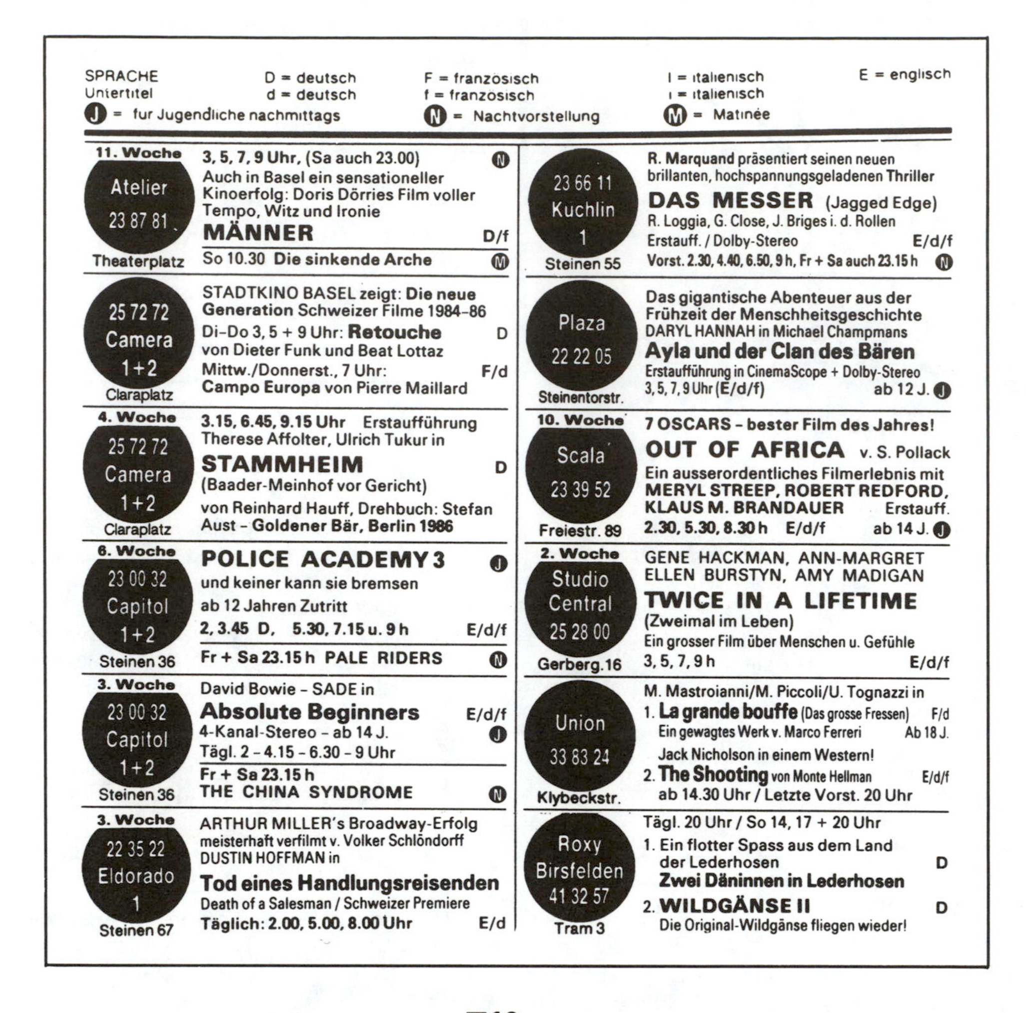

SPRACHE D = deutsch F = französisch I = italienisch E = englisch
Untertitel d = deutsch f = französisch i = italienisch
J = fur Jugendliche nachmittags N = Nachtvorstellung M = Matinée

11. Woche
Atelier 23 87 81
Theaterplatz
3, 5, 7, 9 Uhr, (Sa auch 23.00) N
Auch in Basel ein sensationeller Kinoerfolg: Doris Dörries Film voller Tempo, Witz und Ironie
MÄNNER D/f
So 10.30 **Die sinkende Arche** M

25 72 72 Camera 1+2
Claraplatz
STADTKINO BASEL zeigt: **Die neue Generation** Schweizer Filme 1984–86
Di–Do 3, 5 + 9 Uhr: **Retouche** D
von Dieter Funk und Beat Lottaz
Mittw./Donnerst., 7 Uhr: F/d
Campo Europa von Pierre Maillard

4. Woche
25 72 72 Camera 1+2
Claraplatz
3.15, 6.45, 9.15 Uhr Erstaufführung
Therese Affolter, Ulrich Tukur in
STAMMHEIM D
(Baader-Meinhof vor Gericht)
von Reinhard Hauff, Drehbuch: Stefan Aust – **Goldener Bär, Berlin 1986**

6. Woche
23 00 32 Capitol 1+2
Steinen 36
POLICE ACADEMY 3 J
und keiner kann sie bremsen
ab 12 Jahren Zutritt
2, 3.45 D, 5.30, 7.15 u. 9 h E/d/f
Fr + Sa 23.15 h PALE RIDERS N

3. Woche
23 00 32 Capitol 1+2
Steinen 36
David Bowie – SADE in
Absolute Beginners E/d/f
4-Kanal-Stereo – ab 14 J. J
Tägl. 2 – 4.15 – 6.30 – 9 Uhr
Fr + Sa 23.15 h
THE CHINA SYNDROME N

3. Woche
22 35 22 Eldorado 1
Steinen 67
ARTHUR MILLER's Broadway-Erfolg
meisterhaft verfilmt v. Volker Schlöndorff
DUSTIN HOFFMAN in
Tod eines Handlungsreisenden
Death of a Salesman / Schweizer Premiere
Täglich: 2.00, 5.00, 8.00 Uhr E/d

23 66 11 Kuchlin 1
Steinen 55
R. Marquand präsentiert seinen neuen brillanten, hochspannungsgeladenen **Thriller**
DAS MESSER (Jagged Edge)
R. Loggia, G. Close, J. Briges i. d. Rollen
Erstauff. / Dolby-Stereo E/d/f
Vorst. 2.30, 4.40, 6.50, 9 h, Fr + Sa auch 23.15 h N

Plaza 22 22 05
Steinentorstr.
Das gigantische Abenteuer aus der Frühzeit der Menschheitsgeschichte
DARYL HANNAH in Michael Champmans
Ayla und der Clan des Bären
Erstaufführung in CinemaScope + Dolby-Stereo
3, 5, 7, 9 Uhr (E/d/f) ab 12 J. J

10. Woche
Scala 23 39 52
Freiestr. 89
7 OSCARS – bester Film des Jahres!
OUT OF AFRICA v. S. Pollack
Ein ausserordentliches Filmerlebnis mit
MERYL STREEP, ROBERT REDFORD, KLAUS M. BRANDAUER Erstauff.
2.30, 5.30, 8.30 h E/d/f ab 14 J. J

2. Woche
Studio Central 25 28 00
Gerberg. 16
GENE HACKMAN, ANN-MARGRET
ELLEN BURSTYN, AMY MADIGAN
TWICE IN A LIFETIME
(Zweimal im Leben)
Ein grosser Film über Menschen u. Gefühle
3, 5, 7, 9 h E/d/f

Union 33 83 24
Klybeckstr.
M. Mastroianni/M. Piccoli/U. Tognazzi in
1. **La grande bouffe** (Das grosse Fressen) F/d
Ein gewagtes Werk v. Marco Ferreri Ab 18 J.
Jack Nicholson in einem Western!
2. **The Shooting** von Monte Hellman E/d/f
ab 14.30 Uhr / Letzte Vorst. 20 Uhr

Roxy Birsfelden 41 32 57
Tram 3
Tägl. 20 Uhr / So 14, 17 + 20 Uhr
1. Ein flotter Spass aus dem Land der Lederhosen D
Zwei Däninnen in Lederhosen
2. **WILDGÄNSE II** D
Die Original-Wildgänse fliegen wieder!

E12

a) While on vacation in Basel, you decide you would like to go to the movies with some Swiss friends. They recommend a Swiss film that is currently showing. At which movie theater?

b) On another day, you decide you would like to see "Out of Africa." Your penpal's 13-year old brother would like to come with you. Why is he disappointed?

c) If you had wanted to see a comedy, would you have gone to: 1. Küchlin 2. Plaza 3. Roxy 4. Studio Central?

E13 (Page 39)

a) Match the film titles or partial titles with the days and times the films can be seen at Studio 2 in Recklinghausen.

1	Living and Dying . . .	A	Sunday	11 p.m.
2	The Knife	B	Tuesday	3:15 p.m.
3	A Boy and his Horse	C	Thursday	5 p.m.
4	A Shot in the Dark	D	Wednesday	9 p.m.
5	The Black Stallion	E	Tuesday	3 p.m.

b) When and where can you find out if there have been any changes in the program?

c) Who would be charged DM 2 for admission?

PROGRAMMKINO IM STUDIO RECKLINGH.

PROGRAMM
STUDIO 2
Recklinghausen

Breite Straße 16 ✻ 4350 Recklinghausen ✻ ☎ 0 23 61 / 2 34 20

tägl. 15⁰⁰ Kinderkino 2,-- DM	Unsere Hauptprogramme Bitte beachten Sie die Anfangszeiten!	tägl. 22³⁰ Spätvorstellung Studio 1

Do 1 – Mi 7

- 15¹⁵ Walt Disney **Taran und der Zauberkessel**
- 17⁰⁰ und 22⁰⁰ Der perfekte Thriller von William Friedkin, Regisseur von FRENCH CONNECTION – **LEBEN und STERBEN in L.A.**

- 19³⁰ Angela Molina und Harvey Keitel in LINA WERTMÜLLER'S **CAMORRA** – Mafia, Drogen und die Macht der Frauen
- Der Regisseur von CALIGULA Tinto Brass zeigt **MIRANDA**

Do 8 – Mi 14

- 15⁰⁰ + 17⁰⁰ **Der Dunkle Kristall** – IM VERLEIH DER UIP
- 19⁰⁰ und 23⁰⁰ Publikumswunsch John Boorman **Der Smaragd-Wald**
- **DAS MESSER** – nur 21⁰⁰

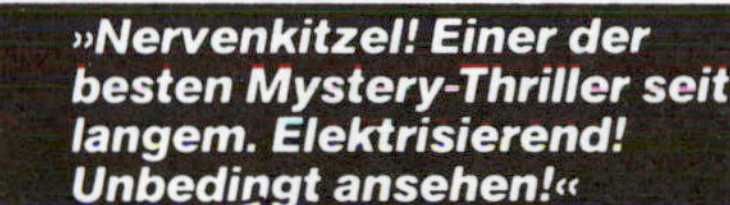

»Nervenkitzel! Einer der besten Mystery-Thriller seit langem. Elektrisierend! Unbedingt ansehen!«
Cultural Info-Service, L.A.

Ein Film ein Schock

- **Mishima** – ein Leben in 4 Kapiteln

FRANCIS FORD COPPOLA und GEORGE LUCAS
einen Film von PAUL SCHRADER
Mishima
ein Leben in 4 Kapiteln

Do 15 – Mi 21

- **Der schwarze Hengst** Teil 2 – Ein Junge und sein Pferd
- 17⁰⁰ und 23⁰⁰ PETER SELLERS, ELKE SOMMER IN **INSPEKTOR CLOUSEAU – EIN SCHUSS IM DUNKELN** – VON BLAKE EDWARDS – Der verschollene Original Clouseau
- nur 19³⁰ – frei nach Shakespeares MACBETH **RAN** – EIN FILM VON AKIRA KUROSAWA

- **Kentucky Fried Movie** – wat'n dat?

Do 22 – Mi 28

- **Lucky Luke** Teil 1 – Lucky Luke jagt die Daltons
- 17⁰⁰ und 23⁰⁰ Uhr **BLUES BROTHERS** – ohne viele Worte mit Belushi & Aykroyd
- Trevor Howard, Jane Birkin **DUST** – das andere Afrika – »Sehenswert« (Tip – Berlin)

Do 29 – Sa 31

Hauptfilm: **ROSA LUXEMBURG**
Sonderprogramm für das Filmfest »LEINWANDFREI«
Das Kinofest zu den RUHRFESTSPIELEN

Programmänderungen nicht beabsichtigt, – bitte donnerstags in der Tagespresse informieren

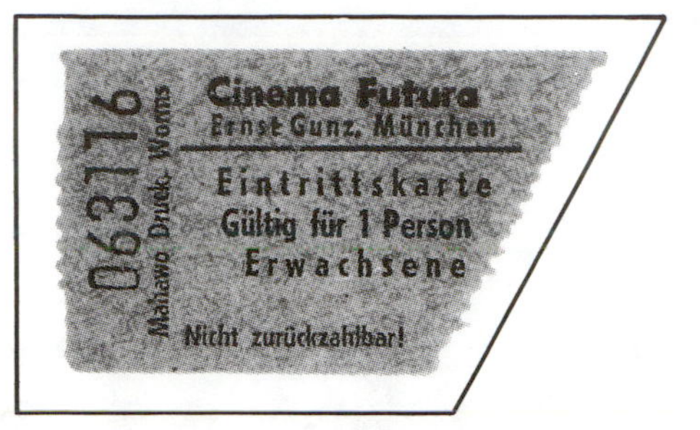

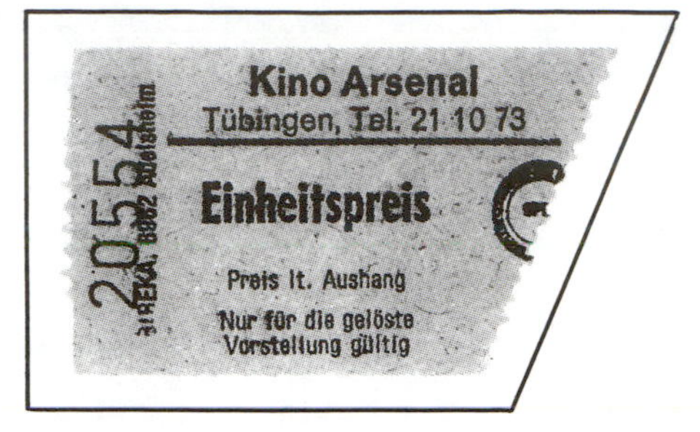

E14

a) Look at the three movie tickets above. Since you are 16, which of the movie theaters would you not have been to?

b) Which ticket is for an evening performance only? Name the theater.

c) Which theater will not refund your ticket?

d) Which theater asks you to keep your ticket in case someone should ask to see it?

Kinderfilm im Jugendtreff Süd

Jeden **Mittwoch** um 14.00 Uhr wird für Euch Kinder im Jugendtreff Süd ein Film gezeigt. Im Programm haben wir z. B. Märchenfilme, Verfilmungen von Kinderbüchern, lustige Geschichten und andere Filme, die Kinder schön finden. Was wir Euch dort nicht zeigen sind Filme, die brutal oder ekelig sind, also z. B. Zombie- oder Karatefilme. Welcher Film gezeigt wird, steht jeweils am **Mittwoch in der Tageszeitung.** Um ca. 16.00 Uhr ist die Filmveranstaltung für Kinder zu Ende. Dann müßt Ihr leider gehen, weil dann die Jugendlichen in den Treff dürfen. Dafür ist für Euch am **Freitag** von 14.00 - 17.00 Uhr der Treff geöffnet. Aber das wißt Ihr ja, oder?

Wir haben für Euch Kinder **interviewt**, die zum Film gucken kommen. Das sind ihre Antworten:

Sahin: "Ich komme wegen der schönen Filme."
Hikmet: "Ich mag am liebsten Dick-und-Doof-Filme."
Michel: "Ich mag am liebsten Asterix-Filme."
Muhammed: "Ich mag lustige Filme am liebsten."
Hayri: "Ich komme wegen der guten Filme."
Erdine: "Ich komme, weil ich die Filme gucken will."
David: "Ich komme, weil ich gerne die Filme sehe und zuhause keine Kinderfilme habe."

E15

a) What kinds of films are shown here? Mention two kinds.

b) What kinds of films are never shown? Mention two kinds.

c) When and where can one find out what is showing?

d) Why are the children's performances over at 4p.m.?

e) Match the following statements with the children who made them – "I come because . . ."

1	Muhammed	A	I have no children's films at home.
2	David	B	I like funny films best.
3	Sahin	C	I want to see the films.
4	Hickmet	D	The films are beautiful.
5	Erdine	E	I like Laurel and Hardy.

M

Was für Filme sollten junge Kinder nie sehen? Warum nicht?

D Fernsehen

M

Siehst du gern fern? Was ist deine Lieblingssendung? Warum gefällt sie dir?

FS 1

9.00 **Nachrichten** (Teletext)
9.05 **Büro, Büro** (Wh.)
9.30 **Englisch** (Wh.)
10.00 **Techniken der bildenden Kunst** (Wh.)
10.15 **Flüge zu anderen Planeten (1)** (Wh.)
10.30 **Tu das nicht, Angelika**
Mit Bob Hope, Lucille Ball, Marilyn Maxwell u. a. (Wh. v. 25. 5.)
12.05 **Sport am Montag** (Wh. v. 26. 5.)
13.00 **Nachrichten**
16.30 **Am, dam, des: Der Taschner**
16.55 **Mini-ZiB**
17.05 **Biene Maja** (Wh.)
17.30 **Auch Spaß muß sein**
17.55 **Betthupferl**
18.00 **Österreichbild** (K)
18.30 **Wir**
19.00 **Österreich heute**
19.30 **Zeit im Bild 1**
19.54 **Belangsendung der ÖVP zur Bundespräsidentenwahl**
20.15 ● **Eliten oder Massenbildung**
Österreichs Bildungspolitik im Wandel
3. und letzter Teil: Universitäten: Vorwärts zur Elite
Dokumentation von Trautl Brandstaller
(Wh. am 28. 5.)
21.08 **Trautes Heim**
21.15 ● **Dallas**
Am Rande des Grabes (1)
Mit Barbara Bel Geddes, Linda Gray, Larry Hagman, Susan Howard, Steve Kanaly, Howard Keel, Ken Kercheval, Priscilla Presley, Victoria Principal
22.00 **Im Schatten der Paläste** (Wh.)
22.05 ● **3. internationaler Eurovisionswettbewerb Junger Musiker**
Aus dem Sendesaal von Danmarks Radio, Kopenhagen
Kommentar: Andrea Seebohm
anschl. zirka
0.35 **Nachrichten**

FS 2

17.00 **Der Großglockner** (Wh.)
17.30 **Orientierung**
Präsentation: Herbert Weissenberger
(Wh. am 1. 6.)
18.00 ● **Polizeiinspektion 1**
Glück und Glas
Mit Walter Sedlmayr, Elmar Wepper, Max Griesser u. a.
18.30 ● **Unsere kleine Farm** (Wh.)
Schulanfang (2)
Mit Michael Landon
19.15 **Woody Woodpecker** (Wh.)
19.30 **Zeit im Bild 1**
20.15 ● **Made in Austria**
Ein Quiz für preis- und kaufbewußte Österreicher
Präsentation: Günter Tolar
21.08 **Trautes Heim**
21.15 **Zeit im Bild 2**
21.35 **Kulturjournal**
21.45 **Club 2**
anschl.
Nachrichten

E16

a) On the left is the TV guide for Austria, below the guide for West Germany. Which programs on Austrian TV could you also have seen in your country? Name three.

b) At what time and on which German channel could you see the following?

1. Fun on Tuesday
2. The Baker's Wife
3. A competition for young musicians
4. Whistle
5. Stories of Women
6. Health information

1. PROGRAMM

9.10 Sesamstraße
Vormittagsprogramm ARD/ZDF
9.45 ZDF-Info Gesundheit
Gesunde Tips für WM-Zuschauer
10.00 Tagesschau und Tagesthemen
10.23 100 Karat (7)
11.15 Hortons Kleine Nachtmusik ꝏ
12.15 Die Weizsäckers (Whl. v. So.)
12.55 Presseschau
13.00 Tagesschau
13.15 Videotext für alle ꝏ
Auswahl (bis 13.30 Uhr)
15.30 Videotext für alle ꝏ
15.50 Tagesschau
16.00 Frauengeschichten
Madeleine Riedel-Michel, Geistheilerin
Die 45jährige Schweizerin behandelt seit 25 Jahren physisch und psychisch Kranke durch Handauflegen, Gebet und Meditation. Sie ist für ein Jahr im voraus ausgebucht.
16.45 Spaß am Dienstag
Mit dem Miesling und Monika
Als Ersatzlehrer ist nicht nur der Miesling unterwegs. Er wird unterstützt durch Lonzo als Musik- und Jimmy Hartwig als Sportlehrer.
17.45 Tagesschau
Regionalprogramm WDR: 17.55 Hier und Heute / **18.25** Kontakt bitte ... (Begegnung der zweiten Art) / **19.00** Karussell der Puppen (Sara)
Regionalprogramm SWF: 17.55 Polizeiinspektion 1 (Der Vermißte) / **18.30** Landesschau / **18.45** Miniaturen / **19.00** Falcon Crest (Schmutziges Wasser)
19.57 Heute im Ersten
20.00 Tagesschau
20.15 100 Karat
8. Der Eindringling
(Wiederholung Freitag vormittag)
21.05 Kontraste
(Wiederholung morgen vormittag)
21.45 Dallas
Zum Verkauf: Ewing Oil
22.30 Tagesthemen
23.00 Die Frau des Bäckers
Aufzeichnung aus dem Thalia-Theater in Hamburg
Ein neuer Bäcker (Peter Striebeck) kommt ins Dorf. Zunächst freut man sich über die hübsche Bäckersfrau (Magdalena Ritter), doch als sie mit dem Schäfer durchbrennt und ihr Mann sich weigert, Brot zu backen, greift das Dorf zur Selbsthilfe.
0.40 Tagesschau
0.45 Nachtgedanken

2. PROGRAMM

13.15 Videotext für alle ꝏ
Auswahl (bis 13.30 Uhr)
15.40 Videotext für alle ꝏ
15.56 ZDF — Ihr Programm
16.00 heute
16.04 Pinnwand
16.20 Pfiff
Sportstudio für junge Zuschauer
17.00 heute
anschl.: **Aus den Ländern**
17.15 Tele-Illustrierte
17.45 Da lacht das Känguruh
Wo Paul Hogan auftaucht, ist was los. Am Strand legt er sich nicht etwa teilnahmslos in die Sonne, sondern bringt seine Landsleute auf ungewöhnliche Weise miteinander in Kontakt. Und schon belebt sich der Strand. Er macht sich aber auch Gedanken darüber, wie es im Innern einer hochmodernen Uhr aussieht. Das Ergebnis ist verblüffend.
anschl.: **heute-Schlagzeilen**
18.20 Mit dem Kopf durch die Wand
Heiteres Familien-Quiz mit Biggi Lechtermann
18.56 ZDF — Ihr Programm
19.00 heute
19.30 Die Reportage
Das harte Brot der Funktionäre
Die Gewerkschaften leben von der Basis.
Während vom 25. bis 31. Mai als oberstes Entscheidungsgremium der DGB-Kongreß tagt, das „Parlament der Arbeit", will das ZDF mit der Tätigkeit der Funktionäre „ganz unten" vertraut machen. Ein Ruhr-Kumpel von der IG Bergbau, ein Bayer von der IG Holz, eine Berlinerin von der IG Textil, ein Saarländer von der IG Metall und ein Seemann von der ÖTV in Hamburg stellen sich heute vor.
20.15 Die Braut kam per Nachnahme (s/w)
Spielfilm, USA 1941
mit James Cagney, Bette Davis
Regie: William Keighley
21.42 Mach mit — der Umwelt zuliebe
21.45 heute-journal
22.05 3. Eurovisionswettbewerb für junge Musiker ꝏ
Mit Instrumentalsolisten aus fünf Ländern und dem Dänischen Radio-Symphonieorchester unter der Leitung von Hans Graf
0.35 heute

M
Was ist dir lieber – Filme im Fernsehen oder im Kino zu sehen? Warum?

TV-Tips

Schneiden Sie mit: Die besten Spielfilme im Fernsehen vom 20. Mai bis 22. Juni.

Donnerstag, 22.5.

ZDF 23.20: Mr. und Mrs. Smith (USA 1941, → 00.55 Uhr, 95 Min.)
Ein Ehepaar (Robert Montgomery und Carole Lombard) stellt fest, daß seine Heirat ungültig ist. Alfred Hitchcock drehte seine einzige Komödie halbherzig aus Freundschaft zu Carole Lombard.

Samstag, 24.5.

ARD 20.15: Bei Anruf Mord (USA 1954, → 21.55 Uhr, 100 Min.)
Playboy (Ray Milland) will seine reiche Frau umbringen, aber ein netter Schriftsteller (Robert Cummings) verhindert zusammen mit einem Polizisten die Untat.

Donnerstag, 29.5.

ZDF 15.30: Der Teufelshauptmann (USA 1949, → 17.10 Uhr, 100 Min.)
John Wayne überzeugt in diesem John-Ford-Western als alternder Kavallerie-Captain, der kurz vor seiner Pensionierung einen Indianerkrieg verhindern will.

Freitag, 30.5.

ARD 20.15: Es muß nicht immer Kaviar sein (D 1961, → 22.00 Uhr, 105 Min.)
Thomas Lieven (O.W. Fischer) schlägt sich als Frauenheld und Dreifachagent in den Kriegswirren durch. Mit Senta Berger und Eva Bartok, nach einem Roman von Johannes Mario Simmel (Fortsetzung: „Diesmal muß es Kaviar sein" 23.45 → 01.20 Uhr).

Samstag, 31.5.

ARD 22.20: Arabeske (USA 1966, → 01.00 Uhr, 100 Min.)
Trickreich gedrehter Spionage-Thriller mit Gregory Peck als Professor, der für einen Geheimdienst Hieroglyphen übersetzen soll. Mit Sophia Loren und Alan Badel.

Gehetzt: G. Peck, Sophia Loren.

Sonntag, 1.6.

ZDF 22.00: Rio Grande (USA 1950, → 23.45 Uhr, 105 Min.)
Ein weiterer Western-Klassiker von John Ford: John Wayne jagt als Leutnant Kirby York stur aufständische Apachen, obwohl sein Familienleben dabei draufgeht.

Freitag, 6.6.

ARD 20.15: Herzchirurg Dr. Vrain (Kanada 1980, → 21.50 Uhr, 95 Min.)
Richard Pearce („Woodstock") beobachtet den kühlen wie grüblerischen Medizin-Profi Vrain (Donald Sutherland), der über eine gefährliche Kunstherz-Operation entscheiden muß.

ARD 23.25: Wer hat Angst vor Virginia Woolf (USA 1965, → 01.30 Ur, 125 Min.)
Elizabeth Taylor und Richard Burton als Ehepaar zerfleischen sich bei einer Party nach allen Regeln der Kunst. Nie ist das berühmte Bühnenstück von Edgar Albee packender in Szene gesetzt worden.

Samstag, 7.6.

ZDF 22.15: Red River (USA 1948, → 00.25 Uhr, 130 Min.)
Erster großer Western von Howard Hawks: Der rigoros über seinen Treck herrschende Dunsan (John Wayne) treibt seine Männer zur Eile – aber die Cowboys rebellieren.

Sonntag, 8.6.

ARD 21.50: Liebesgrüße aus Moskau (GB 1962, → 23.40 Uhr, 110 Min.)
Der zweite und zugleich einer der besten der insgesamt 14 James-Bond-Filme. Null-Null-Sieben (Sean Connery) verteidigt eine wichtige Chiffrier-Maschine gegen die Terror-Organisation „Spectre".

Samstag, 14.6.

ARD 22.05: Der Fall Paradin (USA 1947, → 23.55 Uhr, 110 Min.)
Rechtsanwalt Keane (Gregory Peck) verliebt sich in seine des Mordes angeklagte Mandantin. Einer der schwächeren Hitchcock-Filme. Das Thema hatte ihm der amerikanische Produzent David O. Selznik aufgedrängt.

Freitag, 20.6.

ZDF 20.15: Niagara (USA 1952, → 21.45 Uhr, 90 Min.)
Marilyn Monroe in ihrer ersten großen Rolle: Treulose Gattin will invaliden Kriegsheimkehrer ermorden. Der aber spielt nicht mit. Von Henry Hathaway, spannend wie bei Hitchcock inszeniert.

Samstag, 21.6.

ARD 22.20: Rio Bravo (USA 1979, → 00.35 Uhr, 125 Min.)
Cowboy-Opa John Wayne zieht den Colt, damit ein Ganove nicht aus der Zelle befreit wird. Von Howard Hawks, mit Dean Martin als trinkfestem Schießgesellen. Wer den Klassiker noch nicht auf Kassette hat, sollte jetzt mitschneiden.

„Und nun bringen wir einen Film, der seit fast drei Monaten nicht mehr im Fernsehen gelaufen ist."

E17
What humorous point is made in this cartoon?

E18
Match the film titles with the appropriate brief guide to their content.

	Title
1	*Der Teufelshauptmann*
2	*Arabeske*
3	*Liebesgrüße aus Moskau*
4	*Herzchirurg Dr. Vrain*
5	*Es muß nicht immer Kaviar sein*

	Guide
A	The second 007 film.
B	Spy thriller. A professor is called in by the Secret Service.
C	Western. One man's attempt to prevent a war with the Indians.
D	A triple agent operating during the turmoil of war.
E	A doctor must decide whether or not to perform a dangerous heart operation.

Kommt für Ewing Oil das Ende?

J. R. schäumt: Miss Ellie denkt daran, ihre Anteile an Ewing Oil zu verkaufen. Pam soll das verhindern helfen, doch ihr wachsen die Dinge über den Kopf. Ein Unbekannter scheint sie zu verfolgen.

Miss Ellie (B. Bel Geddes, r.) im Zwiespalt; Pam (V. Principal): bestürzendes Treffen

21.45 **Dallas**

Zum Verkauf: Ewing Oil

Miß Ellie eröffnet J. R., daß sie ihre Anteile an Ewing Oil verkaufen will. Jeremy Wendall hat ihr eingeredet, der ewige Familienstreit könne ein Ende finden, wenn die Firma in andere Hände kommt. J. R. versucht zu verhindern, daß Wendall sein Ziel erreicht. – Pam fühlt sich verfolgt . . . **45 Minuten**

Pam Ewing (Victoria Principal) trifft den totgeglaubten Mark Graison (John Beck)

Gelingt es J. R., die Familie zu einigen? **21.45** **Dallas**

J. R. ist entsetzt, als Miß Ellie ihm eröffnet, sie spiele mit dem Gedanken, ihre Anteile an Ewing Oil zu verkaufen. Jeremy Wendell hat ihr weisgemacht, der ewige Streit in der Familie könne ein Ende finden, wenn die Firma in andere Hände käme. J. R. dagegen drängt Pam, ihm Christophers Anteile zu überlassen. Pam spürt, wie ihr die geschäftlichen Dinge über den Kopf wachsen. Ebenso macht es sie nervös, daß sie verfolgt wird . . .

Jack Ewing (Dack Rambo) wird von Cousin J. R. umworben

Pam traut den Augen nicht: Der totgeglaubte Mark steht vor ihr

Pamela Ewing (Victoria Principal) kann es kaum fassen, als sie völlig unerwartet den von ihr totgeglaubten Mark Graison (John Beck) trifft.

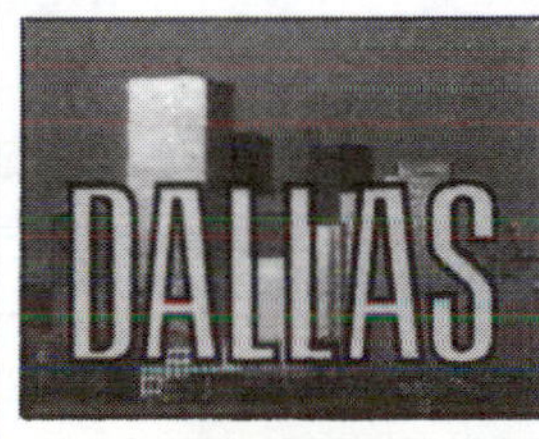

Zum Verkauf: Ewing Oil

21.45

Miss Ellie will ihre Anteile an Ewing Oil verkaufen. Sie hofft, daß damit der ewige Streit in der Familie ein Ende haben könnte. Das verärgert J. R., der nun Pam drängt, ihm Christophers Aktienpaket zu überlassen. (45 Min.)

E19

While staying in Germany, you discover that "Dallas" is on TV. Since this is one of your favorite programs, you want to know what is going to happen in this particular episode. At the newsstand, you glance through a number of magazines, and find the above previews. What part of the story is common to all the previews, and how much more of the story can you piece together from other items of information contained in each particular preview? Copy the box and fill in the answers.

	Details common to all	Further details
1		
2		
3		

Das meint der Leser

Richtiger Wiederholungs-Abstand

„Bonnie und Clyde", 1. Programm

Eine herrliche Gauner-Story mit einer wunderbaren Besetzung. Faye Dunaway und Warren Beatty paßten in ihren Rollen ganz optimal zusammen. Gut, daß solche abenteuerlichen Raubzüge heute nicht mehr möglich sind. Dafür funktioniert der Fahndungsapparat doch zu gut.
Valentin F., Passau

Endlich ist eine Wiederholung mal im angemessenen Abstand von neun Jahren gekommen. Ich hatte vieles schon vergessen und habe den Abend deshalb besonders genossen. „Bonnie und Clyde" gehört für mich zweifellos zu den Filmen, die man mit Vergnügen mehrmals sehen kann.
Sarah P., Regensburg

Gleich überfallen Bonnie und Clyde eine Bank (Faye Dunaway, Warren Beatty)

Echte Hitchcock-Spannung

„Der Auslandskorrespondent", 2. Programm

Die Szenen auf dem Kirchturm, beim Flugzeugabsturz und in der Mühle waren wieder einmal von echter Hitchcock-Spannung. Nur die Szenen mit dem alten Diplomaten schienen mir etwas übertrieben dramatisch. Dennoch ist dieser Regisseur für mich immer eine Garant für ein mitreißendes Film-Erlebnis. *Astrid K., Essen*

Mir wurde nicht klar, warum das Flugzeug in dieser Höhe in der Schußlinie des Kriegsschiffes geblieben ist. Der Pilot muß ein ausgemachter Stümper gewesen sein.
Udo T., Bonn

Mit Joel McCrea und Laraine Day sorgte Hitchcock für zünftige Spannung

Der Kinderbrief der Woche

Ich habe geweint, als ich "Dallas" geguckt habe. Seit ich weiß, daß Bobby wiederkommt, bin ich richtig glücklich. Wenn er nicht mehr kommt, schaue ich "Dallas" nie mehr an.

Angela Polczyk, 10
4100 Duisburg 11

Bio enttäuscht mich nie

„Mensch Meier", 1. Programm

Es ist wirklich erstaunlich, daß Alfred Biolek immer wieder Gäste vorstellt, die aus dem gewohnten Showrahmen fallen und eine besondere Attraktion bieten. Darum gefällt mir seine Sendung. Sie enthält stets unterhaltsame Überraschungen. Ob Erlebnisse erzählt werden, gesungen oder getanzt wird: Langweilig ist es bei dem agilen Bio niemals.
Maria M., Wertheim

Schade, daß Bio diesmal in Zeitnot geriet und ausgerechnet sein Stargast – Caterina Valente – am Schluß mitten im Lied ausgeblendet wurde!
Erich B, Trier

M

Beschreibe eine Fernsehsendung, die du neulich gesehen hast. Warum hat sie dir gefallen/nicht gefallen?

E20

Match the following comments with the reader who wrote them.

	Comment	Reader
1	I cannot see why the plane stayed within firing range of the warship.	Sarah P.
2	I'm happy now I know that Bobby is coming back.	Maria M.
3	I had forgotten much of the film and so I especially enjoyed the evening.	Angela Polczyk
4	His program always contains entertaining surprises.	Udo T.
5	They were a perfect match for their roles.	Valentin F.

E Video

Super-Bond

Zum *video*-Porträt Roger Moore „Im Angesicht des Todes" in *video* 4:

Zunächst hatte ich mich beim Kauf Ihrer Zeitschrift darüber gefreut, daß Sie über den neuen Bond-Film mit Roger Moore berichten. Was ich dann aber im Heft zu lesen bekam, verschlug mir den Atem und hat mich sehr verärgert. Ich bin Bond-Fan, seit ich „Liebesgrüße aus Moskau" im TV gesehen habe. Daraufhin habe ich mir alle Filme auf Video besorgt. Der neue Bond ist bereits bestellt.

Unschlagbar: Roger Moore als Agent James Bond.

Ich habe „Im Angesicht des Todes" bereits dreimal im Kino gesehen und halte ihn für einen der besten Bonds überhaupt. Der meines Wissens weltweite Kinoerfolg spricht wohl für den Film. John Glen hat ihn äußerst spannend inszeniert, denn Glen weiß genau, worauf es ankommt. Das hat er schon bei früheren Arbeiten bewiesen. Daß 007 sowieso immer gewinnt, ist doch klar, denn wenn es nicht so wäre, könnte man die Serie ja einstellen. Außerdem geht es ja darum, wie James Bond seine Aufgabe im jeweiligen Film erledigt, und das ist in allen Streifen äußerst sehenswert. Was nun Roger Moore angeht, so hat er seine Sache, wenn man wirklich davon ausgeht, daß „Im Angesicht des Todes" sein letzter 007-Film sein sollte, was ich nicht hoffen will, wirklich sehr gut, nein, sogar ausgezeichnet gemacht. Der Erfolg als 007-Darsteller beim Publikum in sieben Bond-Filmen spricht für ihn. Was mich angeht, so hoffe ich, Roger Moore noch weiterhin als James Bond auf der Leinwand zu sehen, auch wenn er bald 60 Jahre alt wird.

Meinolf Ilsen,
4794 Hövelhof-Riege

M

Warum sind deiner Meinung nach James Bond-Filme so beliebt? Hast du Bond-Filme gesehen? Welcher war der beste? Warum? Wer hat die Rolle des Bond besser gespielt – Sean Connery oder Roger Moore? Warum?

E21

a) What sort of review do you think the new Bond film received in the magazine the writer refers to?

b) How do we know the writer is a Bond fan? Give two reasons.

c) What does the writer feel about *"Im Angesicht des Todes"*?

d) What sort of success has the film had?

e) How many times has Roger Moore played the part of Bond?

f) What comment does the writer make in the last sentence about Moore continuing in this role?

Video-Treff

Borken
Butenwall 94
Telefon 63105

Unsere Geschäftszeiten:

montags - freitags	von 11.00 - 13.00 Uhr	
	15.30 - 21.00 Uhr	
samstags	von 11.00 - 16.00 Uhr	
langer Samstag	von 11.00 - 18.00 Uhr	

Bei uns finden Sie über 1000 Filme in VHS im Angebot. Wir sind ständig mit allen Neuheiten ausreichend eingedeckt. In unserem Programm sind alle aktuellen Filme vertreten.

Unsere Preise:

1 Film pro Tag nach Ihrer Wahl	5,-- DM
1 Film 2 Tage nach Ihrer Wahl	7,-- DM
von freitags - montags 4 Filme	30,-- DM
von samstags - montags 4 Filme	20,-- DM

E22

If you wanted to rent a videocassette, do you think this would be a good place to come? Give two reasons.

F Sport

GEH
HIN...
geh' baden, geh' saunen, oder sonn' Dich
tu was für Dich!
Man kann auch kegeln, schießen -
auch ein Masseur ist da -
da tut sich was!
Hinterher gemütlich im Cafe sitzen...
das ist doch was!
BADE+SPORT-ZENTRUM
TELFS
Freibad 22 × 50 m - 24° (Sommer)
Hallenbad 12 × 25 m - 28° (ganzjährig)
A-6410 Telfs
Weißenbachgasse 17 - Tel. 05262/2137
monografic

M

Was für Sport treibst du gern? Wann? Wie oft? Wo? Mit wem?

E23

a) What kind of sports activities are available at the above center?

b) What else could you do if you didn't actually want to play at a sport?

NÜRBURGRING

GROSSER PREIS VON DEUTSCHLAND

23.-25. Mai

Deutsche TT

ADAC

WELTMEISTERSCHAFT

FÜR SOLO-MOTORRÄDER UND MOTORRÄDER MIT SEITENWAGEN

...die aufgesetzte Sicherheit

Die ideale Fundgrube für den echten Fußball-Fan. Von der Sport-Fachliteratur über Sportbücher, T-Shirts, Taschen bis zum Fan-Artikel finden Sportfreunde hier alles für Sport und Freizeit. Fordern Sie kostenlos und unverbindlich unseren Prospekt an.

kicker-sport-shop
Badstraße 4–6
8500 Nürnberg 1
Tel. (09 11) 2 16 22 37

E24

a) What race will take place at the Nürburgring from May 23–25?

b) Will this race be of interest only to Germans? Why or why not?

c) What two kinds of vehicles will be competing?

Squash

Squash stellt höchste Anforderungen an Mensch und Material.
Völkl hat sein weltweit anerkanntes technisches „Know-how" aus der Tennisschläger-Produktion genutzt und bietet auch hochwertige Schläger für Squash-Spieler an.

E25

Why does Völkl make a reference to tennis rackets in a squash advertisement?

Reiterhof Wendell, Augustenhof
2373 Höbek-Haßmoor/Rendsburg
Telefon (0 43 31) 9 15 46 / 9 21 22

Ferienparadies auf dem Lande, Reiterferien (Lehrgänge) auf dem Bauernhof, Aufnahme von Kindern ohne Eltern (6 bis 13 Jahre), jedem Reiter sein eigenes Pferd, eigene Pferde können mitgebracht werden. Reiten von Wetter unabhängig, Reithalle vorhanden, familiäre Atmosphäre.

E26

a) In what kind of setting would you find this riding school?

b) Which children are welcome to come?

c) What can you do if you already own a horse?

d) Why is the weather mentioned?

E27

If you wrote to the Kicker-Sport-Shop asking for a brochure, you would see a variety of things advertised. Name three kinds of things you could order.

Komm doch zu uns!

...auf die herrliche Raika-TennisAnlage

am Birkenberg
8 Sandplätze
Nachtspielanlage - Trainer für Einzel- und Gruppenunterricht
2 Trainingswände
Kinderspielplatz

Ausgezeichnete Küche
hausgemachte Mehlspeisen

Spiel Tennis in
TELFS

Mieming
Badeanlage
Zentrum
Seefeld
Mösern
Innsbruck

E28

a) Name any three facilities available at this tennis center.

b) What two things are we told about meals at the café attached to the center?

Ausrüstung

Eine solide zweckmäßige Ausrüstung kann einen Bergurlaub entscheidend beeinflussen. Sammeln Sie daher nicht erst im Urlaub Erfahrung, wo der "Schuh" drückt!

Hochgebirgswanderungen
Hochgebirgswanderkurs

Rucksack, Bergschuhe (möglichst leicht, jedoch knöchelfest und mit Gummiprofilsohle, keine Velourlederschuhe), 2 Paar dünne Wollsocken, 2 Paar Wollstutzen, 2 Hemden (Blusen), 2 Garnituren Unterwäsche (schweißsaugend für warme und kalte Tage), Berghose, 2 leichte Wollpullover, Popeline-Anorak, Wollmütze, Sonnenhut, Handschuhe-Wollfäustl, Regenschutz (wenn möglich, Perlon-Anorak und Überhose beschichtet), Trainingsanzug, Hüttenschuhe, Waschzeug, Handtuch, Taschenlampe, Trinkflasche ¾ Ltr. und etwas Proviant für unterwegs.
Zusätzlich für Stubaier, Silvretta, Zillertaler und Ötztaler Alpen:
Steigeisenfeste Bergschuhe, Gamaschen, Steigeisen, Eispickel ca 70 bis 75 cm lang, Sonnenschutzbrille, Sonnenschutzcreme, Lippenschutz, kleine Apotheke für den persönlichen Bedarf, 1 Brustgürtel, 1 Seilstück 9 mm Kernmantel / 1.20 m lang, 1 Sitzgürtel oder Reepschnur 8mm KM. / 5m lang, 1 Reepschnur 5mm KM. / 4.20m lang, 2 Alu-Schraubkarabiner 2200 kg Bruchlast.

Grundkurse - Fels
Fortgeschrittenenkurse - Fels
Kletterführungen

Kletterrucksack, Leichtbergschuhe mit Gummiprofilsohle, 2 Paar dünne Wollsocken, 2 Paar leichte Wollstutzen, 2 Hemden (Blusen), 2 Garnituren Unterwäsche (1x lang, schweißsaugend für warme und kalte Tage), Kniebundhose, 2 leichte Wollpullover, Popeline Anorak, Wollmütze, Steinschlaghelm, Handschuhe (Walkfäustl), Perlon-Anorak und Überhose beschichtet, Trainingsanzug, Hüttenschuhe, Waschzeug, Handtuch, Taschenlampe, kurze Gamaschen, Trinkflasche ¾ Ltr. und etwas Proviant für unterwegs, kleine Apotheke für den persönlichen Bedarf, 1 Brustgürtel, 1 Seilstück 9mm Kernmantel / 1.20m lang, 1 Sitzgürtel oder Perlonreepschnur 8mm KM. / 5m lang, 2 Perlonreepschnüre 6mm KM. / 4.20m lang, 1 Alu-Schraubkarabiner 2500 kg Mindestbruchlast, 1 Alu-Schraubkarabiner 2800 kg (Klettersteigkarabiner) für Halbmastwurfsicherung, 2 Alu-Karabiner 2200 kg, 2 Felshaken Querformat ca 14cm lang, 1 Kletterhammer, 1 Bandschlinge 25mm / 3m lang, 1 Bandschlinge 25mm / 1.50m lang.

E29

Having spent a most enjoyable vacation hiking in the Austrian Alps, a friend of yours decided to return the following year to try his hand at rock climbing. The climbing school that had organized his hiking holiday sent him a brochure (extract above right) listing the necessary equipment. The previous year he had bought the items listed on the left. Which of the following items did he already have, and so did not have to buy again? Copy the box and check accordingly.

		Yes	No			Yes	No
1	2 shirts			6	Helmet		
2	Towel			7	Flask		
3	Flashlight			8	Woolen socks		
4	Rope			9	Gloves		
5	Hammer			10	Tracksuit		

SCHIVERLEIH MÖSERN

Sport Raab - 6100 Mösern b. Seefeld, Tel. 05212/8136

SCHIAUSRÜSTUNGEN: Alpin und Langlauf
Alpinschi generell mit Sicherheitsbindungen ausgerüstet, werden von ausgebildeten Fachkräften jeweils individuell nach Fahrkönnen und Körpergewicht eingestellt.
Langlaufschi mit und ohne Steighilfe in allen Längen für Wanderer und sportliche Läufer.

EXPRESS-SCHISERVICE: Belag ausbessern, Kanten feilen, wachsen, Reparaturen....

PREISE SCHIVERLEIH:

Alpinschi und Schuhe .... öS 70.— bis 90.— pro Tag
Langlaufschi und Schuhe .... öS 60.— bis 70.— pro Tag

Sehr geehrter Herr Lupson,

wir danken für Ihr Schreiben und teilen Ihnen mit, daß wir für 18. und 19.2. für Sie 33Paar Schi u.Schuhe bereitstellen können.
Da wir zu dieser Zeit Hochsaison haben müßten wir Sie aber bitten, die Schiausrüstungen am Freitag abends in Mösern anzupassen und mitzunehmen. Am Sonntag abends müßten Sie die Schiausrüstung wieder in Mösern abgeben.
Unser Sonderpreis für diese Jugendgruppe pro Ausrüstung u. Tag ÖS 60,--.

Wir hoffen, daß wir Ihnen mit diesem Angebot dienen können und zeichnen

mit freundlichen Grüßen!

Wir bitten um Bestätigung.

E30

Sport Raab is a ski school and ski rental center in Mösern, near Seefeld, in Austria. The above letter was received during the planning stages of a school trip to the area.

a) What had the teacher leading the party requested?

b) What would the party have to do in Mösern on that Friday evening?

c) What would the party have to do the following Sunday evening?

d) How and why does the price quoted to the teacher differ from the usual rental price for Alpine skis and ski boots?

e) What request is made at the bottom of the letter?

das kicker-interview

mit Teamchef Franz Beckenbauer

Jetzt wird an der Taktik gefeilt

kicker: Wenn Sie sich noch mal auf die WM vorbereiten würden — was würden Sie dann anders machen?

Beckenbauer: Ich würde keine 26, sondern nur noch 24 Spieler einladen. 26 — das war zuviel! Zum Schluß ist zuviel Unruhe aufgekommen.

kicker: Völler ist schon fast wieder der alte, aber Rummenigge, Magath und Littbarski sind noch nicht wieder auf dem alten Leistungsstand, konnten zum Teil gar nicht spielen. Rechnen Sie damit, daß alle bis zum ersten Spiel gegen die „Urus" fit sind?

Beckenbauer: Auf jeden Fall! Daß Rummenigge und Magath nicht gespielt haben, waren reine Vorsichtsmaßnahmen. Ich baue fest auf sie.

kicker: Wenn Sie sich jetzt so Ihren Kader betrachten: Sind Sie zufrieden oder fehlt noch ein besonderer Spielertyp?

Beckenbauer: Es sind die verschiedensten Typen dabei. Ich glaube, wir haben auf allen Positionen gute Alternativen. Auch im Sturm, obwohl wir mit Mill und Gründel zwei Angreifer gestrichen haben.

kicker: Was muß denn jetzt in den 14 Tagen bis zum ersten Spiel noch getan werden?

Beckenbauer: Bisher haben wir fast ausschließlich etwas für die Kondition und für die Ausdauer getan. In Mexiko werden wir auf Spritzigkeit trainieren und einiges in puncto Taktik tun. Unsere Mannschaft muß lernen, wie man in der Höhenlage spielt. Deshalb die zwei Aufbauspiele gegen mexikanische Klubs am 25. und 29. Mai, deshalb auch meine Forderung, daß wir den Ball solange wie möglich in den eigenen Reihen halten müssen. Wir müssen uns natürlich bewegen, immer unterwegs sein, aber hauptsächlich dann, wenn wir im Ballbesitz sind. In Mexiko kann nur der vorne landen, der rationell spielt.

kicker: Kann Deutschland Weltmeister werden?

Beckenbauer: Natürlich wollen wir Weltmeister werden, aber jeder weiß, wie schwer das ist und wie stark die Konkurrenz ist. Wenn wir die erste Runde überstehen, haben wir schon viel erreicht. Und dann sehen wir weiter . . .

Dieter Ueberjahn

Der Trainer

Franz Beckenbauer (39), der „Kaiser", hat als aktiver Fußballspieler eine Traumkarriere hinter sich. Mit Bayern München gewann er viermal den Europapokal, viermal die deutsche Meisterschaft und viermal den DFB-Pokal. Er wurde Welt- und Europameister und spielte 1977 zum letzten, zum 103. Mal in der Nationalmannschaft. Sepp Herberger nannte ihn ein „Jahrhundertgeschenk". Nach dem frühzeitigen Aus der Deutschen bei der Europameisterschaft in Frankreich unter Jupp Derwall trat Beckenbauer im Juli 1984 als Teamchef in die Dienste des DFB.

E31

West Germany reached the World Cup Soccer final held in Mexico City. This interview was given before the team had left for the tournament. It is about the team's preparations.

a) With hindsight, how many players would Beckenbauer have included in his team?

b) Why had he arranged two games against Mexican clubs in May?

c) What was his reply when asked if Germany could become world champion? Mention three things.

E32

a) What honors did Beckenbauer achieve as a player?

b) Why did he replace Jupp Derwall as Germany's manager?

Chapter 5
Einkauf und Geschäfte

M

Wann machen die Geschäfte in Deutschland am Morgen auf? Was sind die Öffnungszeiten am Samstag? Welche deutschen Geschäfte findet man nicht im Ausland?

E1

These girls are looking for something to read. Are they in the right place? Why or why not?

AUSGANG
NUR DURCH DIE
KASSEN

E2

You are in a large department store and are trying to find the way out. You see this sign. Where does it tell you to go? Could you get out of the store any other way? How do you know?

E3

You are shopping for your penpal's mother. She wants to make *Wiener Schnitzel* for lunch. Why are you pleased to see this notice in the butcher-shop window?

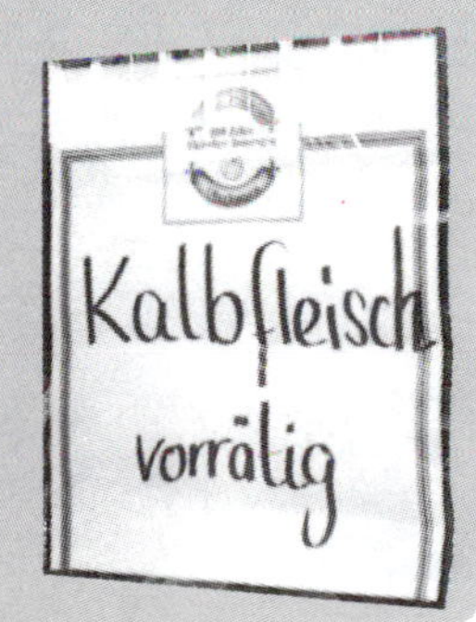

INFORMATION
UMTAUSCH
REKLAMATION
TASCHENABGABE

E4

Which of the following customer services are available under this sign?

a) Returns
b) Shopping carts
c) Complaints
d) Lost and Found

Eintritt verboten

E5

While in a department store, you find that you are on the wrong floor. You see a door and wonder if it leads to the stairs. When you come up to it, you see this sign on it. What does it say?

Shinaon MM1
Walky-Boy
tragbarer Stereo-Cassetten-abspieler, für Jung und Jung-gebliebene, kompl. mit Kopfhörer
25.-

E6

a) What is a Walky-Boy?
b) Who is likely to buy one?
c) What comes with it?

BÄCKEREI und KONDITOREI
SIEVERS
Groß Vollstedt · Dorfstraße 21
Telefon (0 43 05) 3 11
A&O
LEBENSMITTEL
Spirituosen · Feinkost · Zeitschriften

E7

Which of the following could you not buy at Sievers?

a) Bread
b) Shirts
c) Cakes
d) Shoes
e) Candy

Kinder-Freizeit-Hose
100 % Baumwolle, Calico, Farben: Marine, Khaki u. Weiß, Gr. 116-176
14.98

E8

Mention any four facts about this item costing DM 14,98.

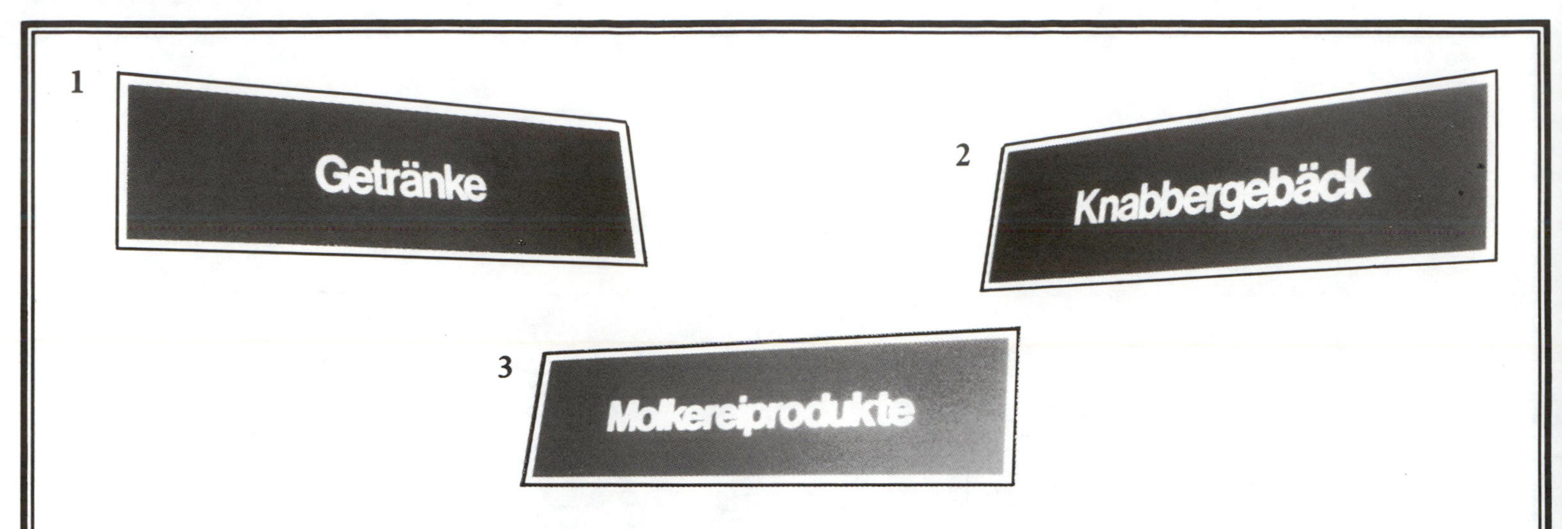

a)

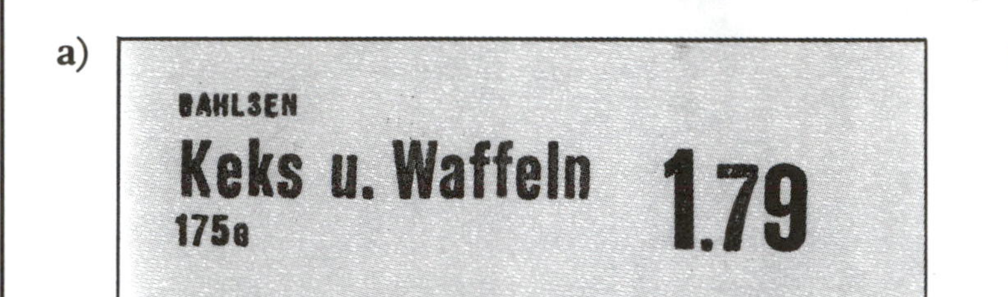

b)

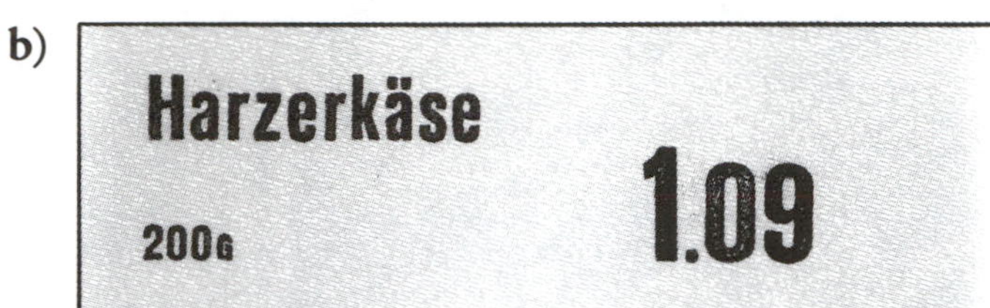

c)

d)

E9

Look at items **a)–d)** (above), which are all on your shopping list. Say under which of the signs (**1–3**) you would expect to find each one.

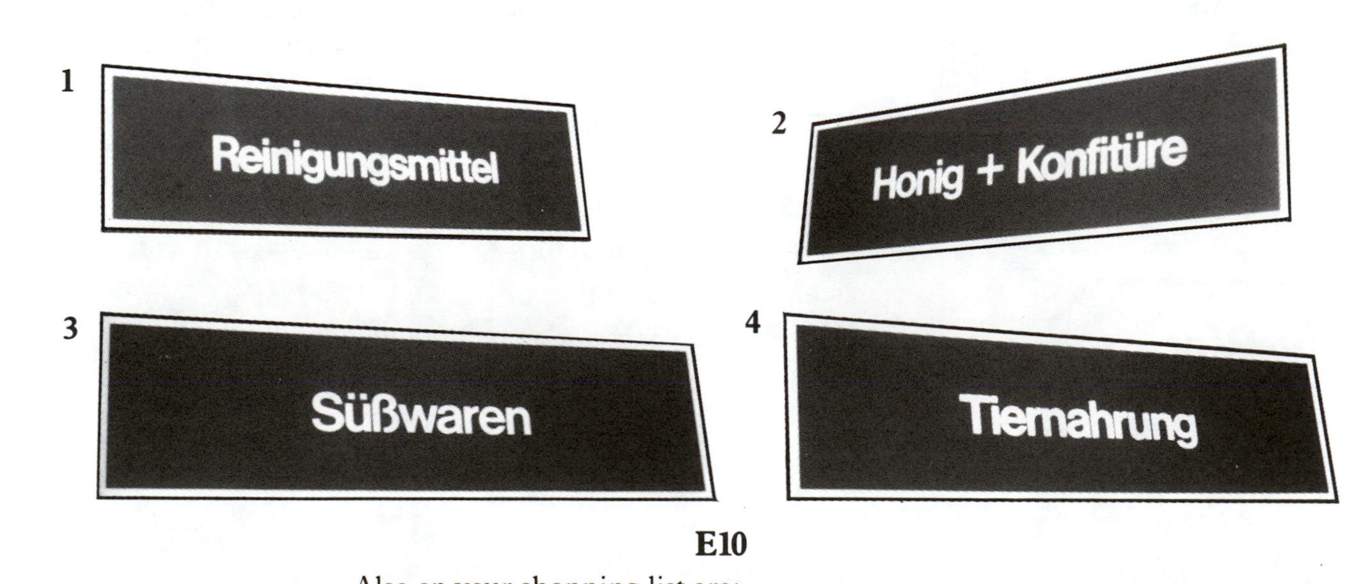

E10

Also on your shopping list are:

a) Cat food
b) Strawberry jam
c) Candy
d) Detergent

Under which of the signs **1–4** could you expect to find them?

ASTENHOF
Frische Hähnchen-schenkel H.-Kl. A, ca.
600-g-Pack
1 kg
7.99

Schweinebraten
schier,
Jäger- oder Zigeunerbraten
1 kg
6.99

Holland
Holl. Kopfsalat
große, schwere Köpfe
Kl. 1,
Stück
-.69

St. Galler Erbsen mit ganzen Karotten
4 Dosen
4×540 g 9.40 6.95

DR. OETKER
Backpulver
4ER PACK.
0.59

Ananas
IN STÜCKEN
580ML
1.79

TULIP
Cocktail Würstchen
125G
1.99

Ital. Pfirsiche
HALBE FRUCHT
850 ML
1.49

E11

Match the food items shown above with their respective prices.

1	Lettuce	A	1.99
2	Chicken legs	B	1.49
3	Roast pork	C	1.79
4	Sausages	D	7.77
5	Peaches	E	7.99

6	Pineapple chunks	F	0.59
7	Peas and whole carrots	G	0.69
8	Baking powder	H	6.99
9	Tortes	J	6.95

KARSTADT Recklinghausen

Dauer-Niedrigpreise!

... damit Sie täglich sparen können!

KRAFT Salatmayonaise
50 % Fett — 500-ml-Glas — 2,79

KRAFT Tomatenketchup
500-ml-Fl. — 2,79

KRAFT Würzketchup
ohne Konservierungsstoffe sortiert — 1000-ml-Fl. — 3,99

KRAFT Fondue Relish
eine feinsaure, fruchtig-pikante Komposition — 300-ml-Fl. — 3,99

LANGNESE Königsrolle
die berühmte Fürst-Pückler Art — 1000 ml — 4,49

NÄHRMITTEL

DIAMANT Mehl extra
Typ 405 Weizenmehl wertvoller durch Vitamine — 1000-g-Paket — 1,19

KÖLLNER Weißzucker
1000-g-Paket — 1,72

NESQUICK
weils prima schmeckt und Kräfte weckt; Kakao-Feingeschmack — 800-g-Dose — 3,99

BÄRENMARKE 10 % Fettgehalt
„Die Ergiebige" — 340-g-Dose — 1,29

CARO Instant
Kaffeesurrogatextrakt — 200-g-Dose — 4,79

JACOBS Mocca Press
herzhaft und voll im Geschmack löslicher Kaffee — 200-g-Glas — 9,99

NESCAFE Gold
löslicher Kaffee — 200-g-Glas — 13,99

TEE AUS DEM HAUSE TEEKANNE

Teefix, kräftig aromatisch	25er Paket	2,79
Fixminze, Pfefferminzetee	25er Paket	2,79
Fixbutte	25er Paket	2,79
Fixmille	25er Paket	2,79
Fixfrutta, Fruchtetee	25er Paket	2,79

KELLOGS Kornflakes
mit 6 wichtigen Vitaminen — 375-g-Pckg. — 2,98

KELLOGS Frosties
knusprig geröstete Getreidekost — 250-g-Pckg. — 2,85

KELLOGS Müsli
feinsüß-getreidig — 400-g-Pckg. — 2,89

KÖLLN Haferflocken
Vollkorn-Hafernahrung mit Keim — 500 g — 1,59

BIRKEL Schüle Gold
dotterfrisch und kernigzart — 250-g-Paket — 1,66

BIRKEL 7 Hühnchen Nudeln
sortiert — 250-g-Pckg. — 1,09

PFANNI – Aus Liebe zum Essen

Semmelknödel 6er im Kochbeutel	200-g-Paket	2,89
9 Port. Pürree flocken-locker	240-g-Paket	2,99
8 Knödel halb + halb	220-g-Paket	2,28
8 rohe Klöße	220-g-Paket	2,85
8 gekochte Klöße	Paket	3,09
6 Knödel halb + halb	200-g-Paket	2,49
Bauernfrühstück	500-g-Paket	3,33
Hüttenschmaus	500-g-Paket	3,33
Bratkartoffeln	400-g-Paket	2,99

MOLKEREIPRODUKTE

FERRERO Kindermilchschnitte
mit Honig — Stück — 0,43

ELITE Hamburger Rote Grütze
500-g-Becher — 1,86

ELITE Pudding
Vanille, Gries — 500-g-Becher — 1,86

KRAFT, KNACK + BACK
gekühlter Frischteig

Hörnchen	200-g-Rolle	1,93
Sonntagsbrötchen	300-g-Rolle	1,82
Croissant	250-g-Rolle	2,24
Apfeltaschen	325-g-Rolle	3,20

GERVAIS Hüttenkäse
reich an Eiweiß, arm an Fett — 200-g-Becher — 1,50

GERVAIS Fruchtzwerge
mit den Aufbaustoffen von Milch und Frucht — 200-g-Becher — 1,25

GERVAIS Obstgarten
mit Joghurt verfeinerte Frischkäsezubereitung — 125-g-Becher — 0,84

GERVAIS Danofrucht
mit lebenden Joghurtkulturen — 2×125-g-Becher — 1,15

MILRAM Fruchtquarkspeise
so fruchtig und cremig — 200-g-Becher — 1,02

HOMA Gold
Pflanzenmargarine, hervorragend im Geschmack — 500-g-Becher — 1,49

BECEL-DIÄT Margarine
rein pflanzlich — 250-g-Becher — 1,99

Speisequark Magerstufe
500-g-Becher — 0,99

Vita Vollmilch
täglich frisch — 1-l-Pak. — 0,99

Holl.-Butter
immer streichfähig — 250-g-Pak. — 1,99

GETRÄNKE

TUBORG Pilsener
für den durstigen Mann — 0,5-l-Dose — 0,99

BECKS Bier
löscht Kennerdurst — 0,33-l-Dose 3er Pack — 2,99

HANNEN Alt
feinster Edelhopfen verleiht die herbe Frische — 0,33-l-Einwegfl. 6er Träger — 3,49

VELTINS Pilsener
mit herzhaften Grüßen aus dem Sauerland — 20 Fl. à 0,5 l-Kiste ohne Pfand — 17,95

COCA COLA
Koffeinhaltige Limonade — 0,33-l-Dose — 0,59

ECKES Traubensaft
rot oder weiß — 0,7-l-Fl. — 2,39

GRANINI Fruchtnektar
mit herzhaften Fruchtfleisch, sortiert — 0,7-l-Fl. — 1,99

LA BAMBA aus Orangensaftkonzentrat mit 100 % Fruchtfleisch — 0,7-l-Fl. — 1,99

NATREEN Fruchtnektar
50 % weniger Kalorien

Orangennektar	1-l-Fl.	1,59
Grapefruitnektar	1-l-Fl.	1,59
Apfelfruchtsaft	1-l-Fl.	1,39

APOLLINARIS
The Queen of Table Water — 1-l-Einwegfl. — 0,99

KARSTADT

Einkaufen, wo es Freude macht

Beachten Sie bitte darüber hinaus unsere besonderen Angebote in der Tageszeitung – jeden Dienstag und Donnerstag.

E12 (Page 54)

One day, while staying with your penpal in Recklinghausen, you are asked by his sister if she can get anything from the supermarket that you would particularly like. Since you sense she is in something of a hurry because the bus is due to leave shortly, you quickly jot down the items you want in English (you know that she speaks English well). All the items you want are in the Karstadt department store. Which of the items shown on the Karstadt advertisement does she bring back, and what is the total cost of the items she has brought for you?

a) Apple juice

b) A "Sunday" roll

c) Chicken noodles

d) Cornflakes

e) Instant coffee

f) Roast potatoes

g) Cottage cheese

h) Two cans of Coke

i) Salad dressing

M

Sieh dir die Karstadt-Anzeige an. Welche Dinge kann man im Ausland auch bekommen?

M

Was ist der Unterschied zwischen einer Apotheke und einer Drogerie?

Drogerie

„Reinelt" Universal
Sprühstärkespray
400-ml-Dose

„Reinelt" Universal
Bügelspray 400-ml-Dose

„Klarin" **Geschirrspülmittel**
– Zitrone 1000-ml-Flasche

„Reinelt" Universal
WC-Reiniger 1000-g-Dose

„Klarin" **Scheuermilch**
500-ml-Flasche

„Optima" **Brillenputztücher** 10er-Packung

„La Cure"
Haarspray
für jedes Haar
300-ml-Dose

„La Cure" **Duftschaumbad**
Meeresalgen
od. Fichtennadeln
je 1000-ml-Flasche

jeder Artikel
1.99

„La Cure"
7-Kräuter-Spülung für jedes Haar
500-ml-Flasche

„La Cure"
7-Kräuter-Cremeduschbad
300-ml-Flasche

„La Cure" Nora
8-Kräuter-Duschbad
300-ml-Flasche

„La Cure" Nora
Kräutershampoo 200-ml-Flasche

„La Cure" **Protein-Shampoo**
versch. Sorten –
je 500-ml-Flasche

„La Cure" Nora
Naturkräutershampoo
versch. Sorten –
je 300-ml-Flasche

„Hui" Bloo
Wasserkastentabletten

E13

a) In what kind of store are the above items sold?

b) What could you buy for DM 1,99?

c) If you wore glasses, why might you buy Optima *Brillenputztücher*?

d) For what would you use Klarin *Geschirrspülmittel*?

e) What would it smell like?

f) In which room of the house would you expect to see a bottle of *Duftschaumbad*?

Willkommen
Bücher. Spiele.
Papier. Geschenke.
Zeichnen. Malen.
Schreiben. Lotto.
Toto. Zeitungen.
Zeitschriften.
Taschenbücher.
Ansichtskarten.
BÜCHERSTUBE
IRMGARD CLAUSEN
2353 NORTORF MARKT 6
TELEFON 04392/2391
BÜCHER BEIM BUCH-HÄNDLER

E14

Which of the following could you buy at the above bookstore? Copy the box and mark the answers with a check mark.

	Yes	No		Yes	No
1 Magazines			6 Films		
2 Postcards			7 Painting supplies		
3 Toys			8 Newspapers		
4 Gift wrap			9 Birthday cards		
5 Games			10 Drawing supplies		

Seit 1900 die gute Adresse

mit dem Fachgeschäft für **Damenwäsche, Strumpfmoden** und **Herrenartikel,**
dem Fachgeschäft für **Damenmoden** und
dem Fachgeschäft für **Baby + Kind**

Recklinghausen · Am Markt

E16

What three things does Nückel specialize in?

M

Was für Artikel könntest du auf einem Besuch in Deutschland als Andenken nach Hause mitbringen? Und was für welche als Geschenke?

65 Jahre Großhandelshaus

Julius Gast

Am Stadion 2 / Ecke Bruchweg
4350 Recklinghausen
Telefon 0 23 61 / 2 23 01 und 1 34 04

Bürobedarf, Schulbedarf, Zeichenbedarf, Spiele, Spielwaren, Jugendbücher, Kindergartenbedarf, Bastel- und Hobbybedarf, Tornister, Geschenkartikel, Saisonartikel, Partyartikel, Karnevalartikel, Feuerwerk.

E15

Julius Gast is a wholesaler, and sells goods to stores. Which of the goods below doesn't he supply?

a) Toys
b) Fireworks
c) Postcards
d) Party hats
e) Games
f) School requisites
g) Seasonal items
h) Nursery items
i) Office supplies
j) Gifts
k) Video cassettes
l) Records
m) Photo albums
n) Birthday cards
o) Comics

BUGGYS – AUTOSITZE – SPORTWAGEN
DIE ADRESSE
für preiswerte Kinderkleidung – Gr. 164
Kinderlädle – Secondhand
Alles rund ums Kind!!!
Kitzingen
Obere Bachgasse 54
Telefon (09321) 24977
Suche noch modische Kinderkleidung
und Umstandsmode für den Sommer
KINDERBETTCHEN – WIEGEN – WIPPEN
LAUFSTÄLLE – HOCHSTÜHLE
STUBENWAGEN – REISEBETTEN

E17

Name any four items mentioned that could be bought at this store.

DEM ALLTAGSTROTT KANN MAN LEICHT DAVONLAUFEN.

Alltägliche Schuhe gibt es schon genug, sagt die Timberland Company. Und fertigt Schuhe für alle, die nicht gern im Gleichschritt marschieren: Stiefel aus dickem, absolut wasserdichtem Leder etwa, die jedem Wetter standhalten. Und handgenähte (!) Freizeit- und Bootschuhe, die sagenhaft bequem sind und im Lauf der Zeit immer besser aussehen. Ihnen wird die legendäre Qualität der Timberlands ganz sicher passen. Obwohl (oder vielleicht gar weil?) so ein Paar immer auch ein bißchen teurer ist. Leisten Sie es sich einfach: das Original.

Timberland

Dorsch

Würzburg · Karmelitenstraße 27 · Telefon (0931) 52958

Z1

Find the German for:

1) Boots
2) Waterproof
3) Leisure shoes
4) Comfortable
5) The daily grind
6) To march in step
7) Hand-sewn
8) In the course of time
9) Will suit you
10) Withstand any weather

M

Welche Kleidung ist jetzt modisch unter jungen Leuten?
Was für Kleidung trägst du gern?
Gefällt dir deine Schuluniform?
Warum (nicht)?

Geprüfte Qualität

Jetzt wird es höchste Zeit, sich auf den Sommer einzustellen. Mit der passenden Mode, mit luftigen Röcken in aktueller Linie.

Jugendliche Röcke der Saison von C&A: mit modischen Bundfalten vorn und hinten, zwei seitlichen Taschen und sportlichem Bandgürtel.

Wählen Sie aus den Farben Weiß, Gelb, Lind, Rosé oder Kobalt.

Bundfaltenrock	90,–
Streifenbluse in verschiedenen Farben	58,–

...wo Mode so wenig kostet.

E18

a) At which age group is this advertisement aimed?
b) What items are advertised?
c) Mention any three features of these items.

RISCH-LAU

bringt's — macht's — hat's

ANSICHTSKARTEN PROSPEKTE SOUVENIRS

A-6858 SCHWARZACH/Vbg., Tel. (0 55 72) 64 7 06 Serie,
Telex 59390

A-5023 SALZBURG, Hannakstraße 1, Tel. (0 62 22) 76 4 30

1. Ansichtskarten
2. 24/30 Großbilder mit Rahmen
3. Bildbände von österreichischen Landschaften
4. Leporellos, des Ortes, des Tales
5. Kalender vom Ort oder Tal
6. Bildbetrachter als Fotoapparat und TV (Durchsichtsbetrachter)
7. Aschenbecher mit Bild vom Ort oder Tal
8. Wandteller mit Bild vom Ort oder Tal
9. Tabletts mit Bild vom Ort oder Tal
10. Souvenir-Blocks (mit Text und Bild)
11. Schlüsselanhänger mit Bild vom Ort
12. Selbstkleber, echt Foto vom Ort (Wappen, Rund-, Lang- und Postkartenkleber)
13. Decolux – Effektkleber
14. Hutnadeln und Stocknägel
15. Dia-Serien von überall
16. Alpenblumen-Samen, der lebende Urlaub
17. MusiCassetten, Folklore vom Tal
18. Bilduntersetzer
19. Geldbörsen mit Text und Bild vom Ort
20. WPK – Wanderkarten
21. Diverse Bild-Kugelschreiber
22. Schildmützen

Erhältlich in großer Auswahl bei:

Welcher Artikel interessiert Sie, und Sie finden ihn nicht im Geschäft? Nr. ☐
Schreiben Sie uns! Wir informieren Sie!

E19

Match the souvenirs below with the number against which they are shown. Why are the items numbered?

A	Wall plates	2
B	Postcards	9
C	Hat pins	16
D	Ballpoint pens	19
E	Alpine flower seeds	14
F	Trays	1
G	Purses	8
H	Framed pictures	21

TIROLER KUNSTVERLAG CHIZZALI
Ansichtskarten- und Dia-Verlag
Innsbruck, Neu-Rum, Kaplanstraße 10
Telefon 0 52 22 - 61 1 80, 61 5 90

Große Auswahl an:

Ansichtskarten, Leporellos, Dia-Serien, Alpenkalender, Souvenir-Alben, Autofolien, Abziehbilder, Stocknägel und Ärmelwappen von den schönsten Plätzen Tirols

E20

Which of the following souvenirs are not available from KTV?

a) Alpine calendars
b) Slides
c) Decals
d) Key rings
e) Wood carvings
f) Accordion-folding postcards
g) Souvenir albums
h) Tyrolean hats
i) Car stickers
j) Sleeve patches

„Entschließen Sie sich möglichst rasch! In einer Viertelstunde läuft die Garantie ab."

E22

Why is the customer asked to decide quickly whether or not to buy the toaster?

QUITTUNG
für eine bereits bezahlte
Film-
entwicklung
foto hamer
☎ (02361) 13423
Am Lohtor 4
4350 Recklinghausen

E21

Why is it important not to lose this receipt?

Neue Tasche mache den Einkauf leicht

Praktisch für den Groß-Einkauf im Supermarkt: Die Universal-Tasche (Foto) aus Polythelen erspart mühsames Umpacken von Tüten und Kartons ins Auto. Die offene Tasche wird in den Einkaufswagen gehängt – Waren können an der Kasse direkt reingepackt werden. (Taschen Vertrieb Wedel)

E24

Mention any two advantages of this new shopping bag.

Im Interesse unserer Kunden:

- wir zeigen jeden Ladendieb sofort an
- wir fordern von jedem Ladendieb Schadensersatz
- wir erteilen jedem Ladendieb Hausverbot

E23

a) To whom is this notice directed?

b) Mention one of the consequences of the action warned against.

Ladenschluß: Neue Pläne

Die Öffnung der Geschäfte an einem Samstag pro Monat und ein „langer Donnerstag" pro Woche sei zwar ein annehmbarer Kompromiß, erklärt der Verband der Markenartikelindustrie zur Ladenschlußdiskussion. Langfristig solle man aber dem Handel auch die Möglichkeit geben, nach 18 Uhr geöffnet zu halten, meint der Verband.

E25

This newspaper article is about closing hours for stores. It clearly suggests that discussions have been going on for a long time because mention is made of a compromise that has been reached.

a) What is the policy concerning Saturdays?

b) What is the policy concerning Thursdays?

c) What long-term aim is mentioned about closing hours?

Totaler Räumungsverkauf **Wegen Geschäftsaufgabe vom 20. 5. — 21. 6.**

E26

What will be happening during the period 20.5.–21.6? Why?

In unseren über 300 Filialen haben wir zum

Sommer-Schluß-Verkauf

28.7.–9.8.

über 2 MILLIONEN Teile radikal im Preis gesenkt!

E27

a) Why are over two million items going to be sold at greatly reduced prices?

b) Where will it be possible to buy these items?

Sommerschlußverkauf – kein Grund zur Panik

Ratschläge für gute Einkäufe von JOURNAL-Moderedakteurin Renata Laudam

Bevor Sie sich ins Gewühl stürzen, überlegen Sie erst mal: Was hat mir in diesem Sommer gefehlt? (Es wird Ihnen im nächsten erst recht fehlen.) Machen Sie sich eine Liste, zum Beispiel: eine Windjacke, die über viele Sachen paßt, ein Seiden- oder Leinenblazer in Weiß, Schwarz, Natur oder klassischem Blau, eine schlichte lange Baumwollhose, die sich gut kombinieren läßt.
Ich kaufe im Schlußverkauf übrigens fast nur klassische Sachen, die mehrere Saisons überdauern sollen. Und ich gehe bei meiner Suche auch in teure Modeläden, die ich sonst nie betreten würde. Außerdem gucke ich nur nach herabgesetzten hochwertigen Sachen aus guten Stoffen. Modischen Eintagsfliegen gehe ich im Schlußverkauf aus dem Weg. Die pinkfarbene Pumphose zum Beispiel oder die auffallende Piratenbluse lasse ich lieber hängen, nächstes Jahr gibt es da bestimmt ganz andere Knüller.
Und hier die SSV-Hit-Parade für jede Saison:
Jeansröcke: Mit Pullovern und farbigen Wollstrümpfen werden sie herbstmodisch.
Ledersachen: Warmes Darunter oder Darüber macht sie winterfest.
Bikinis: In der Lieblingsfarbe kaufen, auf die Paßform kommt es an. Der nächste Sommer kommt bestimmt!
Badeanzüge: Siehe oben – außerdem beginnt bald die Zeit der Hallenbadbesuche.
Sportkleidung: Wenn Sie Markenartikel kaufen, können es ruhig Sachen aus der vergangenen Saison sein. Modisch ändert sich bestimmt nicht viel.
Schuhe: Espadrilles (spanische Leinensandalen) halten meist nur einen Sommer, deshalb im Sommerschlußverkauf für das nächste Jahr vorsorgen. Modisch sind sie Dauerbrenner, sie werden aber immer teurer. Mit Westernstiefeln ist es ähnlich.
Noch ein Tip für Männer, die Anzüge tragen (wollen oder müssen): Auf Einzelstücke in sehr guten Herrenläden achten. Ein herabgesetzter Anzug aus einem teuren Geschäft hat auch im nächsten Jahr noch Klasse.

E28

This is an article giving advice on how to buy wisely during summer sales.

a) What is the first thing you should do before buying anything?

b) Why does the writer advise you to buy classic items?

c) What kind of store does she go to that she would not normally shop in?

d) Why does she recommend buying denim skirts?

e) What does she say about swimwear?

f) What kind of sports clothes is it always safe to buy?

g) What advice does she have for men?

Chapter 6
Essen und Trinken

A Auswärts essen

"Ich sagte: 'Ist es nicht schön, mal abends rauszugehen, weit weg von den Gewaltsszenen im Fernsehen?'!"

E1

Why is the lady in the cartoon unlikely to agree with what is being said to her?

Gut speisen unterwegs

Handlich im Westentaschenformat ist der Essen-Trinken-Termine-Restaurantkalender. Sie finden darin Adressen der 500 besten deutschen Restaurants. Das kulinarische Büchlein gibt's im Zeitschriftenhandel oder direkt von ETETE, 6200 Wiesbaden, Wilhelmstr. 6. Der Preis: 12,80 Mark. Auch Scheckheft, Terminkalender usw. sind hier gut untergebracht.

E2

a) If you were traveling with your family through Germany, how might this book prove useful?

b) Where could you get it?

M

Wo kann man in deiner Stadt gut essen? Welche Gerichte bekommt man dort? Wie sind die Preise?

RASTSTÄTTE

E3

What could you do if you went into this place?

Wir möchten Sie verwöhnen

zum Frühstück
mit vielen knusprigen Brötchensorten
zur Kaffeestunde
mit der großen Auswahl an leckeren Torten, Kuchen und Gebäcken
zum Abendbrot
mit kräftigen und rustikalen Brotsorten
(auch Vollwertbrote aus biol.-dyn. Anbau)

Büller
Backwaren

Poststraße 11 · 2353 Nortorf
Telefon (0 43 92) 33 49

E4

If you went into Büller's store, what choice of things could you buy to eat for

a) Breakfast b) Afternoon coffee c) Supper?

E5

What would you get here for DM 3,50?

Wir laden Sie ein

M

Welche deutschen Gerichte und welche deutschen Weinsorten kennst du? Was essen wir, das aus Deutschland kommt?

Neues Haus mit eigener Metzgerei. Gutes und reichhaltiges Essen in unserer Speisegaststätte. Für unsere Gäste schöne Liegewiese direkt b. Haus
Eig. Parkplätze, extra Parkplätze für Hausgäste, schöne Gästezimmer

Speisegaststätte

Gasthaus und Metzgerei

Zum Weierborn

Bes. Fam. Fackler

Hauptstraße 115 / Tel.: 06531 / 8420
5550 Bernkastel-Kues, Stadtteil Wehlen

E6

a) What kind of foodshop is a part of the above business?

b) What two things are said about the meals that are served here?

. . . und nach dem Einkaufsbummel ins

CHINA-RESTAURANT

Recklinghausen, Breite Str. 25 (über Spielwaren Ritter)

Telefon: 0 23 61 / 2 46 80

中國酒樓

China-Restaurant

Original-chinesische Küche

montags bis freitags von 12-15 und 17.30-24 Uhr, sonn- und feiertags von 12-24 Uhr durchgehend.

Seit vielen Jahren bekannt für gute Küche

E7

a) When would be a good time to come in for a meal?

b) What reputation does this restaurant have?

c) What time does it open on holidays?

NEU NEU NEU NEU

Gaststätte-Restaurant „Bi Söffken"

unter neuer Leitung.

Mittags- und Abendtisch, internationale Speisekarte schon ab 5,50

Termine für Kegelbahnen noch frei.
Saal für große u. kleine Festlichkeiten.
Auf Ihren Besuch freut sich Familie Frantzen,
Arnheimweg 3, 44 Münster-Gievenbeck, Tel. 02 51/86 24 11

E8

a) What could you get here from DM 5,50?

b) At what times?

c) What form of recreation is available here?

E9

a) Where precisely in Tübingen is *Kirchgasse 6*?

b) What kind of dishes are a specialty of the *Kaiser* restaurant?

Das gepflegte Speiserestaurant in der Fussgängerzone empfiehlt ital. und internat. Gerichte.
Restaurant Kaiser
Kirchgasse 6, Tübingen

SPEZIALITÄTEN-RESTAURANT

INH. ŠIME JOVIĆ · SCHULTENSTR. 10 · 4390 GLADBECK · TELEFON (0 20 43) 5 17 79 / 5 12 70

SPEISEN- UND GETRÄNKEKARTE

WARME KÜCHE
täglich durchgehend von
12.00 Uhr bis 0.30 Uhr

KEIN RUHETAG

Sehr verehrter Gast, Sie sind bei uns herzlich willkommen.
Es ist unser Wunsch, daß Sie sich in unserem Hause wohlfühlen.
Diese Speisen- und Getränkekarte soll Ihnen die Auswahl leicht machen.
Unsere Küche und unser Keller bieten Ihnen das Beste.
Wir hoffen, daß die angenehme Atmosphäre des Hauses Sie zum
Wiederkommen veranlaßt. **Ihre Familie Jović**

INTERNATIONALE GERICHTE

130	GEFTEDES „GRIECHISCHES GERICHT" .... 2 gebackene Hacksteaks, Butterreis, pikante Sauce und Salat	8,50
131	SCHWEINEKOTELETT .... paniert, Erbsen und Butterkartoffeln	9,00
132	HÜHNERBRUST „INDISCH" .... mit Curry-Reis, Obst, orientalischer Sauce und Salat	13,00
133	WIENER SCHNITZEL .... mit Röstkartoffeln, Gemüse und Salat	12,00
134	ZIGEUNER-SCHNITZEL .... mit Pommes frites, Gemüse und Salat	12,00
135	NATUR-SCHNITZEL .... mit Butterkartoffeln, Gemüse und Salat	13,00
136	RAHMSCHNITZEL .... mit Pommes frites oder Butterreis, Gemüse und Salat	13,00
137	DALMATIA-SCHNITZEL .... Schweineschnitzel, Spiegeleier, Röstkartoffeln, Gemüse und Salat	13,00
138	CHAMPIGNON-SCHNITZEL .... mit Pommes frites, Gemüse und Salat	14,50
139	JÄGER-SCHNITZEL .... mit Pommes frites, Gemüse und Salat	14,50
140	SCHNITZEL „MADAGASKAR" .... mit Röstzwiebeln, grüner Pfeffersauce, Pommes frites und Salat	15,00
141	SCHWEINELENDCHEN „JÄGERART" .... Kroketten, Gemüse und gemischter Salat	18,00
142	KALBS-MEDAILLON a la „Mozart" .... mit Gemüse, Champignons (ganze Köpfe), Butterreis und Salat	19,00
143	CORDON-BLEU .... mit Erbsen, Pommes frites und Salat	17,00
144	PUSZTA-MEDAILLON .... gegrilltes Filet mit Champignons, Spargel, verschiedene Beilagen und Salat	17,50
145	„BEEF-STROGANOF" .... mit Butterreis oder Salzkartoffeln, Salat	19,50

Preise inklusiv Bedienung und Mehrwertsteuer

NACHSPEISEN

270	OBSTSALATE mit Maraschino und Sahne	5,00
271	PFANNEKUCHEN 3 Stück mit Zitrone, Konfitüre oder Schokolade	7,00
272	PFANNEKUCHEN-TOPF für 2 Personen gefüllt mit Quarkkäse, verfeinert mit Schokoladensauce, gratiniert	17,00
273	PFANNEKUCHEN für 2 Personen in Weißwein-Chateau	19,00

EISSPEZIALITÄTEN

280	GEMISCHTES EIS mit oder ohne Sahne	3,50
281	FRUCHTBECHER mit Sahne und Maraschino	5,00
282	COUPE „ADRIA" Vanilleeis mit heißen Kirschen, Sahne und Schokolade	5,00
283	COUPE „SCHULTENHOF" Art des Hauses, mit Sahne, Schokolade usw.	5,00
284	BIRNE HELENE Birne mit Vanilleeis, Sahne und heißer Schokolade	5,00
285	EIS-KAFFEE	4,00

WARME GETRÄNKE

290	TASSE KAFFEE	2,00
291	TASSE CAPUCCINO	2,50
292	TASSE KAFFEE HAAG	2,00
293	TEE mit Zitrone oder Sahne	2,00
294	KÄNNCHEN TEE	4,00
295	KÄNNCHEN KAFFEE	4,00
296	KÄNNCHEN KAFFEE HAAG	4,00
297	MOCCA	3,00
298	GROG	3,50
299	GLÜHWEINE	4,00
300	HEISSE ZITRONE natur	3,50
301	RUSSISCHE SCHOKOLADE	5,00
302	HEISSEN SLIVOVIC	3,50

Preise inklusiv Bedienung und Mehrwertsteuer

HOTEL
Schultenhof
INH.: S. JOVIĆ GLADBECK
TÄGLICH DURCHGEHEND WARME KÜCHE.
WIR BIETEN: STEAKS, WILD, FISCH UND VIELES ANDERE MEHR.
SCHULTENSTR. 10 · 4390 GLADBECK · TEL. 02043/51270/51779
AN DER EUROPABRÜCKE

TISCH	NR.	2	20-05	#0000
436	5	ORANGENSAFT		*12.50
25	1	LADY CURZON		*6.00
22	1	TOMATENSUPPE		*4.00
21	2	HÜHNERSUPPE		*8.00
133	4	WIENER SCHN.		*48.00
280	3	GEMISCHT EIS		*10.50
		ENTH.MWST		*10.93
		BAR		*89.00

1-K 2098 20-05 12:45 #0000

Bitte nur durch Registrierkasse gedruckten Endbetrag zahlen
Im Rechnungsbetrag ist das Bedienungsgeld und die gesetzl. MwSt. enthalten
Wir bedanken uns für Ihren Besuch

E10

Look at the above bill. There were four people dining at table No.2.

a) What drink did one of the diners order two glasses of?

b) Mention two kinds of soup that were eaten.

c) What was the main dish that was ordered by each of the customers?

d) What dessert did three of them select?

E11

a) Look at the front cover of the menu on page 63. What does it say about the days the Hotel Schultenhof is open for meals?

b) What is it that the Jović family hopes will make guests want to come back?

c) Look at the menu for international dishes available at Hotel Schultenhof. What does the footnote say about the prices?

d) The four customers referred to in question E10 ordered dish No. 133. Name the three things that accompanied the main item.

e) If they had ordered No. 143, how would the side dishes have differed from No. 133?

f) No. 132 is an Indian dish. What meat is it served with?

g) Look at the menu for desserts. What could you get for DM 7,00? Mention the three things you could choose from to accompany the food.

h) What is dessert No. 273 served in?

i) What could you have with dessert No. 280 at no extra cost?

j) How much would you pay for a pot of coffee?

M

Was ißt du gern? Was trinkst du gern? Was hast du gestern zu Abend gegessen?

Tageskarte

Mittwoch, 21.05.86
von 11.30 bis 14.30 Uhr

323	Terrine Gemüsesuppe mit Würstchen	5,95
398	Omelett, gefüllt mit Geflügelleber, Champignons, gemischten Salatteller und Butterkartoffeln	9,25
356	Mild gepökelter Schweineschinken mit Weinkraut und Kartoffelpüree	9,50
861	UNSER SUPER-TIP: Putenbrustgeschnetzeltes mit Champignons in Rahmsoße, feinen Erbsen und Röstiecken	10,95
863	Paniertes Schweineschnitzel "Italia" mit einer herzhaften Tomatensoße, Erbsen und grünen Bandnudeln	11,50
851	Gebackener Camembert mit Sahnemeerrettich, Preiselbeeren, gebackener Petersilie, Toast und Butter	6,95
865	EINE RUNDE SACHE FÜR GENIESSER! Großer Eierpfannkuchen mit Speck	6,50
612	Eine österreichische Spezialität: Germknödel, gefüllt mit Pflaumenmus, serviert mit Mohn oder Vanillesoße	4,75
253	TAGESSUPPE: Frühlingssuppe mit Nudeln oder Fruchtkaltschale	2,10
611	DESSERT: Himbeergelee mit Vanillesoße und Sahne	2,50
	und nach dem Essen ...	
700	1 Tasse guten Kaffee	1,90

Preise enthalten Bedienungsgeld und Mehrwertsteuer

E12

This is the lunchtime menu from a large German department store.

a) What is served with the vegetable soup?

b) How much would you pay for pancakes with bacon?

c) If you wanted to try an Austrian dish, what number would you order?

d) What flavor is the jelly that is served for dessert?

e) What could you order after you have finished eating?

M

Was ißt du normalerweise zu Mittag? Ißt du zu Hause oder in der Schule? Wie ist das Essen in der Schulkantine?

E13

This article is about the origin of the potato. Read it carefully, then answer the following questions.

a) Where do potatoes originate?

b) Even as late as 1621 in Germany, it was not realized that they could be eaten. Why were they grown there then?

c) Which famous German discovered their value as a food?

Guten Appetit!

Wußten Sie eigentlich, daß die Urheimat der Kartoffel in den Hochländern Südamerikas liegt? Dort war sie schon in den ersten Jahrhunderten nach Christi Geburt als Nahrungspflanze bekannt. Doch davon wußte man selbst im Jahre 1621 in Deutschland nichts, denn hierzulande pflanzte man die Kartoffel nicht als Nahrungspflanze, sondern – der hübschen Blüte wegen – als Zier- und Gartenpflanze.

Friedrich der Große war es übrigens, der den Wert der Kartoffel als Nahrungspflanze erkannte und sie zum „Rückgrat" der Ernährung bei Hungersnöten machte. Nun, diese Zeiten sind gottlob vorbei. Heute ist die Kartoffel Symbol für eine ausgewogene Ernährung und als Beilage einer guten Mahlzeit nicht wegzudenken. Überzeugen Sie sich davon: in einem DSG-Zugrestaurant.

B Wein und Bier

WEINPREISLISTE

Manfred Bohn

WEINBAU - WEINVERSAND

Goldbachstraße 7

5550 BERNKASTEL-ANDEL/MOSEL

Telefon 0 65 31 / 84 43

WEINVERSAND NUR EIGENER GEWÄCHSE

WEINPROBEN IN GEMÜTLICHER PROBIERSTUBE UND KELLERBESICHTIGUNG

MODERNE GÄSTEZIMMER

E14

Mention two things a tourist might like to do at Manfred Bohn's.

Hotel Garni Weinhaus

Sankt Maximilian

5550 Bernkastel-Kues, Saarallee 12 und Triniusstraße Tel.: 06531 / 2431

Eig. Qualitätsweingut u. renommierte Weinkellerei mit 80jähriger Tradition. Weinversand frei Haus. Sehenswerte alte Gewölbekeller mit über 150 versch. Weinsorten. Kellereibesichtigungen und Weinproben im Hause. Prospekt und Angebot auf Anforderung.

Z1

Find the German for:

1) Wine-growing estate
2) Mail-order wine
3) Free delivery
4) Cellar vaults
5) Wine tasting
6) Brochure on request

M

Wo sind die bekanntesten Weingegenden Deutschlands? Kennst du den Unterschied zwischen Tafelwein, Spätlese und Beerenauslese?

Eddy's Pinte

Treffpunkt junger Leute jeden Alters!

Rheine's Kultur-und Kleinkunstkneipe · Marktstr. 6 · Tel. 28 18

E15

a) What is *Eddy's Pinte*?

b) According to the claim in the middle, who meets there?

Germania Bierkenner-Information

Das wohltemperierte Bier.

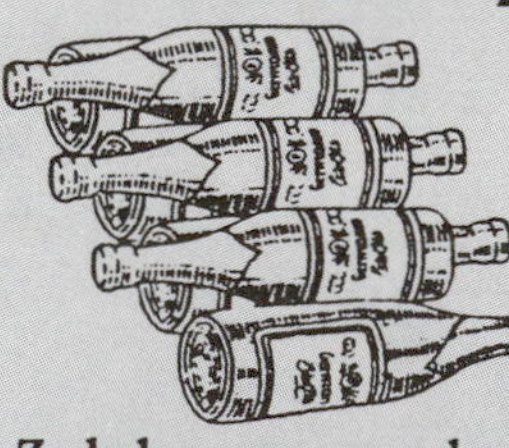

Ein edles Pilsener entfaltet seine herrlichen Eigenschaften, den feinherben Geschmack und die spritzige Frische, nicht bei jeder Temperatur.

Zu kalt genossen, schmeckt es leer.
Zu warm getrunken schal. Die richtige Trinktemperatur liegt zwischen 8 und 10 °C.

Am besten, Sie halten im Kühlschrank bei etwa 7 °C, also nahe der Trinktemperatur, einen ausreichenden Vorrat bereit.

Germania Edel Pils

E16

This is from the back of a German beer coaster. It talks about storing Pilsen lager beer at the correct temperature. How is its taste affected:

a) if drunk too cold

b) if drunk too warm?

C Suppe zu Hause

Maggi®

Alt Wiener

Nudel Suppe

mit Rindfleisch
und Gemüse

3 gute Teller nach Omas Rezept

So einfach wird's gemacht:
Inhalt in gut ¾ Liter kochendes Wasser einstreuen, kurz umrühren und auf kleiner Flamme nicht zugedeckt 12 Minuten kochen lassen.

Tip für Suppenliebhaber nach Omas Rezept:
Ein ganzes Ei versprudeln – am Ende der Kochzeit in die noch kochende Suppe einrühren.

E17

a) What is inside this package? Name two ingredients.

b) How should the water be before the contents are sprinkled in?

c) What are you told about covering the pan while the contents are cooking?

Gulasch-
Grundsuppe

So einfach geht's:

- Beutelinhalt in gut **1 Liter** lauwarmes Wasser einrühren, ab und zu umrühren und zum Kochen bringen.
- Auf kleine Stufe drehen, öfters umrühren, **10 Minuten** kochen, nicht zudecken.

Z2

Above are instructions on how to prepare a goulash soup. Find the German for:

1) Lukewarm water.
2) Stir frequently
3) Bring to the boil
4) The contents of the package
5) Do not cover
6) Stir in
7) Boil for ten minutes
8) Reduce the heat

D Rezepte

Käsekuchen

Zutaten:

150 g Mehl
80 g Zucker
80 g Butter
1 Ei
1 Teel. Backpulver

Belag:

1 1/2 Pfd. Quark
3 Eigelb und 3 Eiweiß
1 P. Vanillinzucker
150 g Zucker
etwas Milch-Käsepulver
oder ein P. Vanillinpudding

Alle Zutaten schnell zu einem Teig verkneten. Kühl stellen.
Danach den Quark mit den Zutaten verrühren.
Zuletzt den Eischnee verrühren.
Teig in eine Springform geben. Quarkmasse darüber ziehen.
Backzeit: ca. 45 Minuten.

E18

a) What dish is the above recipe for?

b) Name four ingredients.

c) What is the first thing you have to do?

d) What is then mixed in?

e) What is finally mixed in?

f) Where do you put the dough before baking it?

Himbeer-Eis-Shake

(Bild unten)

Kühl und erfrischend

½ Paket TK-Himbeeren (125 g)
1 Päckchen Vanillinzucker
1 EL Zucker
½ l Milch
4 Kugeln Vanilleeis (ca. 150 ml)
½ Becher Schlagsahne (100 g)

⊡ Die Himbeeren auftauen lassen. Einige Früchte zum Garnieren beiseite legen, die restlichen zusammen mit Vanillinzucker und Zucker gut zerdrücken. In die Milch einrühren. ⊡ Mischung in 4 Gläser verteilen, jeweils eine Eiskugel hineingeben. ⊡ Sahne steifschlagen, als Tupfer auf die Himbeermilch spritzen. Mit den beiseitegelegten Himbeeren garnieren.

★ Zeit: 10 Minuten (ohne Auftauen)

★ kcal 260, kJ 1090, Preis: **1,10 DM**

Z3

Match the German verbs from the recipe on the left with their English meanings.

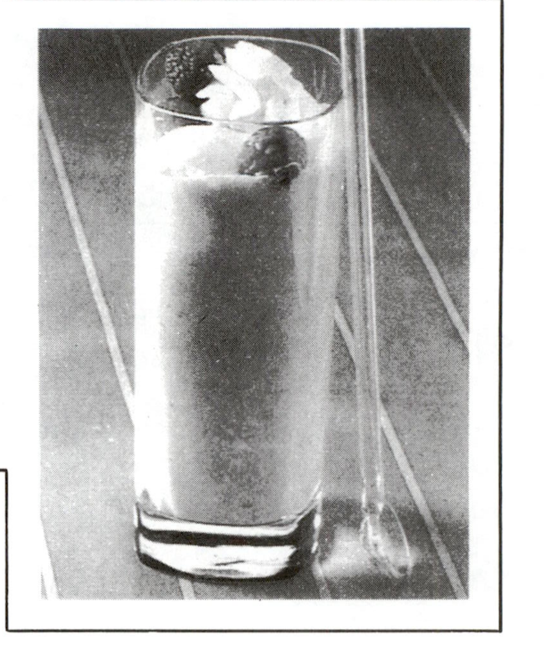

1	*spritzen*
2	*garnieren*
3	*verteilen*
4	*steifschlagen*
5	*zerdrücken*
6	*auftauen*
7	*hineingeben*

A	to put in
B	to whip
C	to mash
D	to decorate
E	to defrost
F	to pipe
G	to divide

Schweineschnitzel mit Orangen

(für 2 Portionen)

Blitzrezept

2 Schweineschnitzel à 150 g,
30 g Margarine, Salz, Pfeffer,
1 Becher Schlagsahne (150 g),
2 Teel. Orangenmarmelade,
1 Blutorange.

Schnitzel in heißem Fett von jeder Seite etwa sieben Minuten braten. Herausnehmen. Salzen, pfeffern und warm stellen. Sahne zum Bratensatz gießen. Marmelade und Orangenstücke dazugeben. Cremig einkochen lassen. Abschmecken und über die Schnitzel gießen. (25 Minuten; 8,50 Mark; pro Portion ca. 3433 Joule/820 Kalorien)
Dazu: Spätzle.

E19

The following English translations of instructions contained in the recipe on the left are in the wrong order. Read the German and put them in the right order.

1) Add the marmalade and pieces of orange.

2) Pour cream into the remaining fat.

3) Taste for seasoning, and pour over the cutlet.

4) Take it out of the pan.

5) Season with salt and pepper, and keep warm.

6) Fry the cutlet in hot fat.

7) Bring to a boil and simmer until the sauce thickens.

Chapter 7

Post, Telefon, Geld, Bank

A Auf der Post

E1
What does the post office suggest you do?

M
Hast du eine(n) deutsche(n) Brieffreund(in)? Wie oft schreibst du ihm/ihr? Was kostet ein Brief nach Deutschland?

BESCHEINIGUNG

über den Bezug von

Postwertzeichen

im Gesamtbetrag von

3 DM — Pf

Der Bezug wird durch Abdruck des Tagesstempels bescheinigt. Die Bescheinigung gilt **nicht** als Einlieferungsbescheinigung.

A7/25. Kl. 36 rc So. Xds *4.83/6 912 031 000-0 DA P I Anl. 4

E3
This is a receipt. What have you just paid for?

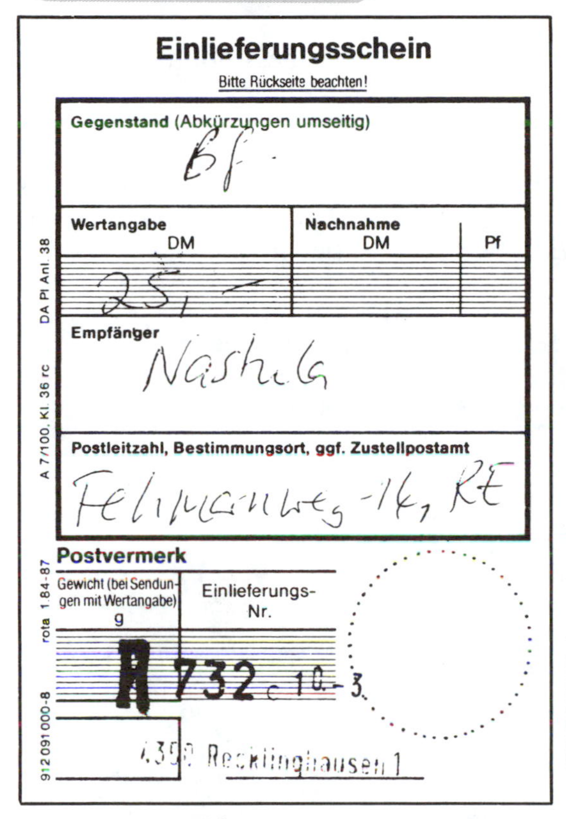

Einlieferungsschein

Bitte Rückseite beachten!

Gegenstand (Abkürzungen umseitig): Bf.

Wertangabe DM	Nachnahme DM	Pf
25,–		

Empfänger: Nashila

Postleitzahl, Bestimmungsort, ggf. Zustellpostamt: Felimannweg 14, RE

Postvermerk

Gewicht (bei Sendungen mit Wertangabe) g	Einlieferungs-Nr.
	R 732 c 10-3

4350 Recklinghausen 1

DA Pl Anl. 38 A 7/100. Kl. 36 rc rota 1.84-87 912 091 000-8

Sehen Sie bitte sofort in Ihren Briefkasten!

Abra 7. 78/6543
A9, Kl. 914fg 912 532 000

E2
This is a special message to you from the post office. What does it ask you to do?

E4
This is a postal receipt.

a) What have you sent?

b) To whom was it sent?

M
Warum geht man aufs Postamt?

Wenn Sie selbst Post bekommen...

...möchten Sie natürlich, daß sie unbeschädigt ankommt. Nun, die Reise mit der Post übersteht die Post auch meistens gut, aber...der Briefkasten! Oftmals zu klein oder defekt oder falsch angebracht. Die Post empfiehlt Hausbriefkästen nach DIN 32617. Fragen Sie doch mal nach dem Faltblatt.

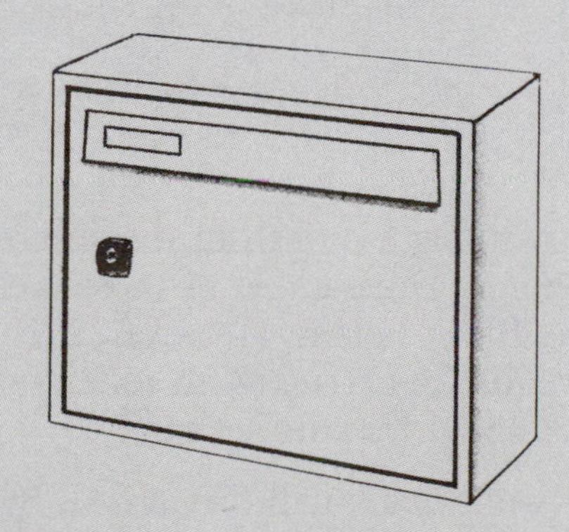

E5
The post office is anxious for you to receive your mail undamaged. You can help in this. How?

VERFÜGUNGEN DES ABSENDERS **CP 2 bis**
für den Fall der Unzustellbarkeit
INSTRUCTIONS DE L'EXPEDITEUR

a ☐ Unzustellbarkeitsmeldung an Absender
Envoyer avis de non-livraison à l'expéditeur

b ☐ Unzustellbarkeitsmeldung an untenstehende Anschrift
Envoyer avis de non-livraison à l'adresse indiquée ci-dessous

c ☐ Unverzügliche Rücksendung
Renvoyer immédiatement à l'origine
auf/par ☒ dem Erdweg/voie surface ☐ Luftweg/voie aérienne

d ☐ Rücksendung nach ...... Tagen — Jours
Renvoyer à l'origine après
auf/par ☐ dem Erdweg/voie surface ☐ Luftweg/voie aérienne

e ☐ Abgabe oder Nachsendung an untenstehende Anschrift
Livrer ou réexpédier à l'adresse indiquée ci-dessous
auf/par ☐ dem Erdweg/voie surface ☐ Luftweg/voie aérienne

f ☐ Nachsendung zur Ausfolgung an ursprünglichen Empfänger
Réexpédier pour livraison au destinataire primitif
auf/par ☐ dem Erdweg/voie surface ☐ Luftweg/voie aérienne

g ☐ Preisgabe des Paketes
Traiter le colis comme abandonné

Name und Anschrift — *Nom et adresse (Fall b oder e — cas b ou e)*
Hedi SASSHOFER Etschnerstr. 36
A-1140 - Wien - Österreich

Unterschrift des Absenders — *Signature de l'expéditeur*
Hedi Sasshofer

P. Ann. 2—135. BMZI. 10.728-12/75 — Österr. St. L61 21235

E6
This form was attached to a parcel. It says what should happen in case of non-delivery. What are the sender's instructions?

Wenn Sie Grüße verschicken wollen...

brauchen Sie natürlich Briefmarken:

Für eine Postkarte

Im Bereich der Deutschen Bundespost sowie in die DDR und nach Berlin (Ost)	60 Pf*
Nach Andorra, Belgien, Dänemark (einschließlich Färöer und Grönland), Frankreich (einschließlich überseeische Départements), Italien, Liechtenstein, Luxemburg, Monaco, den Niederlanden, Österreich, San Marino, der Schweiz, der Vatikanstadt	60 Pf
In die übrigen Länder	70 Pf

Für einen Standardbrief

Im Bereich der Deutschen Bundespost sowie in die DDR und nach Berlin (Ost)	80 Pf*
Nach Andorra, Belgien, Dänemark (einschließlich Färöer und Grönland), Frankreich (einschließlich überseeische Départements), Italien, Liechtenstein, Luxemburg, Monaco, den Niederlanden, Österreich, San Marino, der Schweiz, der Vatikanstadt	80 Pf
Nach Griechenland, Großbritannien (einschließlich Nordirland, Kanalinseln und Insel Man), Irland	100 Pf
In die übrigen Länder	120 Pf

*) innerhalb Berlins 40 Pf bzw. 50 Pf.

Sie bekommen Briefmarken bei jedem Postamt und jeder Poststelle. Oder häufig auch da, wo Sie Ihre Ansichtskarten kaufen. Außerdem sind an Postämtern und vielen anderen Stellen in Stadt und Land Münzautomaten für Briefmarken aufgestellt. Wenn Sie ein Briefmarken-Heftchen zum Preis von 2,– oder 3,– DM am Schalter oder am Automaten erwerben, haben Sie immer einen kleinen Vorrat, um Ihre Sendungen richtig frankieren zu können.

Wenn Sie ein Päckchen oder ein Paket verschicken wollen...

können Sie das bei jedem Postamt oder jeder Poststelle erledigen. Dort informiert man Sie gern über Einzelheiten. Übrigens können Sie auch Verpackungsmaterial – ein „Pack-Set" – kaufen. Das erleichtert die Arbeit sehr, weil Sie alles Zubehör (Bindfaden, Klebeband usw.) gleich mitgeliefert bekommen.

Eurocheques – Reiseschecks – Postcheques – Geldwechsel

Wenn Sie Geld benötigen...

brauchen Sie nicht lange zu suchen. Bei jedem Postamt und jeder Poststelle, die durch das bekannte „ec"-Symbol gekennzeichnet sind, erhalten Sie auf eurocheques und postcheques (kartengarantierte Schecks ausländischer Postgirodienste) Bargeld, bei entsprechend gekennzeichneten Schaltern auch auf American-Express-Reiseschecks und andere Reiseschecks. Nehmen Sie bitte Ihren Ausweis mit zur Post. Außerdem steht eine Reihe von Postämtern – auch auf Flughäfen – für den Umtausch Ihrer Devisen bereit.

Wann hat die Post geöffnet?

Über 18.000 Annahmestellen gibt es bei uns im Lande. Und die haben in den großen Städten vielfach durchgehend von 8.00 Uhr morgens bis 18.00 Uhr abends geöffnet. Am Samstag jedoch nicht länger als bis 14.00 Uhr. In Großstädten sowie auf Bahnhöfen und Flughäfen gibt es Postämter, die sogar länger oder auch nachts geöffnet haben.

Informationen für Touristen

E7

This is an information sheet written by the *Bundespost* for tourists to Germany. Study it carefully, then answer the questions below:

a) You want to send a postcard to your parents in England. How much does the stamp cost?

b) Your brother has a summer job in the Channel Islands. You want to write him a letter. How much does it cost to send?

c) What are the normal business hours for post offices in Germany on weekdays? What about Saturdays?

d) If the post office is closed and you want to buy stamps for postcards where could you get some? (Mention two possibilities.)

Wenn Sie Briefmarken brauchen...

...haben Sie meistens keine zur Hand. Nehmen Sie doch gleich ein paar mehr mit. Oder wählen Sie Markenheftchen. Die gibt's auch aus dem Automaten.

E8

a) Why does the advertisement recommend you buy books of stamps?

b) How much does one book of stamps cost?

c) Where could you get them?

M

Wann hat die Post bei uns geöffnet? An welchen Tagen gibt es keine Briefkastenleerung?

DER NACHSENDUNGSANTRAG. Soll Ihre Post an Ihren Urlaubsort nachgeschickt werden, füllen Sie einfach den anhängenden Nachsendungsantrag aus und schikken ihn an Ihr Zustellpostamt. Er sollte mindestens 3 Werktage vor dem ersten Nachsendetag dort vorliegen. Wenn Sie die genaue Urlaubsanschrift vorher noch nicht wissen, können Sie die Karte auch gleich nach Ankunft am Urlaubsort abschicken.

E9

You are spending a month in the summer at your German penpal's home. During one of those weeks, the family is taking you to the Black Forest. However, it is the week your exam results are due to arrive! With relief you see this notice at the post office about forwarding mail.

a) If you want your mail forwarded, by what time should you submit your request?

b) What should you do if you don't yet know your exact vacation address?

Aufschrift-Beispiele mit Besonderheiten:

Bitte setzen Sie bei Orten mit mehreren Zustellpostämtern die Nummer des Zustellpostamts hinter den Bestimmungsort, z.B. 1000 Berlin 65.
Bei Sendungen an Empfänger in Häusern mit numerierten Wohnungen oder Hausbriefkästen diese Nummern bitte mit dem Zusatz „W" hinter der Hausnummer angeben, z.B. Parkstraße 25 W 72:

Eilzustellung

Herrn
Dr. Klaus Müller
Parkstraße 25 W 72

1000 Berlin 65

Auf Sendungen an Briefabholer anstelle von Straße und Hausnummer bitte „Postfach" und Postfachnummer angeben:

Lehmann & Krause KG
z.H. Herrn Becker
Postfach 10 08 96

5000 Köln 1

Bei Sendungen an Empfänger in Orten ohne Postamt hinter dem Ortsnamen bitte das Zustellpostamt mit dem Zusatz „Post" angeben:

Herrn
Otto Winter
Hauptstraße 3

3151 Bekum Post Stekum

Namen von Ortsteilen, z.B. von früher selbständigen Gemeinden, sind für die Beförderung Ihrer Sendung ohne Bedeutung.
Falls Sie aber den Namen eines Ortsteils angeben wollen, schreiben Sie ihn bitte oberhalb des Straßennamens (siehe untenstehendes Beispiel „Beuel"), keinesfalls aber in die Zeile der Bestimmungsortsangabe:

Päckchen

Frau
Gabriele Kunde
Beuel
Sebastianusstraße 15

5300 Bonn 3

E10

Match the persons in the sample addresses with the instructions for addressing mail to the particular type of destination.

1	Lehmann & Krause KG
2	Gabriele Kunde
3	Klaus Müller
4	Otto Winter

A	Places with many delivery offices
B	Places without a post office
C	People collecting mail from the post office
D	People choosing to state the district of a town

Nachsendungsantrag

Antragsteller (Name, Vorname)

Bisherige Anschrift (Straße und Hausnummer oder Postfach, Postleitzahl, Ort)

beantragt Nachsendung für sich und folgende Personen:

Neue Anschrift (Straße und Hausnummer oder Postfach, Postleitzahl, Ort)

Der Antrag soll gelten vom ______ an für 6 Monate wegen Umzugs.

Der Antrag soll gelten – wegen vorübergehender Abwesenheit –
vom bis

Die im Antrag aufgeführten Personen sind mit der Nachsendung einverstanden.

(Unterschrift)

Bitte recht deutlich, möglichst mit Schreibmaschine oder Druckschrift, ausfüllen und die Hinweise auf der Vorderseite beachten! Zutreffendes bitte ankreuzen ☒

Es sind nachzusenden:

A. **(Innerhalb Deutschlands gebührenfrei. Bei der Nachsendung über Berlin hinaus wird der Unterschied zur allgemeinen Gebühr nacherhoben.)**

☐ Gewöhnliche Briefsendungen ohne Nachnahme (außer Päckchen)

☐ Eingeschriebene Briefsendungen und gewöhnliche Briefsendungen mit Nachnahme (außer Päckchen)

☐ Päckchen

☐ Post- und Zahlungsanweisungen

☐ Telegramme, brieflich

B. **(gebührenpflichtig)**

☐ Briefe mit Wertangabe

☐ Paketsendungen

☐ Telegrafische Post- und Zahlungsanweisungen, telegrafisch (zugelassen nur im Bereich der DBP)

☐ Telegramme, telegrafisch (zugelassen nur im Bereich der DBP)

PostO Anl. 30 A6, Kl. 317 OVA ds * 1.83/8765432 911 022 000-9

E11

Look at the form above.

a) Mention any three things that can be forwarded.

b) Match the information required with the English translation.

1	*Neue Anschrift*	A	Previous address
2	*Antragsteller*	B	Signature
3	*Unterschrift*	C	New address
4	*Bisherige Anschrift*	D	Applicant

Sonderpostwertzeichen-Ausgaben „Deutsche Bundespost"

Ausgabetag	Thema	Zahl der Werte	Werte in Pfennig
16.01.	100 Jahre Automobil	1	80
13.02.	Serie „Für den Sport" mit Zuschlägen zugunsten der Stiftung Deutsche Sporthilfe e. V. (Motive: Leichtathletik – Europameisterschaften, Bobsport – Weltmeisterschaft)	2	80 + 40 120 + 55
13.02.	1250 Jahre Bad Hersfeld	1	60
13.02.	100. Geburtstag Oskar Kokoschka	1	80
13.02.	Astronomie (Halleyscher Komet/Giotto-Mission)	1	80
10.04.	Serie „Für die Jugend" mit Zuschlägen zugunsten der Stiftung Deutsche Jugendmarke e. V. (Motive: Handwerksberufe)	4	50 + 25 60 + 30 70 + 35 80 + 40
05.05.	EUROPA-Marken (Motive: Natur- und Umweltschutz)	2	60 80
05.05.	1000 Jahre Walsrode und Kloster Walsrode	1	60
05.05.	100. Todestag König Ludwig II. von Bayern	1	60
05.05.	100. Geburtstag Karl Barth	1	80
05.05.	100. Cartellversammlung des Cartellverbandes katholischer deutscher Studentenverbindungen	1	80
20.06.	200. Geburtstag Carl Maria von Weber	1	80
20.06.	100. Todestag Franz Liszt	1	80
20.06.	Internationales Jahr des Friedens	1	80
20.06.	Grundgedanken der Demokratie: Blockausgabe „Bedeutende Gebäude aus der Geschichte der Bundesrepublik Deutschland" (Motive: Museum König in Bonn, Bundeshaus in Bonn, Reichstagsgebäude in Berlin)	3	80 80 80
14.08.	Denkmalschutz	1	80
14.08.	200. Todestag Friedrich der Große	1	80
14.08.	100 Jahre Deutscher Skatkongreß	1	80
14.08.	25 Jahre OECD (Organization for Economic Cooperation and Development = Organisation für wirtschaftliche Zusammenarbeit und Entwicklung)	1	80
16.10.	Serie „Für die Wohlfahrtspflege" mit Zuschlägen zugunsten der Bundesarbeitsgemeinschaft der Freien Wohlfahrtspflege e. V. (Motive: Kunstgegenstände)	4	50 + 25 60 + 30 70 + 35 80 + 40
16.10.	600 Jahre Universität Heidelberg	1	80
16.10.	50 Jahre Tag der Briefmarke	1	80
13.11.	100. Geburtstag Mary Wigman	1	70
13.11.	25 Jahre Bischöfliche Aktion ADVENIAT	1	80
13.11.	Weihnachtsmarke mit Zuschlag zugunsten der Bundesarbeitsgemeinschaft der Freien Wohlfahrtspflege e. V. (Motiv: Weihnachtliche Darstellung)	1	80 + 40

Sonderpostwertzeichen-Ausgaben „Deutsche Bundespost Berlin"

Ausgabetag	Thema	Zahl der Werte	Werte in Pfennig
16.01.	100. Geburtstag Wilhelm Furtwängler	1	80
13.02.	Serie „Für den Sport" mit Zuschlägen zugunsten der Stiftung Deutsche Sporthilfe e. V. (Motive: Schwimmen – Jugend-Europameisterschaft, Springreiten – Weltmeisterschaft)	2	80 + 40 120 + 55
13.02.	100. Geburtstag Ludwig Mies van der Rohe	1	50
10.04.	Serie „Für die Jugend" mit Zuschlägen zugunsten der Stiftung Deutsche Jugendmarke e. V. (Motive: Handwerksberufe)	4	50 + 25 60 + 30 70 + 35 80 + 40
10.04.	XVI. Europäischer Gemeindetag des Rates der Gemeinden Europas 1986 in Berlin	1	60
05.05.	100. Todestag Leopold von Ranke	1	80
05.05.	100. Geburtstag Gottfried Benn	1	80
20.06.	Portale und Tore in Berlin	3	50 60 80
14.08.	200. Todestag Friedrich der Große	1	80
16.10.	Serie „Für die Wohlfahrtspflege" mit Zuschlägen zugunsten der Bundesarbeitsgemeinschaft der Freien Wohlfahrtspflege e. V. (Motive: Kunstgegenstände)	4	50 + 25 60 + 30 70 + 35 80 + 40
13.11.	Weihnachtsmarke mit Zuschlag zugunsten der Bundesarbeitsgemeinschaft der Freien Wohlfahrtspflege e. V. (Motiv: Weihnachtliche Darstellung)	1	50 + 20

Änderungen vorbehalten

Damit Briefmarkensammler Freude am Hobby haben:

Versandstellen für Postwertzeichen

Postfach 2000, 1000 Berlin 12
Postfach 2000, 6000 Frankfurt 1
Postfach 2000, 8480 Weiden

Post – der Partner für Ihr Hobby

M

Bist du Briefmarkensammler? Erzähle etwas von deiner Sammlung. Woher kommt die erste Briefmarke der Welt? Wie alt ist sie jetzt?

E12

a) At whom is this advertisement aimed?

b) What could you get from the three addresses listed?

E13

Match the commemorative stamps below with the dates they were to be issued.

1	International peace year
2	Protection of monuments
3	Centenary of the death of King Louis II of Bavaria
4	Gates in Berlin
5	Important buildings in West German history
6	Bicentenary of Frederick the Great's death
7	Conservation of nature and the environment
8	Christmas
9	Sports (themes including showjumping)
10	Youth

A	10.4.86
B	5.5.86
C	20.6.86
D	5.5.86
E	13.2.86
F	13.11.86
G	20.6.86
H	14.8.86
J	14.8.86
K	20.6.86

Postgiro und Postsparen.

Eine Information für junge Leute.

PostGiro • PostSparen

Ihr Sparbuch bei der Post.

Wenn Sie nun bald in den Beruf gehen und eigenes Geld verdienen, wird es für Sie leichter sein, ein paar Mark auf die hohe Kante zu legen. Vielleicht für die HiFi-Anlage, für das Motorrad oder sogar für ein Auto. Fangen Sie am besten gleich mit dem Sparen an – das Postsparbuch hilft Ihnen dabei und bringt außerdem noch gute Zinsen.

Der ideale Begleiter für unterwegs.

Wie angenehm, wenn Sie unterwegs nicht so viel Bargeld mitnehmen müssen. Besser das Postsparbuch einstecken – das ist sicherer. Überall bei der Post können Sie Geld abheben. Und das nicht nur bei uns im Lande, sondern auch in vielen Ländern Europas. Wo Sie als Postsparer überall Geld bekommen, sagt Ihnen die kleine Broschüre „Sie reisen gut mit dem Postsparbuch". Fragen Sie danach am Postschalter.

Ihr Girokonto bei der Post.

Spätestens nach der Schulzeit ist es für Sie nützlich, das Girokonto bei der Post. Dann nämlich, wenn Sie regelmäßiges Einkommen haben: Ausbildungsbeihilfe, Bafög, Lohn oder Gehalt. Das Girokonto bei der Post hat übrigens einen eigenen Namen. Es heißt „Postscheckkonto".

Bargeld bei der Post.

An allen Werktagen, also auch samstags, können Sie bei einem Postamt Ihrer Wahl Geld von Ihrem Postscheckkonto abheben. Das geht schnell und unkompliziert.
Und sobald Sie 18 sind und regelmäßig verdienen, bekommen Sie auf Wunsch eurocheques und eine eurocheque-Karte. Damit können Sie einkaufen und bezahlen – überall dort, wo das blau-rote ec-Zeichen zu sehen ist.

Z1

Find the German for:

1) To save for a rainy day
2) Good interest rates
3) Cash
4) To withdraw money
5) Regular income
6) Wage
7) Salary

E14

a) Mention two things that the advertisement says you might want to save for.

b) Why is the savings passbook referred to as "the ideal companion"?

c) When should you open a checking account?

d) When and where could you withdraw your money?

e) Where can you use a Eurocheck and Eurocard?

B Geld für die Reise

Ausländische

Währungen. Bei der Post.

Wer ausländische Währungen vor allem für die ersten Tage im Ausland braucht, z.B. fürs Taxi, für eine Erfrischung, für Autobahngebühren, für eine Mahlzeit, für Benzin oder eine Straßenkarte, findet Hilfe bei der Post. Bei vielen Postämtern in Großstädten, an Flughäfen, in Fremdenverkehrs- und Grenzorten können die gängigsten Währungen gekauft und auf der Rückreise auch verkauft werden. Die Kurse richten sich nach den aktuellen Notierungen. Umtauschgebühren werden nicht berechnet. Wenn es also um Geldumtausch geht: Die Post ist für Sie da. Mit ihrem bewährten Service.

PostGiro. Das clevere Konto.

PostSparen. Macht Geld aktiv.

Prosp 658 710 071 **Post**

E15

a) Name four instances in which you might need foreign currency during the first few days abroad.

b) Mention three places where you could find post offices to change money for you.

DEUTSCHE VERKEHRS-KREDIT-BANK
Wechselstube Düsseldorf Hauptbahnhof

Kurstabelle Unverbindliche Richtkurse — 11. 3.

Belgien Franc (DM 1,– = 20 bfrs)		Niederlande Gulden (hfl) (DM 1,– = 1,12 hfl)		England Pfund (£) (DM 1,– = –,30 £)	
bfrs	DM	hfl	DM	£	DM
1	–,05	1	–,90	–,10	–,34
10	–,50	3	2,69	–,50	1,69
50	2,48	5	4,48	1,–	3,38
100	4,95	10	8,95	3,–	10,14
250	12,38	25	22,38	5,–	16,90
350	17,33	35	31,33	7,–	23,66
500	24,75	50	44,75	10,–	33,80
750	37,13	75	67,13	15,–	50,70
1000	49,50	100	89,50	25,–	84,50
1500	74,25	150	134,25	35,–	118,30
3500	173,25	350	313,25	50,–	169,––
Einfuhr frei Ausfuhr frei		Einfuhr frei Ausfuhr frei		Einfuhr frei Ausfuhr frei	

E = Einfuhr / A = Ausfuhr von Bargeld in Landeswährung pro Pers.

- **An- und Verkauf von ausländischen Währungen und Reiseschecks**
- **Bargeld gegen eurocheque und Kreditkarten**

REISEGELD FÜR ALLE WELT

DEUTSCHE VERKEHRS-KREDIT-BANK
DVKB – in großen Bahnhöfen, Flughäfen, an Autobahnen

E16

a) Where in Düsseldorf did this card showing exchange rates come from?

b) Name two other kinds of places where travelers might find the DVKB.

Wann brauchen Sie EUROCARD?

Wenn Sie ...

- häufig geschäftlich oder privat im Inland oder Ausland unterwegs sind
- im Flugzeug reisen
- Mietwagen benutzen
- Kongresse, Messen, Ausstellungen besuchen
- auf Ihren gewohnten Lebensstil auch unterwegs nicht verzichten möchten
- von einer Reise gern Souvenirs mitbringen
- Gäste oder Geschäftsfreunde zum Essen ausführen
- spontane Einkäufe lieben
- sich nicht gern mit dem ständigen Wechseln und Umrechnen fremder Währungen beschäftigen

...dann haben Sie mit EUROCARD das genau passende Zahlungsmittel!

E17

Above are nine reasons why you might need a EUROCARD. Name any five.

C Telefonieren

Wo und wie Sie telefonieren können

Telefonieren können Sie von jedem Postamt oder von einem der vielen gelben Telefonhäuschen aus. Natürlich auch von Ihrem Hotel; erkundigen Sie sich dort jedoch am besten vorher, welche Aufschläge zu den amtlichen Gebühren erhoben werden.

Die Telefonhäuschen, von denen Sie Ihre Gespräche auch nach dem Ausland führen können, erkennen Sie an einem grünen Hinweisschild.

In den Telefonhäuschen finden Sie eines der beiden abgebildeten Münztelefone:

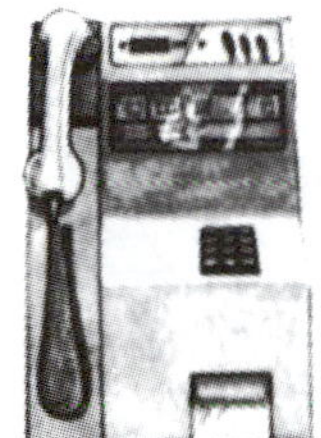

-,10 1,- 5,-

a.) für Gespräche in alle Länder mit Selbstwählferndienst,

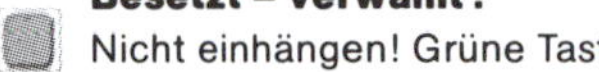

Besetzt – verwählt?
Nicht einhängen! Grüne Taste drücken, neu wählen.

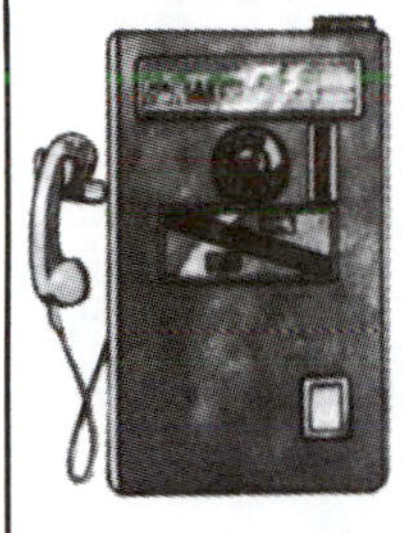

-,10 -,50 1,-

b.) für selbstgewählte Gespräche in alle europäischen Länder.

Das Fernsprechnetz ist bei uns vollautomatisch. Das heißt, Sie können alle Inlandsverbindungen selbst wählen, also ohne Vermittlung herstellen. Selbstwahl ist auch in mehr als 100 andere Länder möglich. Die folgende Tabelle gibt Ihnen Beispiele. Sie wählen zuerst die Kennzahl des Landes. Dann sofort anschließend die Kennzahl des gewünschten Ortsnetzes und die Rufnummer des Teilnehmers.

Was kostet es zu telefonieren?

Bei Gesprächen vom öffentlichen Münzfernsprecher empfiehlt sich der Einwurf von zunächst drei 10-Pfennig-Stücken. Sie können Münzen in beliebiger Reihenfolge nachwerfen. Abgerechnet wird in Gesprächseinheiten zu 0,23 DM nach der tatsächlichen Dauer. Restbeträge von angebrochenen Münzen werden nicht zurückgegeben.

Vorwahlnummern für Ferngespräche

Eine Übersicht über alle Landeskennzahlen für den Selbstwählferndienst und die am häufigsten gebrauchten Ortsnetzkennzahlen finden Sie in einem kleinen gelben Büchlein, AVON genannt. Das gibt's bei jeder Post oder auch in Ihrem Hotel.
Ruf doch mal an ... es kostet weniger als Sie denken!

Die Telefonauskunft

Wenn Sie Fragen haben, z.B. eine Landeskennzahl oder eine Telefonnummer suchen – rufen Sie unsere Auskunft an:
Für Ferngespräche im Bereich der Deutschen Bundespost sowie für Ferngespräche in die DDR und nach Berlin (Ost) 118 oder 0118
für Ferngespräche ins Ausland 00118

E18

a) Mention two places from which you can call.

b) Where could you call if you were in a telephone booth with a green sign?

c) If the line is busy, what should you NOT do?

d) How many countries can you call directly?

e) What steps do you have to follow?

f) How much money should you put in at first?

g) How can a booklet called AVON help you if you want to call abroad?

h) Why would you dial the numbers 118, 0118 or 00118?

Greifen Sie zum Fernsprechbuch. Dann haben Sie alles schwarz auf weiß.

Das Fernsprechbuch ist die Auskunft in den eigenen vier Wänden. Es ist nie besetzt. Man braucht es nur aufzuschlagen – schon findet man schnell, was man sucht. Schwarz auf weiß.
Darum rufen Sie bitte nicht gleich die Fernsprechauskunft an: dann ist sie nicht so oft besetzt und schneller für Sie da, wenn sie wirklich gebraucht wird.
Fragen Sie bitte erst Ihr Fräulein vom Amt in den eigenen vier Wänden: das Fernsprechbuch.

Post verbindet

E19

This is a notice asking people not to call directory assistance so often. What are they asked to do instead and why?

Wichtige Rufnummern

Notruf 110 ______ Feuerwehr 112 ______
Abweichende Notrufnummern tragen Sie bitte selbst ein.

Auskunft national	0/1188
Auskunft international	00118
Störungsdienst für Telefon und Bildschirmtext	0/1171
Telegrammaufnahme deutsche Spr.	0/1131
Telegrammaufnahme fremde Spr.	0/1133
Zeitansage	0/1191
Zahlenlotto/Rennquintett	0/1162
Fußballtoto	0/1161
Sportnachrichten	0/1163
Reisewetterbericht	0/11600

In Orten mit eigenem Fernmeldeamt entfällt die Null vor dem Schrägstrich.

Persönliche Rufnummern:

______ ______
______ ______
______ ______
______ ______
______ ______
______ ______

E20

Which number would you dial if you wanted:

a) Sports news
b) The time
c) The weather
d) The fire department
e) To report a problem with the telephone

Liebe Evelyn, lieber Peter!

Anbei ein Beitrag zu Euren Telefonspesen. Lieber Peter nimm Dir vor, für das kommende Jahr gekürzte Gespräche zu führen, sagen wir 5 Minuten – nimm Dir eine Uhr zum Anrufen mit!!!

Herzliche Grüße
Tante Hedi

E22

a) What is the writer enclosing with the letter?

b) What can we assume about the length of Peter's phone calls up to now?

c) What should he do in the year ahead?

d) What should he have with him when calling?

E21

What information is contained in the *Gelbe Seiten?*

„Wo bekomme ich . . . ?"

„Wer repariert mir . . . ?"

„Wer liefert uns . . . ?"

„Wie erfahre ich . . . ?"

In den Gelben Seiten stehen alle Branchen von A bis Z. Mit vielen ausführlichen Informationen über Angebot und Service.

Wo bekommt man was am besten . . . ? Gelbe Seiten – ist doch klar.

»Ich hatte gerade ein Ferngespräch mit Oma in New York. Es hat zehn Minuten gedauert, bis sie geraten hatte, wer ich war!«

E23

Read the cartoon, then re-read the letter above. What do you think is common to both?

Z2

Read the passage, then match the following German words with the correct English meaning.

RUF DOCH MAL ZU HAUSE AN . . . das geht ganz einfach und kostet wirklich nicht die Welt. Und in den meisten europäischen Reiseländern (zumindest in Großstädten und in den Urlaubsorten) können Sie Ihr Gespräch selbst wählen. Nach der Vorwahlnummer wählen Sie die jeweilige Ortsnetzkennzahl ohne die erste 0. Also z.B. für Hamburg nicht 040, sondern nur 40. Dann die Rufnummer Ihres Telefonpartners.

Und bitte erst dann wählen, wenn Sie einen Wählton hören. Wo besonders angegeben, ist nach den ersten Ziffern ein erneuter Wählton abzuwarten, bevor Sie weiterwählen können. Das kann manchmal etwas dauern. Ebenso kann auch nach der letzten Ziffer eine Minute vergehen, bis der Angerufene sich meldet. Haben Sie also etwas Geduld.

In vielen Ländern werden bei Münztelefonen unverbrauchte Münzen nicht zurückgegeben. Deshalb zunächst nur den Mindestbetrag einwerfen und erst nachzahlen, wenn Sie Ihren Partner erreicht haben.

1	*Selbst wählen*
2	*Münztelefone*
3	*Vorwahlnummer*
4	*Mindestbetrag*
5	*Unverbrauchte Münzen*
6	*Wählton*

A	Unused coins
B	Area code
C	Dial tone
D	Coin-operated phones
E	Minimum amount
F	Dial direct

D Die Bank

„Auf dieser Bank hab' ich Gabi…
… auf der anderen hab' ich mein Geld."

Für Berufsanfänger: „Konto kostenlos".

Und was noch?
Wir sind unbürokratisch, haben kurze Entscheidungswege, das dichteste Bankennetz in Deutschland, gute Beratung und ein Herz für junge Leute. Alles klar?

Wir bieten mehr als Geld und Zinsen.

Volksbanken · Spar- und Darlehnskassen

E24

a) Whom is the information about free banking intended for?

b) Name three advantages of banking with the *Volksbanken.*

Volksbanken Raiffeisenbanken

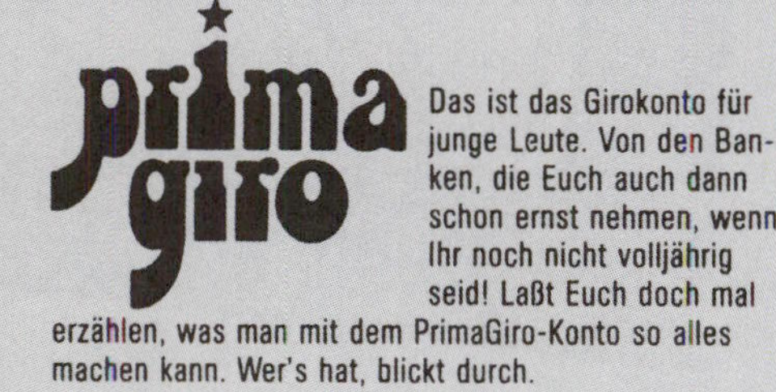

prima giro Das ist das Girokonto für junge Leute. Von den Banken, die Euch auch dann schon ernst nehmen, wenn Ihr noch nicht volljährig seid! Laßt Euch doch mal erzählen, was man mit dem PrimaGiro-Konto so alles machen kann. Wer's hat, blickt durch.

E25

a) Who would be likely to want to open a *PrimaGiro* account?

b) What is the attitude of *Volksbanken* toward young people?

„Unser neuer Geldbote. Die beste Sicherheit gegen Raubüberfälle!"

E26

What is the link between the bank and the tramp?

M

Sparst du für etwas? Warum willst du das haben? Ist es besser, bei der Post oder bei einer Bank zu sparen? Warum?

Die Zukunft in die eigenen Hände nehmen. Mit Herz und Verstand. Und der richtigen Bank.

Tradition und Fortschritt sind bei der Bayerischen Vereinsbank eine gute Verbindung eingegangen. Wir tun viel, um unsere Kunden persönlich zu betreuen und modernsten Bankservice zu bieten. Dabei helfen uns Computer, um die Wünsche von 1,5 Millionen Kunden schnell und zuverlässig zu bearbeiten. In vielen Bereichen von Beruf und Freizeit spielt der Computer eine immer größer werdende Rolle. Für Jugendliche ist es besonders wichtig, auf dem laufenden zu sein. Aus diesem Grund hat die Bayerische Vereinsbank den aktuellen **Spickzettel „Hinaus in die Zukunft"** herausgebracht, um jungen Leuten einen Einblick in die „Computerwelt" zu geben. Darüber hinaus gibt es in der **Spickzettel-Reihe** die Ausgaben „Bewerbung und Ausbildung" und „Vom Zweirad zum Lenkrad".
Selbstverständlich gratis. Reinschauen und durchblicken.

Filiale Würzburg
Eichhornstraße 2a, Telefon (0931) 389-1
Filiale Aschaffenburg
Weißenburger Straße 26, Telefon (06021) 3807-0

BAYERISCHE
VEREINSBANK
Ihre Bank mit Herz und Verstand

E27

a) The *Bayerische Vereinsbank* says that it makes great use of computers. Name one advantage of the computer in serving the bank's customers.

b) Why did the *Vereinsbank* publish its information booklet *"Hinaus in die Zukunft"*?

c) Mention the title of another *Vereinsbank* publication that young people would find helpful when applying for a job or when considering training for a career.

d) What is the cost of the information booklets referred to?

Wer früh viel erreichen will, braucht von Anfang an die richtige Bank.

Sie haben den Willen und den Ehrgeiz vorwärtszukommen. Aber Sie wissen auch, daß neben dem Quentchen Glück vor allem Wissen und Erfahrung dazugehören.
Gerade hier können Sie von einer erfahrenen Bank profitieren.

Deutsche Bank
Filiale Recklinghausen

E28

a) This advertisement is aimed at ambitious young people. What does it say they need at the start of the road to success?

b) Mention the particular quality that the *Deutsche Bank* claims for itself.

Chapter 8
Gesundheit

A Arzt und Apotheke

Elternfragebogen

Die Angaben sind für den Schularzt bestimmt, um die Untersuchung Ihres Kindes zu erleichtern. Sie werden streng vertraulich behandelt. **Bitte Zutreffendes ankreuzen.**

Familienname des Kindes: *Schulte* Vorname: *Thomas* Geb.-Datum: *1·8·71*

Anschrift: *Ahornstraße 8, 4352 Herten*

Name und Anschrift der Eltern (Erziehungsberechtigten): *Walter u. Hildegard Schulte*

Telephon: *02361/23548*

Beruf des Vaters: *Lehrer* Geburtsjahr der Geschwister:

Beruf der Mutter: *Krankenschwester* *1969*, *1975*, *1980*,

Sind die Eltern zuckerkrank?	Vater ☐ ja	☒ nein	Mutter ☐ ja	☒ nein
Sind die Eltern übergewichtig?	Vater ☐ ja	☒ nein	Mutter ☐ ja	☒ nein

Welche Infektionskrankheiten hat das Kind durchgemacht?

Masern	☒ ja	☐ nein	Scharlach	☐ ja	☒ nein
Röteln	☐ ja	☒ nein	Diphtherie	☐ ja	☒ nein
Keuchhusten	☐ ja	☒ nein	Kinderlähmung	☐ ja	☒ nein
Mumps	☐ ja	☒ nein	Gelbsucht	☐ ja	☒ nein

Welche anderen Krankheiten hat das Kind durchgemacht?

Erkrankungen der Nieren	☐ ja	☒ nein
Erkrankungen der ableitenden Harnwege	☐ ja	☒ nein
Akute Gelenksentzündungen	☐ ja	☒ nein
Häufige Anginen	☐ ja	☒ nein
Sonstige schwere Erkrankungen oder Operationen		

Wurde das Kind gegen Tuberkulose (BCG-) geimpft? ☒ ja ☐ nein

Leidet das Kind an:

Asthma bronchiale	☐ ja	☒ nein
Allergie (Ekzem, Heuschnupfen, Überempfindlichkeit gegen bestimmte Stoffe)	☒ ja	☐ nein
Zuckerkrankheit	☐ ja	☒ nein
Ohnmachten	☐ ja	☒ nein
Anfallsleiden	☐ ja	☒ nein
Kopfschmerzen	☐ ja	☒ nein
Schlaflosigkeit	☒ ja	☐ nein
Chronische Mittelohrentzündung (Trommelfellverletzung)	☐ ja	☒ nein
Schnarcht das Kind auffällig?	☐ ja	☒ nein
Hat das Kind Sehfehler	☐ ja	☒ nein
Hörfehler	☒ ja	☐ nein
Sprachfehler	☐ ja	☒ nein
Ist das Kind Bettnässer	☐ ja	☒ nein
Nägelbeißer	☒ ja	☐ nein
Linkshänder	☒ ja	☐ nein
Kann das Kind schwimmen?	☒ ja	☐ nein

Bundesministerium für Gesundheit und Umweltschutz, Efbg. 1978 G U II 6 01 Bundesm. f. Unterr. u. Kunst

M

Hast du Infektionskrankheiten durchgemacht? Welche? Gegen welche Krankheiten bist du geimpft worden?

E1

a) What infectious disease has Thomas Schulte had?

b) What other illnesses has he had?

c) Name two conditions that he suffers from?

d) What would you notice about his fingernails?

e) What ability does he have in a particular sport referred to?

J. H. Wegerhoff
Praktischer Arzt
Arzt f. Frauenheilkunde u. Geburtshilfe

Martinistraße 17
4350 Recklinghausen
Tel. (0 23 61) 4 36 62

Zusammenstellung der häufigsten Abrechnungsziffern gemäß GOÄ vom 12.11.1990

Beratungen
1 Beratung bei Tage, auch telefonisch
1A Ausstellung einer Wiederholungsverordnung
2 Beratung (auch Telefon) außerhalb der Sprechstunde
3 Beratung (auch Telefon) bei Nacht-20 bis 8 Uhr
4 Beratung (auch Telefon) an Sonn-u. Feiertagen
1B Eingehende Beratung, das gewöhnl. Maß übersteigend, ggf. einschl. Untersuchung, Dauer 15 Minuten

Besuche
5 Besuch
6 Dringender Besuch
6A Besuch aus der Sprechstunde sofort ausgeführt
7 Besuch bei Nacht - 20 bis 22, 6 bis 8 Uhr
7A Besuch bei Nacht - 22 bis 6 Uhr
8 Besuch an Sonn-und Feiertagen
11A Wegepauschale bei Tage - 11B Bei Nacht
12A Wegegeld je km bei Tage- 12B Bei Nacht
9A Verweilgebühr je angefangene halbe Stunde, am Tage
9B Verweilgebühr bei Nacht zwischen 20 und 8 Uhr

Berichte und Bescheinigungen
15 Befundbericht
14 Arbeitsunfähigkeitsbescheinigungen

Eingehende Untersuchungen
65 Eingehende, das gewöhnliche Maß übersteigende Untersuchung
65B Zusätzlich zu 65 für die eingehende Untersuchung mehrerer Organsysteme

Physiotherapie
500 Inhalation
548 Mikrowellenbehandlung
549 Mikrowellenbehandlung (mehrmalig)
551 Reizstrombehandlung
3305 Chiropraktische Wirbelsäulenmobilisierung
3306 Chirotherapeutische Wirbelsäulenmobilisierung

Injektionen
250 Blutentnahme
252 Injekt. i.m.
253 Injekt. i.v.
254 Injekt. intraartikulär
260 Quaddelbehandlung je Sitzung
267 Infiltrationsbehandlung je Sitzung
270 Paravertebrale Infilt. bei einmaliger Applikation
271 dito bei mehrmaliger Applikation
328 Punktion eines kleinen Gelenkes
381 Toxoid-Zweitinjektion
382 Simultan-Impfung (z.B. Tetanol-Tetagam)

Anaesthesien
267 Heilanaesthesie
490 Lokalanaesthesie kleiner Bezirke
491 Lokalanaesthesie großer Bezirke
493 Leitungsanaesthesie

Verbände
200 Verband
203 Kompressionsverband
212 Schienenverband

J. H. Wegerhoff
prakt. Arzt
Telefon (02361) 4 36 62

Konto:
Stadtsparkasse Recklinghausen,
Kto.-Nr. 1743 (BLZ 426 500 30)

J. H. Wegerhoff, Martinistraße 17, 4350 Recklinghausen

Arztrechnung

Herrn / Frau / Frl. / für Kind / Ehegatte / Angeh.: Sheena Gavaghan
184 Leasowe Road
Wallasey
Merseyside 1458LN

vom 23.05.

DM 29,70

Zahlbar ohne Abzug innerhalb 4 Wochen

Diagnose(n) Insektenstichallergie

19	Spezifikation (BMÄ/GOÄ)	
21.05.	1	7,20
	65	10,60
	200	4,70
23.5.	1	7,20
		29,70

Bestell-Zeichen PR 1, ORGAmed, Lessingstr. 8, 6000 Frankfurt 1 – Nachdruck verboten!

Betrag dankend erhalten am 23.05. 19

J. H. Wegerhoff
4350 Recklinghausen

E2

While on a school trip to Germany, Shenna Gavaghan suffered from the effects of a severe gnat bite. She had to go to Dr. Wegerhoff. Above is the bill she received after treatment. The numbers in the itemized column are explained in the list on the left, which she was also given. For what three different things was she charged?

J. H. Wegerhoff
praktischer Arzt
Martinistraße 17 - Ruf 18 23 33
4350 RECKLINGHAUSEN
Sprechstunden:
Mo, Di, Fr 8.30—11.00 und 15.00—17.00 Uhr
Mi 8.30—11.00 Uhr; Do 8.30—11.00 und 16.00—19.00 Uhr

Recklinghausen, den 21.5

Rp.

Engel-Apotheke
Udo Gröbner
21 MAI
Kurfürstenwall 2 Tel 24424
4350 Recklinghausen

Above is the prescription that Sheena Gavaghan received from Dr. Wegerhoff. On the right you can see the two boxes containing the medication she received. Study them closely, then answer the questions about them.

M

Glaubst du, daß ärztliche Behandlung und Arzneimittel gebührenfrei sein sollten? Warum (nicht)?

Thrombareduct®-60 000 Salbe

Zur tiefenwirksamen Transkutan-Therapie von Venenentzündungen, Thrombosen, Thrombophlebitis, Sport- und Unfallverletzungen, Narbenverhärtungen

hochdosierte Spezial-Salbe mit 60 000 Einheiten Heparin/100 g

100 g

entzündungshemmend – abschwellend – schmerzlindernd – kühlend

Wenn vom Arzt nicht anders verordnet, Thrombareduct-60 000-Salbe mehrmals täglich in die Haut über den erkrankten Bezirken einmassieren.
Bitte Packungsbeilage beachten!
100 g Salbe enthalten: Heparin-Natrium (Mucosa) 60 000 USP-Einheiten
Apothekenpflichtig Reg.-Nr. 46 948
AZUCHEMIE Dr. med. R. Müller GmbH & Co., 7016 Gerlingen/Stuttgart

AZU CHEMIE

ENGEL-APOTHEKE 2152 26,– Recklinghausen

E3

a) What kind of product is Thrombareduct?

b) Name any one of the ailments listed for which it can be used.

c) How often should Sheena have used it?

d) How should she have applied it?

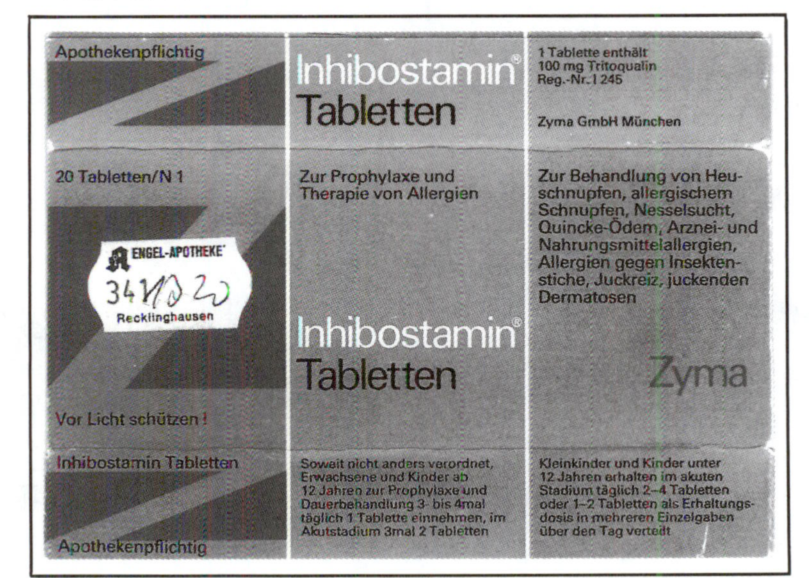

Apothekenpflichtig
20 Tabletten/N 1
ENGEL-APOTHEKE
Recklinghausen
Vor Licht schützen!
Inhibostamin Tabletten
Apothekenpflichtig
Inhibostamin® Tabletten
Zur Prophylaxe und Therapie von Allergien
Inhibostamin® Tabletten
Soweit nicht anders verordnet, Erwachsene und Kinder ab 12 Jahren zur Prophylaxe und Dauerbehandlung 3- bis 4mal täglich 1 Tablette einnehmen, im Akutstadium 3mal 2 Tabletten
1 Tablette enthält 100 mg Tritoqualin Reg.-Nr. 1 245
Zyma GmbH München
Zur Behandlung von Heuschnupfen, allergischem Schnupfen, Nesselsucht, Quincke-Ödem, Arznei- und Nahrungsmittelallergien, Allergien gegen Insektenstiche, Juckreiz, juckenden Dermatosen
Zyma
Kleinkinder und Kinder unter 12 Jahren erhalten im akuten Stadium täglich 2–4 Tabletten oder 1–2 Tabletten als Erhaltungsdosis in mehreren Einzelgaben über den Tag verteilt

E4

a) Where did Sheena buy these tablets?

b) Apart from insect bites, name any two other ailments for which the tablets can be taken.

c) Sheena Gavaghan is a teenager. How often did she have to take these tablets during the acute stage of the allergy?

JEDE ZIGARETTE WENIGER IST EIN ERFOLG!

Für alle, die das Rauchen aufgeben oder erheblich einschränken wollen, gibt es die Nikotin-Entwöhnungskur Stop Smoking.

Kauen Sie nur drei bis vier Stop Smoking pro Tag. Sie werden danach merken, daß Ihnen die Zigarette einfach nicht mehr schmeckt.

Machen Sie einen neuen Anfang. Holen Sie sich Stop Smoking aus der Apotheke.

STOP SMOKING
Nikotin-Entwöhnungskur
Pharma Stroschein, 2000 Hamburg

E5

a) How many of these tablets should be taken per day?

b) How should the tablets be taken?

c) What effect do they have?

Unkonzentriert? Keine Ausdauer? Schlechte Noten?

GLUTIAGIL®

Biologisches Gehirn- und Nerven-Tonikum

Anwendungsgebiete:
- hilft die Schulleistungen zu steigern
- erhöht die Konzentration und Ausdauer
- verhindert allzu rasche Lernmüdigkeit
- verbessert das Gedächtnis und die Nerven

GLUTIAGIL gibt es als Sirup und Dragees ohne Rezept in Apotheken. Hersteller: Mindel-Pharma, 8948 Mindelheim

E9

a) In what four ways could Glutiagil help schoolchildren?

b) How can it be taken?

ASPIRIN®
Die Tablette mit der reinen Substanz.

gegen Schmerzen und Fieber bei Erkältungskrankheiten (grippale Infekte). Aspirin ist gut verträglich.

E6

For what two things would you take aspirin?

M

Welche Arzneimittel kann man rezeptfrei bekommen?

®Otriven gegen Schnupfen

E8

How could Otriven help you?

anginetten®
gegen Halsentzündungen

E10

What would you be suffering from if you took Anginetten?

Gegen Akne und hartnäckige Pickel

DDD Hautmittel hilft gegen Akne, Ausschlag und Pickel. DDD bringt meist rasch Besserung, hemmt Entzündungen, fördert den Heilprozeß.

Hier hilft DDD Hautmittel

DDD bei Ekzemen, Juckreiz, Offenen Beinen und Akne. Nebenwirkungen nicht bekannt. DDD Labor · Berlin

E7

a) Name any two things for which you might take DDD.

b) What are we told about side effects?

Sogenannte
Fieberbläschen
an den Lippen

kann man vermeiden,
wenn man rechtzeitig
VIRUDERMIN®
anwendet.

Erhältlich in allen Apotheken

Anw.: als Adstringens bei Herpes labialis.

ROBUGEN GMBH 7300 Esslingen

E11

a) What could Virudermin help you to avoid if you took it in time?

b) Where can you buy it?

Gebrauchsinformation
Wichtige Information, aufmerksam lesen!

tetesept® Husten Saft

Bei Husten, Heiserkeit, katarrhalischen Erkrankungen der oberen Luftwege

ZUSAMMENSETZUNG:

100 g Saft enthalten:
10 g Extr. Plantaginis lanceolatae fluidum Erg. B. 6 in Sirupgrundlage.

ANWENDUNGSGEBIETE:

Bei Husten, Heiserkeit, katarrhalischen Erkrankungen der oberen Luftwege, zur Linderung bei asthmatischen Beschwerden.

DOSIERUNG UND ANWENDUNGSWEISE:

tetesept Husten Saft kann unverdünnt eingenommen werden, aber auch in Milch, Wasser oder Tee.

Soweit nicht anders verordnet, nehmen Säuglinge zu Beginn der Behandlung alle 2–3 Stunden 1/2 Teelöffel, Kinder 1 Teelöffel und Erwachsene 1 Eßlöffel Husten Saft.
Zur Fortsetzung der Behandlung genügt für Säuglinge 3–4 mal täglich 1/2 Teelöffel, für Kinder 1 Teelöffel und für Erwachsene 1 Eßlöffel.

DARREICHUNGSFORM UND PACKUNGSGRÖSSE:

Flasche mit 150 g Saft

Arzneimittel sorgfältig aufbewahren!
Vor Kindern sichern!

E12

a) What is tetesept?

b) In what four ways can it be taken?

c) How much tetesept should children take, and how often?

Quadronal® A

20 Tabletten N2

Schmerzmittel: z. B. bei Kopfschmerzen, Zahnschmerzen, Glieder- und Rheumaschmerzen und Erkältungskrankheiten

Zum Einnehmen · Packungsbeilage beachten!
Dieses Arzneimittel soll ohne ärztlichen oder zahnärztlichen Rat nicht längere Zeit oder in höheren Dosen angewendet werden.

E13

For what might you take Quadronal A?

Mundisal® Gel 10 g

zur lokalen Anwendung bei Entzündungen, Verletzungen, Schmerzen, Geschwüren im Mund- und Rachenraum.

Zur lokalen Anwendung: Das Gel wird mit dem sauberen Finger auf die schmerzhafte und erkrankte Stelle aufgetragen und leicht einmassiert. Je nach Stärke der Beschwerden wird das Auftragen, soweit nicht anders verordnet, alle zwei bis drei Stunden wiederholt.

Reg.-Nr. M 1071 Apothekenpflichtig

mundipharma
Mundipharma GmbH
6250 Limburg (Lahn)

E14

a) Mention three disorders for which Mundisal Gel might be used.

b) How would you use it?

c) How often?

Unzerkaut schlucken.
Dosierung nach Anweisung des Arztes.
Gebrauchsinformation beachten!

E15

a) What should you not do with these tablets?

b) What are we told about dosage?

Dosierung:
3 bis 5mal täglich 20 - 30 Tropfen eine Viertelstunde vor den Mahlzeiten einnehmen.

E16

a) In what form is this medication taken?

b) When should it be taken?

Falls vom Arzt nicht anders verordnet, beträgt die Dosis für Erwachsene und Kinder über 12 Jahre 2 Dragees morgens und 2 Dragees abends. Einnahme jeweils unzerkaut nach den Mahlzeiten.
Packungsbeilage beachten!

E17

a) In what form would you take the medication referred to here?

b) How often, and in what quantity should it be taken?

GESUNDHEIT FÜR UNSERE KINDER

ARZNEIMITTEL

- Medikamente generell außer Reichweite von Kindern aufbewahren. Ein abschließbarer Medikamentenschrank im Schlafzimmer ist für die Aufbewahrung von Arzneimitteln am besten geeignet.
- Bunte Pillen sind für kleine Kinder verführerisch. Lassen Sie deshalb Medikamente nach Gebrauch nicht frei herumliegen.

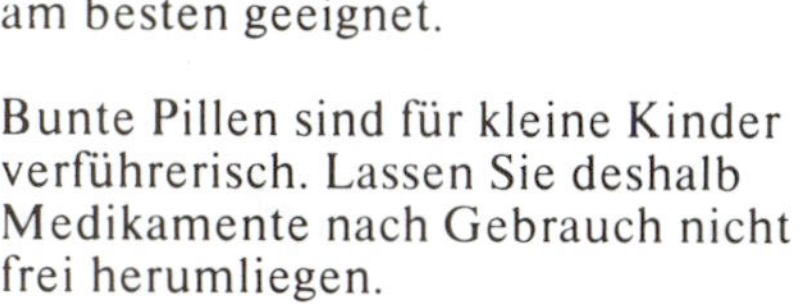

- Auch wohlschmeckende, für Kinder bestimmte Arzneien nur verabreichen, nicht selbst einnehmen lassen.
- Auch Salben sind Arzneimittel, die sorgfältig verwahrt werden müssen, da viele Wirkstoffe Schädigungen hervorrufen können.

E19

While sitting in the doctor's waiting room while on vacation in Germany, you pick up this announcement because it looks amusing. You find, however, that its content is serious.

a) What does the heading at the top tell you it is about?

b) What does it say about storing medicines?

c) What is said about colored tablets?

d) What is said about children's tablets with a nice taste?

e) What other kind of medication is referred to?

M

Glaubst du, daß man das Rauchen in der Schule erlauben soll? Warum (nicht)? Warum rauchen junge Leute deiner Meinung nach?

Junge Leute fangen viel zu früh mit dem Rauchen an. Auch, weil Schulen es erlauben

Gefahr für junge Raucher

(Nr. 7/86 – Das Telefon-Interview: Warum Raucherzimmer in den Schulen?)

Auch ich bin empört, daß unsere beiden Kinder (16 und 17) durch Klassenkameraden, die sich in der Pause ins Raucherzimmer verziehen, immer wieder in Versuchung geraten. Erst kürzlich sagte mir unser Hausarzt, daß Arterienverkalkung, die zum Herzinfarkt führen kann, bei vielen jungen Menschen vorprogrammiert ist, wenn sie schon früh mit dem Rauchen anfangen. Unbegreiflich ist es mir deshalb, daß es nicht möglich sein soll, das Rauchen in den Schulen zu verbieten. Oder andersherum: Welcher Teufel hat seinerzeit die Verantwortlichen geritten, die das Rauchen in den Schulen eingeführt haben?

Elsbeth Gerber, 8000 München

E20

a) Why is Elsbeth Gerber so angry?

b) What, in the opinion of her family doctor, could eventually happen to young people who smoke?

c) What would she like schools to do about smoking?

Arzneimittel! Für Kinder unzugänglich aufbewahren!

E18

What does this instruction mean?

Gesundheit und Medizin –

Das müssen alle Mütter wissen
Medikamente für Kinder nur auf ärztlichen Rat

Kinder sind nicht einfach kleine Erwachsene. Deshalb sollten Kinder besonders in den ersten Lebensjahren nur auf ärztlichen Rat mit Medikamenten behandelt werden. Denn: Was Erwachsenen hilft, kann Kindern schaden, auch wenn man ihnen nur die Hälfte einer Medikamenten-Dosis gibt.

Die Behandlung von Kindern mit Medikamenten erfordert besondere Vorsicht, weil ihre Organe, die für die Verarbeitung, den Abbau und die Ausscheidung von Heilmitteln sorgen, noch nicht ausgereift sind. Das ist auch der Grund, warum der kindliche Organismus auf Medikamente anders reagiert als Erwachsene.

Wenn es darum geht, eine harmlose Kinderkrankheit zu behandeln, sollte man sich an bewährte Hausmittel aus Großmutters Zeit erinnern.

- Leicht erhöhte Temperatur senkt man mit Hilfe von Waden- und Beinwickeln, die man in Essigwasser tränkt.
- Erkältungen vertreibt man mit Inhalationen mit dampfendem Kräutertee oder mit einem Kamillenextrakt-Dampf.
- Durchfall kann man mit Cola-Getränken und Salzstangen stoppen.
- Ein wirksames Mittel gegen den gefährlichen Flüssigkeits-Verlust bei Durchfall: Fünf Apfelsinen auspressen, mit abgekochtem Wasser auf einen Liter auffüllen, einen Teelöffel Salz hinzufügen.

Um Krankheiten vorzubeugen, sollte man Kinder von klein auf an eine Mischkost gewöhnen.

E21

Your sister is a nurse and happens to see this article in a magazine you have brought back from your school trip to Germany. She immediately recognizes that it has something to do with medicine. She asks you what it is about.

a) Tell her what the boxed headline means.

b) What treatment does the article say could safely be given to children for:
1. A slightly raised temperature 2. colds
3. Diarrhea 4. Dehydration caused by diarrhea.

Euspirax® comp.

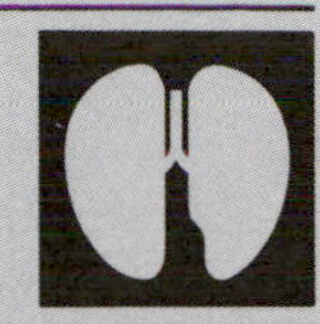

Ihr Arzt hat Ihnen EUSPIRAX comp. verordnet. Sie leiden an Husten und Atemnot. EUSPIRAX comp. befreit Sie von diesen Beschwerden. Langfristig wird die Behandlung jedoch noch günstiger verlaufen, wenn Sie selbst dabei mithelfen. Dazu müssen Sie einiges über Ihre Lunge und Ihre Krankheit wissen.

Über 10.000 Liter Luft atmet Ihre Lunge pro Tag. Diese Luft gelangt über feine und feinste Verästelungen der Luftröhre – die sogenannten Bronchien – in die Lunge.

Die Luft ist bekanntlich nicht immer rein, sie enthält Staub, Rauch und andere Schadstoffe und ist außerdem häufig feucht und kalt. Gegen schmutzige Luft wehren sich die Bronchien, indem sie sich verengen.

Zusätzlich produziert die Lunge Schleim, der die Schadstoffe umhüllt. Ergebnis: die Bronchien verstopfen, Sie leiden an Husten und Atemnot.

In EUSPIRAX comp. sind zwei Wirkstoffe enthalten, die die verengten Bronchien erweitern und den zähen Schleim lösen. Sie können wieder freier atmen. Voraussetzung ist allerdings, daß Sie EUSPIRAX comp. genau nach Vorschrift Ihres Arztes einnehmen: Nur eine regelmäßige Einnahme garantiert den Behandlungserfolg auf Dauer!

Z1

Find the German for:

1) Prescribed
2) Coughing
3) Complaints
4) Treatment
5) Illness
6) Harmful substances
7) Dirty air
8) To breathe more freely
9) According to doctor's orders
10) Only by taking it regularly

E22

a) What ailment would you take these tablets for?

b) How could you obtain them?

Bewährte Arzneimittel aus Ihrer Apotheke

Heuschnupfen?

Calcistin®

Dragées:

- wirken schnell
- lindern rasch Nieß- und Juckreiz.

Rezeptfrei in Ihrer Apotheke.

Calcistin® Dragées gegen Überempfindlichkeitsreaktion der Haut und Schleimhäute, wie Heuschnupfen und Nesselsucht. **Gegenanzeigen:** Nicht anwenden bei Säuglingen und Kleinkindern. **Nebenwirkungen:** Höhere Dosierung kann Müdigkeit hervorrufen.
Hestia Pharma GmbH, 6800 Mannheim 31.

Viele Monate im Jahr ist Pollenzeit.

Jeder reagiert auf bestimmte Pollen; nur wenige sind gleichzeitig auf ganze Pollengruppen (z. B. verschiedene Gräser) allergisch. Deshalb gibt es Heuschnupfen fast das ganze Jahr über. Ab Januar/Februar treten die Baumpollen (Birke, Erle, Hasel u. a.) auf; es folgen die Gräserpollen und die Pollen verschiedener Getreidearten. Im Herbst schließlich kommen die Kräuterpollen.
Nicht nur die Jahreszeit, sondern auch die Wetterlage spielt eine Rolle: Ist es heiß, sonnig, trocken und windig, so kommt es zu vermehrtem Pollenflug und die Beschwerden sind deshalb besonders stark ausgeprägt. Ist der Tag kühl, bewölkt, windstill und regnerisch, sind viele Patienten meist beschwerdefrei.

E23

a) Why does hay fever exist at all times of the year?

b) What four kinds of weather are bad for hay fever?

c) What four kinds of weather usually prevent it?

ARZT-HONORAR

Rechnung auch bei Nichterscheinen

Wer einen fest vereinbarten Arzt-Termin versäumt und nicht vorher absagt, kann zur Kasse gebeten werden. Anspruch auf „Ausfall-Honorar" hat jeder Arzt, wenn er länger als eine halbe Stunde auf seinen säumigen Patienten warten mußte, wenn kein anderer Patient aus dem Sprechzimmer statt dessen behandelt werden konnte und er ausdrücklich auf diese finanziellen Folgen – die die Kasse nicht übernimmt – aufmerksam gemacht hat. Grundlage ist ein Urteil des Bundessozialgerichtes (Az 6 RKa 29/69).
Rufen Sie Ihren Arzt also immer an, falls Sie mal einen Termin verschieben müssen. Sonst kann Sie das ab 30 Mark aufwärts kosten. Besonders teuer: versäumte Termine beim Zahnarzt oder Psychiater.

E24

In Germany you have to pay for a missed appointment at the doctor's office. You also have to pay if you are more than half an hour late. What are you therefore advised to do if you know you are going to miss an appointment?

Medikamente im Urlaub

„Es gibt kein Medikament, das bei extremen Klima-Einflüssen vor Veränderungen sicher ist", so Prof. Fritz Kemper, Direktor des Institutes für Pharmakologie und Toxikologie (Münster). Auch Salben und Kosmetika können sich durch Hitze und Feuchtigkeit verändern und plötzlich unangenehme Nebenwirkungen haben. Besondere Vorsicht ist bei Kapseln, Säften, Tropfen und Dragees, die geschluckt werden, Darmzäpfchen, Augensalben, Nasen- und Ohrentropfen geboten. Bewahren Sie deshalb auf Urlaubsfahrten Arzneimittel und Kosmetika stets kühl auf.

E25

If you take medicines with you on vacation, it is important to know that they can be affected by a change of climate. With what kinds of medicine must you be especially careful? Name four.

B Notdienste

Notdienste

Ärztlicher Notdienst (Hausbesuche) von samstagmorgen 8 Uhr bis dienstagmorgen 7 Uhr, ☎ 1 92 982.
Notfallpraxis geöffnet: Samstag, Sonntag und Montag von 9 bis 13 uhr und von 16 bis 20 Uhr. Zu erfragen ebenfalls unter ☎ 1 92 92. Diese Regelung gilt für die ganze Stadt bis auf drei Ausnahmen.
Hiltrup, Amelsbüren und Rinkerode: ☎ 0 25 01/12 63 (Auto Baader)
Zahnärztlicher Bereitschaftsdienst: Näheres ☎ 1 92 92. Sprechstunden samstags 10–12 Uhr, 15–17 Uhr, sonntags 10–12 Uhr.
Tierärztlicher Notdienst (f. kleine Haustiere) Um telefonische Anmeldung wird gebeten. 17. 05., 12.00 Uhr – 20. 05., 6.00 Uhr. Dr. Schwarzbeck, Brunnenstr. 10, ☎ 02 51/4 54 45.
Feuerwehr: Unfall und Notfall: ☎ 112.
Krankentransport Leitstelle: ☎ 20 25-250.
Apotheken Notdienst: Samstag: Spätdienst 9–21 Uhr **Apotheke am Drubbel** Roggenmarkt 1, ☎ 4 64 73 **Hubertus-Apotheke** Handorfer Straße 4, Münster-Handorf, ☎ 32 93 53. Spät- u. Nachtdienst 9–9 Uhr **Hubertus-Apotheke** Wolbecker Straße 139, ☎ 6 43 40 **West-Apotheke** Sentruper Höhe 29, ☎ 8 13 07 **Kirch-Apotheke** An der Alten Kirche 2, Münster-Hiltrup, ☎ 0 25 01/76 86. Sonntag: Spätdienst 9–21 Uhr **Apotheke auf der Geist** Elsässer Straße 10, ☎ 7 60 32 **Lamberti-Apotheke** Alter Fischmarkt 1, ☎ 4 44 18. Spät- u. Nachtdienst 9–9 Uhr **Einhorn-Apotheke** M.-Kinderhaus, Grevener Str. 311, ☎ 21 13 78 **Schwanen-Apotheke** Bremer Platz 26/28, ☎ 6 40 79. Pfingstmontag: Spätdienst 9–21 Uhr **Apotheke auf der Geist** Elsässer Str. 10, ☎ 7 60 32 **Lamberti-A.** Alter Fischmarkt 1, ☎ 4 44 18. Spät- u. Nachdienst 9–9 Uhr **Einhorn-A.** Grevener Str. 311, M.-Kinderhaus, ☎ 21 13 78 **Schwanen-A.** Bremer Platz 26/28, ☎ 6 40 79.
Für Wolbeck und Albersloh: Den diensthabenden Arzt erfahren Sie durch Anruf bei einem der Wolbeker o. Albersloher Ärzte.
Ärztlicher Bereitschaftsdienst für Soldaten der **BW Tag** und Nacht bei San.-Bereich Stab/StKp I. Korps, Tel. 02 51/4 06 46, App. 248 od. LwSanStff/LwUGrpKdoN Tel. 02 51/3 09 11, App. 479.

E26

Match the following services with the correct telephone number.

1	Fire department
2	Vet
3	Doctor
4	Pharmacist
5	Dentist

A	02 51/4 54 45
B	1 92 92
C	4 64 73
D	112
E	1 92 982

Notdienst

Folgende Apotheken und Ärzte versehen am Pfingst-Wochenende einen Notdienst:
Apotheken:
Samstag: Markt-Apotheke, Markt 11 ☎ 1 47 40; Heide-Apotheke, Heidestr. 6 ☎ 3 32 47
Sonntag: Ring-Apotheke, Herner Str. 24 (Victoriahaus) ☎ 1 49 63; Hochlarmark-Apotheke, Westfalenstr. 130 ☎ 7 19 80
Montag: Aachener Apotheke, Halterner Str. 13 ☎ 2 90 08; Löwen-Apotheke, Westfalenstr. 145 ☎ 7 10 95/96
Ärztlicher Notdienst ☎ 8591
Notfallsprechstunden: im DRK-Haus, Am Polizeipräsidium 1 – jeweils von 11–13 Uhr und 17–20 Uhr
Augenarzt: Dr. Märker, Max-Planck-Straße 11 ☎ 2 56 07
Hals-Nasen-Ohrenarzt: Sa./So. (bis 20 Uhr) Dr. Altenburger, Am Lohtor 12 ☎ 2 33 55; anschließend (bis Die. 7 Uhr) Dr. Müller, Herzogswall 39 ☎ 2 46 57; Sprechstunden Sa./So./Mo. 10–12 und 17–18 Uhr
Zahnarzt: Samstag: ZA Ballhausen jun., Herzogswall 24 ☎ 2 26 81, priv. 2 26 81; Sonntag: ZA Wildermann, Dortmunder Str. 38 ☎ 49 82 87, priv. 1 61 41; Montag: Dr. Appiah-Awuku, Oer-Erkenschwick, Stimbergstr. 90 ☎ 02368/17 98, priv. 02368/31 59 – Sprechstunden: Sa./So./Mo. 9–11 Uhr (außerhalb dieser Sprechzeiten **nur in dringenden Fällen** zu erreichen)
Tierarzt: J. Meister, Marl, Loestr. 22a ☎ 02365/1 54 37

E27

a) For which weekend of the year does the above emergency service schedule apply?

b) What service would you obtain if you dialed:

1) 02365/1 54 37 2) 3 32 47 3) 2 56 07
4) 2 33 55 5) 2 26 81

Arzt
Ausfahrt
unbedingt
freihalten!

E28

What does this sign tell drivers to do?

M

Welche Nummer muß man in England wählen, um die Feuerwehr oder einen Krankenwagen zu bekommen?

M

Wann ruft man normalerweise den Notarzt an?

NOTARZT-
Sprechstunde
Mittwoch 17 - 20
Samstag u. Sonntag 11-13 u. 17-20

E29

Why would a person come to this place at the times shown?

Notdienst-KALENDER

für die Apotheken der Stadt Recklinghausen

Engel-Apotheke
Udo Gröbner
Kurfürstenwall 2
4350 Recklinghausen
☎ (0 23 61) 2 44 24

Die außerhalb der üblichen Öffnungszeiten notdienstbereiten Apotheken sind aus dem Kalender ersichtlich.

Der Wechsel im Bereitschaftsdienst erfolgt morgens um 8 Uhr. Während der Zeit von abends 20 Uhr bis morgens 7 Uhr wird die gesetzliche Nachtdienstgebühr von 2.– DM erhoben.

Bitte aufbewahren!

E30

a) This is the front page of a calendar. What information does the calendar contain?

b) Why would you have to pay DM 2,00 from 8 p.m. to 7 a.m.?

c) What are you asked to do with this calendar?

C Zahnarzt

Das Sieben-Punkte-Programm zur wirksamen Zahnpflege.

Regelmäßig putzen...

Putzen Sie Ihre Zähne regelmäßig, mindestens 2x täglich: morgens nach dem Frühstück und abends bevor Sie ins Bett gehen. Zahnmediziner empfehlen, die Zähne nach jeder Mahlzeit zu putzen... je öfter, desto besser!

...mit der richtigen Zahnbürste

Empfehlenswert sind Zahnbürsten mit kurzem Kopf: 2-3 cm lang und rund 1 cm breit – für Kinder entsprechend kleiner. Verwenden Sie eine möglichst harte Zahnbürste, wenn Ihr Zahnfleisch nicht überempfindlich ist. Übrigens sollte jede Zahnbürste spätestens nach 2 Monaten durch eine neue ersetzt werden!

...mit „System"

Die Zahnbürste stets am Zahnhals ansetzen und – beim Oberkiefer – nach unten, beim Unterkiefer nach oben bürsten. So werden auch die Zahnzwischenräume gereinigt und gleich-

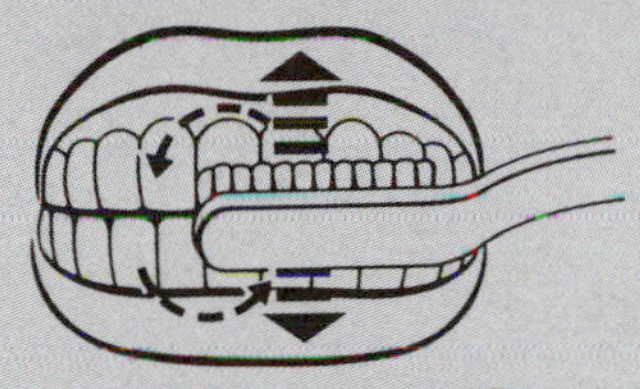

zeitig das Zahnfleisch massiert. Die zur Mundhöhle liegenden Innenseiten der Zähne nicht vergessen! Danach kräftig ausspülen, um gelockerte Speisereste und Zahnbeläge endgültig zu entfernen!

...2 Minuten lang

Einmal kurz über die Zähne bürsten... das genügt nicht. Der Zahnputz-Vorgang sollte mindestens 2 Minuten dauern, damit Sie jeden Zahn erreichen und von seinen „Feinden" befreien!

Ergänzende Maßnahmen

Elektrische Zahnbürste

Eine elektrische Zahnbürste reinigt die Zähne aufgrund ihrer automatischen Auf-und-Ab-Bewegungen besonders gründlich. Verschiedenfarbige, aufsteckbare Bürsten-Sets sorgen dafür, daß jede Familie mit einem Gerät auskommt.

Mund-Dusche

Eine Mund-Dusche ist eine sinnvolle Ergänzung der Bürstenreinigung. Das elektrische Wasserstrahlgerät spült die zuvor mit der Bürste gelockerten Zahnbeläge und Speisereste aus Zahnzwischenräumen und versteckten Winkeln mit einem gezielten Strahl heraus.

Regelmäßiger Zahnarzt-Besuch

Trotz sorgfältiger Pflege können – auch durch mechanische Einwirkungen – Schäden oder Erkrankungen im Zahnbereich auftreten. Um diese im Frühstadium erkennen und heilen zu können, sollten Sie regelmäßig – jedes halbes Jahr – einen Zahnarzt aufsuchen. Wenn der Besuch „umsonst" war... um so besser!

E32

The above article gives you tips on how to care for your teeth. Read it carefully then correct the statements below.

a) Clean your teeth once a day.

b) Clean them before breakfast.

c) Use a soft toothbrush with a long head.

d) Change your toothbrush after six months.

e) Brush from left to right, then right to left.

f) You should take about one minute to clean your teeth.

g) An electric toothbrush does not clean teeth satisfactorily.

h) See the dentist at least once a year.

E31

a) What claim does Oral B make for itself?

b) What are its two special features?

Oral-B
Die von Zahnärzten am häufigsten empfohlene.
Oral-B. Der kurze Bürstenkopf reinigt alle Zähne gründlich.
Oral-B. Die endgerundeten Borsten massieren das Zahnfleisch schonend.
Oral-B
Zahnpflege, wie sie sein soll.

M

Wann muß der Zahnarzt einen Zahn plombieren? Und wann muß er einen Zahn ziehen?

Geschichten, die das Leben schrieb
ZÄHNE
von Raymond
KARSTEN! DER CHEF HAT UNS LEHRLINGEN FÜR DIE ÄRZTLICHE ROUTINEUNTERSUCHUNG MORGEN DEN GANZEN TAG FREIGEGEBEN!
SUPER! BEI WAS FÜR 'NEM ARZT DENN?
BEIM ZAHNARZT!..
...KARSTEN?

E33
Why has Karsten disappeared?

Zähneputzen... das WANN ist entscheidend.

/ähneputzen am
…n gleich nach dem
…hen sorgt zwar für
…genehmes Frische-
…m Mund. Aus
…ischer Sicht jedoch eine
…wertlose Prozedur,
…e gleich darauf früh-
Sinnvoller ist es, die Zähne gleich nach dem Frühstück und nach jeder weiteren Mahlzeit zu putzen. Auf jeden Fall mindestens noch einmal – unmittelbar vor der Nachtruhe. Dann haben die „Zahnfeinde" keine Zeit und Gelegenheit, ihr Vernichtungswerk zu beginnen.

E34
Why are you advised to clean your teeth after breakfast and after every other meal during the day?

Eröffnung meiner
Zahnarztpraxis
1. April

Siegfried Roland, Zahnarzt
4352 Herten, Ewaldstraße 164, Telefon (0 23 66) 3 10 92
Sprechzeiten: Mo. bis Fr. 8 bis 12 und 14.30 bis 17.30 Uhr
Donnerstags 14.30 bis 19.30 Uhr
außer mittwochs nachmittags und nach Vereinbarung.
Alle Kassen. Terminabsprache ab sofort.

E35
a) What is Siegfried Roland announcing?
b) Apart from weekends, when do the above office hours not apply?

M
Warum haben so viele Leute Angst vor dem Zahnarzt? Was kann man machen, um die Zähne zu pflegen und zahnärztliche Behandlung unnötig zu machen?

Zahnarzthelferin und eine Aushilfskraft
für zahnärztliche Praxis sofort oder zum 1. 7. im Raume Marl gesucht.
Tel. 0 23 65 / 4 83 77

E36
What two positions are advertised here?

NEU. Denivit® entfernt hartnäckige Beläge und Verfärbungen. Schont die Zähne.

Flecken und Beläge, die durch Tabakrauch, Kaffee, Tee und Wein entstehen, sind für viele ein Grund, ihre Zähne nicht zu zeigen. Denivit Dentalweiß löst dieses Problem.
Es wurde ganz speziell für die gründliche und gleichzeitig zahnschonende Entfernung von Belägen entwickelt. Und weil karieshemmendes Fluorid darin enthalten ist, können Sie Denivit Dentalweiß wie jede andere Zahncreme anwenden. Täglich.
Klinische Tests haben gezeigt, daß Denivit Dentalweiß – trotz seiner starken Reinigungskraft – ganz besonders sanft mit Ihren Zähnen umgeht.
So halten Sie Ihre Zähne sauber und gesund zugleich.

E37
a) What four things can stain one's teeth?
b) What can Denivit do to help?
c) How is it used?

D Reformhaus

Das neuform-Reformhaus, Ihr fachkundiger Berater

Reine Luft, reines Wasser und unverfälschte Nahrung sind wichtig, um uns gesund und leistungsfähig zu erhalten. Auf der Suche nach Nahrungsmitteln, die noch einen hohen Grad an Reinheit besitzen, werden Sie unzweifelhaft an Ihr neuform-Reformhaus erinnert. In Ihrem neuform-Reformhaus finden Sie fast alles, was Ihrer Gesunderhaltung förderlich ist. Deshalb erhalten Sie BAKANASAN-Arzneimittel auch nur im Reformhaus.

BAKANASAN-Präparate werden aus den reinen Kräften der Natur gewonnen. Alle BAKANASAN-Präparate tragen das neuform-Zeichen. Das BAKANASAN-Programm ist so umfangreich, daß Sie bestimmt Präparate finden, die für Ihre Gesunderhaltung wichtig sind.

Lassen Sie sich fachkundig beraten.

E39

a) Mention two things that are said to be important for good health?

b) Where could you go to buy preservative-free food products?

c) What is special about BAKANASAN products?

M

Warum ist Reformkost heutzutage so populär? Welche Nahrungsmittel können gesundheitsschädlich sein? Was kann man machen, um fit und gesund zu bleiben?

E38

According to the article below:

a) what four things are considered to be harmful to one's health?

b) in what four ways can you protect yourself from illness?

Nutzen Sie die Kräfte der Natur

Unsere Gesundheit wird von vielen Seiten bedroht. Am Arbeitsplatz und im Haushalt geht es nicht ohne Ärger und Streß. Uns plagen Lärm und Luftverschmutzung. Wir leben in der Angst, den körperlichen und geistigen Anforderungen nicht gewachsen zu sein. Auch Ihnen – verehrter Leser – wird es so gehen.

Andererseits ist nicht zu verkennen, daß sich die Lebenserwartung in den letzten 100 Jahren verdoppelt hat. Männer werden heute im Durchschnitt 69,4 und Frauen 76,1 Jahre alt. Die Verlängerung unseres Lebens stellt uns vor die Aufgabe, möglichst lange die Vitalität der Jugend zu erhalten. Nur wenn es gelingt, bis ins Alter jugendliche Spannkraft und Regsamkeit zu bewahren, wird ein langes Leben ein Genuß sein.

Deshalb – bauen Sie Reserven auf, um mit den täglichen Belastungen fertigzuwerden. Sorgen Sie für ausreichenden Schlaf, für vernünftige Ernährung, für körperliche Bewegung und für sinnvolle Freizeitgestaltung. Schützen Sie sich vor Krankheiten.

Wie aber kann man gesund bleiben, wenn einen belastende Umweltfaktoren ständig aus dem Gleichgewicht bringen? Beugen Sie vor! Erhalten Sie sich Vitalität, Widerstandskraft, Leistungsfähigkeit und Spannkraft. Machen Sie sich hierfür die Kräfte der Natur zunutze.

Ihr neuform-Reformhaus hält ein umfassendes Programm BAKANASAN-Naturarzneimittel für Sie bereit. Dieser Prospekt macht Sie mit einer Auswahl bewährter Präparate natürlichen Ursprungs und großer Wirkungsbreite bekannt. Lesen Sie ihn durch; Sie werden sehen, daß Sie viel für Ihre Gesundheit tun können.

Chapter 9
Verkehrsmittel

A Auto

You are vacationing by car with your family in Germany and you are the only one who can speak German. You have to tell your parents what the signs below (**E1–E7**) mean.

Bitte Haltefläche nur für An- und Abfahrt benutzen.

E1
For what is this area to be used?

E2
What does the arrow tell you?

Privat-Parkplatz
Nur für Gäste der
Coca-Cola GmbH

E3
For whom is this parking lot reserved?

E4
What are you asked to check?

E5
What is the driver asked to do?

GÜLICH & CO
PRIVATER PARKPLATZ
Fremdparker werden kostenpflichtig abgeschleppt

E6
What would happen if you parked here without permission?

Weg mit Autobahn-Gebühren
● Bundesverkehrsminister Werner Dollinger (CSU) sprach sich auf der Europäischen Verkehrsminister-Konferenz in Lausanne (Schweiz) für die Abschaffung der Straßen-Gebühren in Europa aus.

E7
What did the German Minister of Transportation want to see abolished?

E8
Where would you be if you pulled up here?

M
Hat deine Familie ein Auto? Was für ein Auto ist es? Kannst du einige deutsche Automarken nennen? Weißt du, was Benzin in Deutschland kostet? Was kostet es bei uns?

Geht's um den FÜHRERSCHEIN:
„Fahrschule am Kunibertitor"
Kunibertistraße 40 und
„Fahrschule am Steintor"
Königswall 9
Manfred H. Schmidt · Ruf 2 15 34
Sorgfältig · schnell · sehr preiswert!

E9
a) Who would be likely to find this advertisement of interest?
b) What three claims are made about the service one can expect?

Langeweile oder Streit im Auto?
Das muß doch nicht sein! Schreibt bitte, wie Ihr Euch die Fahrt ans Urlaubsziel vertrieben habt. Oder was Euch unterwegs überhaupt nicht gefiel. Die besten Geschichten, Anregungen und Fotos drucken wir ab.
Unsere Adresse: ADAC-MOTORWELT, Postfach 70 01 07, 8000 München 70.

E10
The *ADAC-MOTORWELT* magazine is here inviting readers to write in. About what?

Es lohnt sich, Mitglied im ADAC zu sein.

Der ADAC, Europas größter Automobil-Club, hilft Ihnen in nahezu allen Situationen, in die Sie als Autofahrer kommen können. Mit der ADAC-Straßenwacht oder dem ADAC-Straßendienst im Pannenfall, mit seinen Experten bei allen Fragen rund um Auto und Reisen. Mit seinen Notrufstationen im In- und Ausland.

Mit seinem technischen Prüfdienst – und einer Vielzahl weiterer Leistungen. Der ADAC vertritt die Interessen der Kraftfahrer, kümmert sich um Verbraucherschutz und sorgt für mehr Sicherheit im Straßenverkehr.

Gehen Sie in Ihre ADAC-Geschäftsstelle!

Allgemeiner Deutscher Automobilclub e. V.

E11

Your German friend's father is a member of the ADAC. Which of the following services can he get from this organization?

a) Insurance **b)** Help in case of a breakdown **c)** Car rental **d)** Engine service

VW

Passat LX

Baujahr 77, 75 PS, TÜV Dezember 86, neunmal bereift, 1500 DM, zu verkaufen.

Tel. 0 23 61 / 2 96 83

Wegen Bundeswehr: Golf GTI in gute Händen abzugeben, Motor 99 000 km, techn. u. opt. einwandfrei, TÜV 11/91, Gilett-Auspuff, neu bereift, 4200 DM. Tel. 02366/37829.

VW Golf LS, 2. Hd., Mod. 78, TÜV 10/91, ASU, 70 PS, unfallfrei, Bestzustand, viele Extras, VB 3450,- DM Tel. 02366/41120.

Achtung, Anfänger, Golf zu verkaufen, generalüberholt, 50 PS, Bj. Ende 74, AT-Motor, TÜV Nov. 90, Stereoradio, 900 DM. 02361/46600.

Golf GLS, Bj. 7/77, TÜV 8/93, ASU, SSD, silbermet., Velours, getonte Scheiben, Preis 2900 DM. Tel. 02361/16704.

VW 1302, TÜV 11/90, Neulack, neue Kupplung, VB 1650,- DM. Tel. 02366/39673.

Polo GT, 60 PS, Bauj. 80, TÜV 92, 96 000 km, Extras, VB 5400 DM. Tel. 0 23 09 / 46 31.

Für Bastler od. zum Ausschlachten, TÜV-fälliger VW 1302, VB 350 DM. Tel. 02366/33587

Unfall-Golf GTI, 77/87, leichter Frontschaden. VB 1800 DM. Tel. 02363/63635.

Der neue Golf

ist ab Mitte September bei den Händlern zu haben. Auf den ersten Blick sieht er dem alten sehr ähnlich. Aber VW versichert: »Ein völlig neues Auto.«

E12

Your father is very interested in cars. He sees this ad in a magazine your penpal has sent you. You tell your father what is in the ad.

a) What does it say about when the car will be on sale?

b) What impression do you get when you first see it?

UNFALL. Bei einem Verkehrsunfall in Kronstorf in Oberösterreich wurde am Freitag eine Person getötet, drei weitere wurden schwer verletzt.

E13

What was the outcome of the accident in Kronstorf?

Auto-Kennzeichen gemerkt: Räuber gefaßt

Dortmund/Duisburg – Dreiste Tankstellen-Überfälle: In Dortmund erbeuteten zwei maskierte Räuber 23 000 Mark, in Duisburg fuhr der Täter (35) mit dem Auto seiner Frau vor – 2 000 Mark. Die Angestellte merkte sich das Kennzeichen – gefaßt.

E14

Why was the man who robbed the gas station in Duisburg caught?

E15

Match these car details with the correct phone number.

1	New clutch	A	02366/37829
2	New tires	B	02363/63635
3	Due for a *TÜV* inspection	C	02366/39673
4	Slightly damaged	D	02366/41120
5	Never had an accident	E	02361/16704
6	Tinted windscreen	F	02366/33587

Kurz notiert

Auf der Autobahn 1 in Fahrtrichtung Koblenz vor der Rheinbrücke Leverkusen ist vom 24. bis 26. März mit Staus zu rechnen. Nach Mitteilung des Landschaftsverbandes Rheinland in Köln machten nach der Frostperiode aufgetretene Schäden an der Fahrbahndecke der Brücke kurzfristig Reparaturarbeiten notwendig. An den drei Tagen werde deshalb jeweils zwischen 10 Uhr und 15.30 Uhr der rechte Fahrstreifen gesperrt.

E16

a) What can be expected on the *Autobahn 1*?

b) What has been damaged and why?

c) What will happen between 10 a.m. and 3:30 p.m.?

Unfallzeuge gesucht!

Wer kann sachdienliche Hinweise geben zu dem Unfall, der sich am 10. 5. (Samstag) um ca. 11.15 Uhr auf der BAB 2 zwischen Auffahrt RE Süd und Recklinghäuser Kreuz in Fahrtrichtung Oberhausen ereignet hat? Angaben, die zur Ermittlung des Lkw-Fahrers führen, der einen metallicgrünen Mercedes 190 E abdrängte, so daß dieser in die Abgrenzung einer Baustelle fuhr, werden belohnt. Besonders der Pkw-Fahrer, der kurz an der Unfallstelle anhielt, wird gebeten, sich zu melden.

Telefon 0 23 61 / 41 3 20

E17

a) At whom is this appeal aimed?

b) What is being offered for the right information?

Berlin Transit

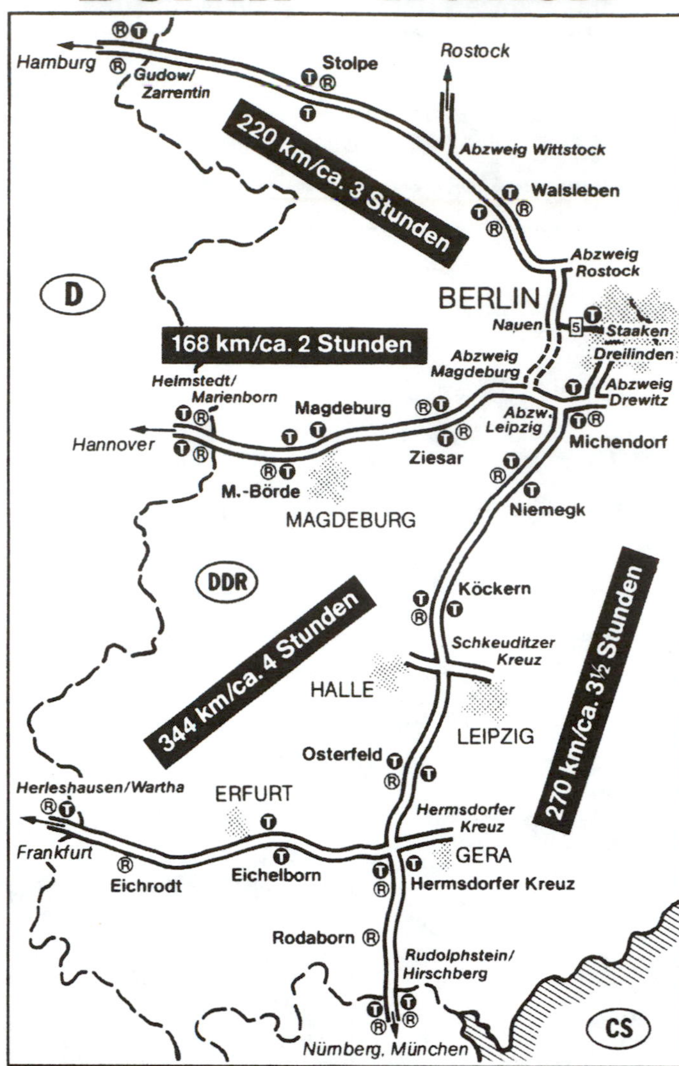

4 Transit-Routen führen nach Berlin

Zwischen 168 und 344 km lang sind die 4 Transit-Autobahnen durch die DDR. Am besten in Schuß ist die erst vor eineinhalb Jahren eröffnete Verbindung Hamburg–Berlin. Aber auch die übrigen Strecken sind von guter Qualität. Lediglich die ersten 30 km der Autobahn bei Hirschberg (nördlich von Hof) bilden eine mit Schlaglöchern gespickte Rüttelstrecke. Das Netz der Tank- und Raststellen ist genügend dicht. Über Brücken und Unterführungen kann man alle Raststätten auch von der anderen Autobahnseite gut erreichen.

E18

a) Which of the four-road Transit routes from West to East Germany has the best surface?

b) Which of the Transit routes has a 30-kilometer stretch of potholes?

c) On all routes, what would you find to be in good supply?

M

Seit wann ist Deutschland ein geteiltes Land? Wie heißen die zwei deutschen Staaten, und was sind ihre Hauptstädte? Was ist der Eiserne Vorhang?

E19

In the readers' letters on the right, there are four ideas about the origin of driving on the left. Can you briefly state what they are?

M

In welchen Ländern außer Großbritannien fährt man links? Sollte Großbritannien auch rechts fahren? Warum (nicht)?

Leserbriefe

Wie entstanden Links- und Rechtsverkehr?

»... gut auf den Schädel hauen«

Im frühen Mittelalter mußten Reiter auf den engen Straßen damit rechnen, daß ihnen Raubritter zu Pferd entgegenkamen. Das Schwert wurde mit dem rechten Arm geschwungen. Ritt man nun auf der linken Straßenseite, so konnte man dem Gegner mit dem Schwert gut auf den Schädel hauen oder es ihm in die Seite rennen. Otto Limann, Ottobrunn

Die Kutscher saßen früher auf der rechten Seite des Kutschbockes und hatten dabei im Rechtsverkehr die rechte Straßenseite an gefährlichen Engstellen besser im Blickfeld. Auch die ersten Autos hatten Rechtssteuer. Erst bei besser werdenden Straßen und dem Überholproblem rutschte der Fahrer nach links. Rolf Junker, Solingen-Wald

Das Linksfahren stammt aus der Zeit der Ritterturniere. Die Ritter mußten ihr Herz vor den Lanzenstichen schützen. Daher hielten sie in der linken Hand den Schild. Mit der rechten führten sie die Lanze, mit der man nun – logischerweise im Linksverkehr – den Gegner aus dem Sattel zu heben versuchte. Dr. Udo A. Münnich, Stade

Der Linksverkehr ist in Europa früher da zu Hause gewesen, wo Cäsar befahl, daß seinen Legionen links auszuweichen sei. Dieser Befehl wurde durch Napoleon aufgehoben, dessen Truppen nach rechts ausgewichen werden mußte. Da aber Napoleon nie auf die »Insel« kam, herrscht dort heute noch der Linksverkehr. Dipl.-Ing. Gunter Ibbach, Garching

Der trockene Straßenrand war wohl das kleinere Übel. Wichtiger war, daß bei Gegenverkehr die Fahrer nicht zwischen den Gespannen zu gehen hatten. Hans Rüba, Weßling

Sie schreiben, daß der Linksverkehr in Verbindung mit der Rechtsvorfahrt durchaus Vorteile bietet. Dem stimme ich zu, aber es gilt nicht für Großbritannien. Hier gibt es an Kreuzungen und Einmündungen ohne Schilder-Regelung weder eine Rechts-vor-links- noch eine Links-vor-rechts-Vorschrift, gefahren wird nach Höflichkeit (Verständigung mit dem anderen Verkehrsteilnehmer). Klaus Reinhardt, Stamford, Großbritannien

B Die Bundesbahn

Fahr lieber mit der Bundesbahn.

E20

What does this sign encourage you to do?

1

Nichts liegt näher als der Bahnhof.

2

DSG – Tochter der Bahn

Wir machen Ihnen das Reisen ein bißchen schmackhafter

Reisen und speisen: Im Zug-Restaurant. Im Quick-Pick. Im Abteil.

DB Die Bahn

3

Schließfächer
Eine fremde Stadt – Schaufensterbummel, Stadtrundfahrt, Shopping, Essen . . . Wohin mit dem Gepäck? Natürlich ins Schließfach. Gibt's in jedem größeren Bahnhof. Zur sicheren Aufbewahrung für wenig Geld. Ein 24-Stunden-Service der Bahn.
DB

4

Die neue Bahn
Die Bahn zahlt sich für jeden aus.
Unter den Angeboten der Bahn ist für jeden etwas dabei. Für Familie, Senioren und Junioren. Für Alleinreisende, Gruppen und Grüppchen.
Mit der Bahn können alle sparen
DB Die Bahn

5

Urlaub mit der Bahn

Erholung statt Benzin tanken

6

Münz-Zugtelefon

Münz-Zugtelefon gibt es in allen IC-Zügen, von dem aus im Selbstwähldienst Gespräche in das In- und Ausland geführt werden können.

DB Die Bahn

7

Die neue Bahn

Reisen ohne Koffertragen Lassen Sie Ihr Gepäck unsere Sorge sein. Es reist so gut wie Sie. Am besten einen Tag vor der Abreise aufgeben.

8

Die neue Bahn

Zeit sparen. Nachts fahren. Im Schlafwagen.

Abends einsteigen, morgens ausgeruht aussteigen. Bequeme Betten in Ein-, Zwei- und Dreibettabteilen. Und perfekter Service.

E21

Study the railway advertisements above, then match the summary of contents with the appropriate number of each advertisement.

A We'll make your trip more appetizing.

B Leave your luggage worries to us.

C Save time. Travel at night.

D Go on vacation by train.

E There's nothing closer than the railway station.

F Rail has something for everyone.

G Lockers offer safe storage at little cost.

H Coin-operated phones are on all Intercity trains.

Junior-Paß,
das Bahn-Angebot für junge Leute

Den Junior-Paß können junge Leute von 12–22 Jahre, Schüler und Studierende unter 27 Jahre überall dort kaufen, wo es Fahrkarten gibt (Lichtbild ist erforderlich). Er kostet 110,– DM, gilt ein Jahr vom 1. Geltungstag an und macht Fahrkarten zum normalen Fahrpreis sowie FD/D- und IC-Zuschläge um die Hälfte billiger.
Für 18,– DM können Sie eine Gepäck- und Reiseunfall-Versicherung abschließen, so lange wie Ihr Paß gilt.

E22

a) Who can use the *Junior-Paß?*

b) Where can you buy one?

c) How long is it valid?

d) What are the advantages of the pass?

e) What can you get for an extra DM 18m00?

Bahnsparen für alle unter 26

Mit den billigen twen-tickets kreuz und quer durch Deutschland und Europa. In fahrplanmäßigen Zügen. Jeden Tag. Und dabei bis zu 40% sparen. twen-tickets für Bahn- und Fährverbindungen gibt's für jeden unter 26. Man bekommt sie in vielen der über 2000 TUI-Reisebüros.

Aktueller twen-ticket Prospekt mit Preisen für Bahnfahrten und Fährverbindungen im TUI-Reisebüro oder direkt von twen-tours…

twen-tours
Karl-Wiechert-Allee 23
3000 Hannover 61

twen-tickets

TUI

EUROTRAIN

E23

a) Where can you travel with *twen-tickets?*

b) In which trains and on what days?

c) Where can you buy them?

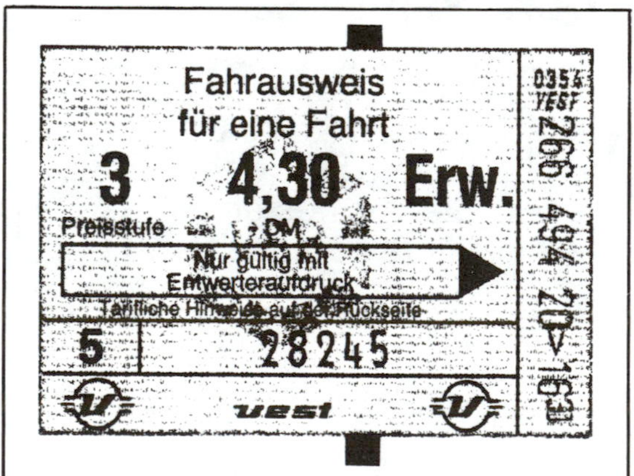

Es gelten die Bestimmungen des Verbundtarifs Rhein-Ruhr.

Der Fahrausweis ist nach Entwertung längstens 90 Minuten gültig.

Für die Benutzung der 1. Wagenklasse der DB ist außerdem ein Zusatzfahrschein (Kinderfahrausweis für eine Fahrt der Preisstufe 2) zu lösen.

Nicht gültig in zuschlagpflichtigen Zügen.

Der Fahrausweis ist nach Entwertung nicht übertragbar.

E24

a) How do you know that the above ticket was valid?

b) How long does a ticket remain valid?

c) To whom is its use limited?

d) In what kind of trains is it not valid?

Tramper-Monats-Ticket
Einen Monat lang auf dem gesamten Schienennetz der DB für 245,– DM (Junior-Paß-Inhaber zahlen nur 212,– DM).

Dieses Angebot gilt für junge Leute unter 23 Jahren, für Schüler und Studierende unter 27 Jahren. Das Tramper-Monats-Ticket wird mit einem Lichtbild versehen und gilt in allen Zügen der DB in der 2. Klasse und auf den Omnibuslinien der Bahn. IC-Zuschlag ist eingeschlossen. Für Reisen in der 1. Klasse benötigen Sie eine Übergangskarte.

E25

a) For whom is the *Tramper-Monats-Ticket* intended?

b) What must be attached to it?

c) On what forms of transportation can it be used?

d) What happens if you wish to travel first class?

„DISCO-EXPRESS“. In Zusammenarbeit mit dem Kuratorium für Verkehrssicherheit haben die ÖBB einen „Disco-Express“ zu einem bei Tulln gelegenen Discoclub eingerichtet. Die Einrichtung soll die Unfälle nach Discobesuchen verringern.

E26

Why have Austrian Railways started to operate a service to a disco near Tulln?

Fahrplanauszug

Winter — 29. September bis 31. Mai

Düsseldorf → Aachen — 100 Km

Verkehrszeiten	ab	Zug	an	Service	Umsteigen in	an	ab	Zug
	2.47	D234	3.58	(service symbol)				
werktags, nicht 1.XI., 29.V.	4.44	N8306	6.24					
werktags, nicht 1.XI., 29.V.	5.06	N5002	6.56		Köln	5.44	6.05	E3650
	5.46	N5502	7.22					
werktags, nicht 1.XI., 29.V.	5.57	E3024	7.39					
werktags außer Sa, nicht 1.XI., 24., 31.XII., 29.V.	6.04	E3150	7.28		M-Gladb	6.27	6.33	E3060
	6.34	IC105	7.46		Köln	6.56	7.05	D310
	6.51	D244	8.07					
So- u Feiertage	6.55	E3040	8.40					
werktags außer Sa, nicht 1.XI., 24., 31.XII., 29.V.	6.55	E3000	8.40					
	7.40	D240	8.53					
	7.49	D232	9.02					
	8.34	IC111	9.47		Köln	8.56	9.06	D224
	9.08	E3286	10.42					
	9.34	IC107	11.11		Köln	9.56	10.07	N3656
Mo bis Fr, nicht 1.XI., 24., 31.XII., 29.V.	9.38	N5412	11.26					
	10.40	IC513	11.58		Köln	11.03	11.15	D314
Mo bis Sa, nicht 1.XI., 29.V.	10.56	E3156	12.34					
	11.34	IC521	12.50		Köln	11.56	12.08	D318
Mo bis Sa, nicht 1.XI., 29.V.	11.42	E3176	13.26					
	11.56	E3264	13.30					
	12.34	IC523	14.01		Köln	12.56	13.20	IC132
	12.58	N8308	14.42					
	13.34	IC515	15.03		Köln	13.56	14.07	E3666
	14.33	N5424	16.13					

1. Klasse → 27,00 DM ↔ 54,00 DM — IC Zuschlag 5,00 DM
2. Klasse → 18,00 DM ↔ 36,00 DM — IC Zuschlag 5,00 DM

E28

a) What would you have to do in Cologne if you wanted to catch the 8:34 to Aachen?

b) How much extra would you have to pay if you caught this train?

c) If you wanted to catch an early train to Aachen on a holiday, what time would you have to leave?

E27

Look at the advertisement for Intercity trains.

a) What are we told about the compartments?

b) What is special about the seats?

c) What sorts of windows are in these trains?

d) At what speed do Intercity trains travel?

e) What can you do while traveling?

f) How often do these trains run?

g) If you had to change trains, where would your connection be waiting?

M

Fährst du lieber mit der Bahn oder mit dem Auto? Warum?

Die neue Bahn

Sitzplätze im IC

reserviert jede Fahrkartenausgabe, jedes DER-Reisebüro sowie die anderen DB-Verkaufsagenturen.

DB Die Bahn

E29

If you wished to reserve a seat on an Intercity train, which three places could you go to?

Die neue Bahn

Intercity. Jede Stunde. Jede Klasse.

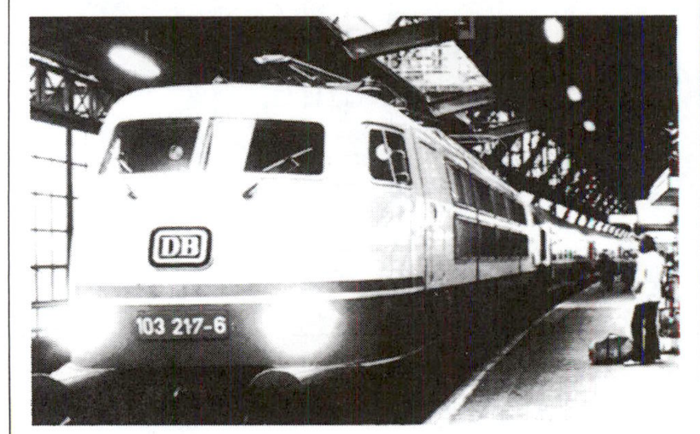

Unser bestes Stück – das Verkehrssystem der Zukunft. Komfort in 1. und 2. Klasse. Große, bequeme Abteile. Großraumwagen mit verstellbaren Sesseln. Aussichtsreiche Panoramafenster. Gemütlich essen und trinken bei Tempo 200. Draußen fliegt die Welt vorbei. Intercitys fahren im 1-Stunden-Takt. Auf den Verknüpfungsbahnhöfen steht der Anschluß-IC auf dem gleichen Bahnsteig gegenüber. Intercity heißt mehr als gut fahren. Eine Klasse für Sie.

DB Die Bahn

Rail & Road.

Der Mietwagen-Service der Bahn und interRent.

Reisen Sie die langen Strecken bequem und schnell im Intercity. Und am Zielbahnhof angekommen, steigen Sie um und fahren mit dem Mietwagen der Firma interRent.

Der Mietwagen-Service steht Ihnen zur Verfügung in (bis jetzt) 35 IC-Bahnhöfen, z. B. in

Düsseldorf Hbf (am Aufgang zu Gleis 20),
Köln, Wuppertal-Elberfeld,
Hamburg, Hannover, Karlsruhe, Kiel,
Mannheim, München, Nürnberg, Stuttgart . . .

Die Mietwagen stehen zu den üblichen interRent-Tarifen für Sie fahrbereit.

Telefonische Reservierung Ihres Wunschautos – auch noch während der Reise vom Intercity-Zugtelefon aus – nehmen entgegen

 alle Fahrkartenausgaben,

 alle DER-Reisebüros und die anderen Verkaufsagenturen der Bahn,

 jede interRent-Station oder

 interRent-Zentralreservierung zum Ortstarif über die Service-Nr. 01 30 22 11.

Rückgabe des Mietwagens bei allen interRent-Stationen.

Gute Fahrt wünschen Ihnen DB und interRent!

Und sollten Sie noch weitere Fragen haben, so erfahren Sie alles Weitere bei allen Fahrkartenausgaben, DER-Reisebüros, den anderen Verkaufsagenturen der Bahn und bei interRent.

Die Bahn

E31

Your family is planning a vacation in Germany. Your parents decide they would like to travel by train and rent a car on arrival. They write to German Railways for information and receive this leaflet.

a) What does *interRent* specialize in?

b) Where is this service available?

c) How could your parents order this service while actually traveling on a train?

d) Name three places that would deal with your parents' reservation.

M

Glaubst du, daß es notwendig ist, Reiseversicherung zu kaufen? Warum (nicht)?

Rundum sorglos auf Bahnreisen mit der Europäischen Reiseversicherung AG

Sie erhalten diesen preiswerten Versicherungsschutz überall dort, wo es Fahrkarten gibt.

Die Bahn

E30

a) For what kind of journeys could you get insurance from the *Europäische Reiseversicherung?*

b) Where can you buy this insurance?

Ohne Reiseversicherung würde manche Reise nicht glücklich enden. Ihre Bahn kann deshalb viel für Ihre sorglose Reise tun.

Sie erhalten dort mit dem Rundum-Sorglos-Paket einen kompletten Reise- und Urlaubsschutz.

Das Rundum-Sorglos-Paket bietet umfassende finanzielle Sicherheit, wenn

1. **im In- oder Ausland Gepäck abhanden kommt, zerstört oder beschädigt wird,**
2. **ein Unfall passiert,**
3. **Sie für einen Personen- oder Sachschaden haften müssen,**
4. **im Ausland Krankheit oder Unfall Behandlungskosten verursachen,**

   ein Rettungsflug bzw. Krankenrücktransport notwendig wird.

E32

The *Rundum-Sorglos-Paket* is a special kind of travel insurance. For which of the following would you be covered?

a) Loss of luggage

b) Cancellation of trip

c) Hospital treatment

d) Mountain rescue

e) Responsibility for damage to property

f) Transportation strike

M

Ist es deiner Meinung nach besser, mit dem Auto direkt zum Urlaubsort zu fahren oder mit der Bahn dorthin zu fahren und ein Auto am Urlaubsort zu mieten? Warum?

C Bus

POSTAUTO
Innsbruck/Seefeld
Zeichenerklärung und Abkürzungen

①	= Montag	⑥	= Samstag
②	= Dienstag	⑦	= Sonntag
③	= Mittwoch	⚒	= an Werktagen
④	= Donnerstag	†	= an Sonn- und Feiertagen
⑤	= Freitag	▲	= an Schultagen

A = an Werktagen außer Samstag
B = täglich außer Samstag
C = an Samstagen, Sonn- und Feiertagen
⊙ = vor der Fahrplanzeit = Kurs wartet keinen Anschluß ab
◗ = Kurs hält nur zum Zusteigen
◖ = Kurs hält nur zum Aussteigen
🏛 = Grenzhaltestelle mit Zoll- und Paßkontrolle
🚆 = Zuganschluß, z. B. 🚆 5 = Zuganschluß Fahrplanbild 5
🚌 = Kraftwagenanschluß, z. B. 🚌 6214 = Kraftwagenanschluß im Fahrplanbild 6214

S Sommerabschnitt (d. i. vom 29. V. bis 24. IX.)

W Winterabschnitt (d. i. vom 25. IX. bis 2. VI.)

Abzw	= Abzweigung	Hst	= Haltestelle
Bhf	= Autobusbahnhof	Kfh	= Kaufhaus
Bf	= Bahnhof	PA	= Postamt
Gh	= Gasthaus	PSt	= Poststelle
HA	= Hauptamt	PVB	= Postverkehrsbüro
Hbf	= Hauptbahnhof	Strkrz	= Straßenkreuzung
HS	= Hauptschule	VS	= Volksschule

4152 München — Innsbruck — Cortina d'Ampezzo

Gemeinschaftsverkehr der Österreichischen Post- und Telegraphenverwaltung, der Deutschen Bundespost und Bundesbahn sowie der SAD SpA/AG, Bolzano/Bozen
Hauptamt (Dienstleitung) Postverkehrsburo A-6020 Innsbruck, Tel (0 52 22) 25 1 45 und 25 1 55 für Österreich
Postamt D-81 Garmisch-Partenkirchen, Tel. (0 88 21) 59 5 25 für Deutschland
SAD SpA/AG, I-32043 Cortina d'Ampezzo, Tel (0 43 6) 27 41 für Italien

km	DM	🚌 4150	1	PVB Innsbruck (0 52 22) 25 1 55	2	🚌 4150	Lire
0			[24] 15 10	↓ **München-Riem**	o [24] 13 30		30 800.—
0			15 30	München Starnberger Bf	↑ 13 10		
95				Garmisch-Partenkirchen PA			
126	25.80			↓ Scharnitz 🏛			
159	32.20			o **Innsbruck** Bbf			
		[21] 7 05		**Innsbruck** Bbf	o	[21] 19 30	12 700.—
196	39.20	7 40		Passo Brennero/Brennerpaß 🏛	↑	19 00	
241	44.40	8 45	19 00	**Bressanone/Brixen**	8 45	17 55	
275	48.20	9 45	20 00	Brunico/Bruneck	7 50	16 55	
293	50.40	10 14	20 20	Monguelto/Welsberg	7 15	16 20	
299	51.—	10 19	20 25	Villabassa/Niederdorf	7 10	16 15	
303	51.40	10 24	20 30	↓ Dobbiaco/Toblach	7 05	16 10	
336	55.20	[21] 11 10	[24] 21 20	o **Cortina d'Ampezzo** Autostazione	[24] 6 20	[21] 15 25	

Fahrgäste werden nur im grenzüberschreitenden Verkehr befördert
Platzreservierung wird empfohlen
Das Benützungsentgelt für die Brenner Autobahn (8 S je Person und einfache Fahrt) **ist im angegebenen Fahrpreis nicht enthalten**
Hin- und Rückfahrkarten im grenzüberschreitenden Verkehr in bestimmten Verkehrsbeziehungen ermäßigt

[21] vom 26. VI. bis 24. IX. [24] an ⑥ bis 15. X. und ab 17. XII

E34

Look at the bus timetable from Munich to Cortina and then study the key to the symbols above it.

a) While you are traveling from Innsbruck to Brixen, the bus has to stop at the *Brennerpaß*. Why?

b) For this trip, you were asked to pay a supplement of 8 *Schilling* each way. For what reason?

c) What does the company recommend passengers do before starting a trip?

Omnibus-Groß
Rottenburg - Tel. 0 74 72 / 2 12 24
Fahrschein DM 1,40
Hirschau — Tübingen
Wer bei Kontrolle ohne gültigen Fahrschein angetroffen wird, zahlt ein erhöhtes Bef.-Entgelt.
05368
Haubold, Eschwege

E33

What warning is given to passengers who try to travel without buying a ticket?

M

In Deutschland fahren jetzt Busse auf vielen Strecken, wo früher Straßenbahnen gefahren sind. Ist das deiner Meinung nach schade? Warum (nicht)?

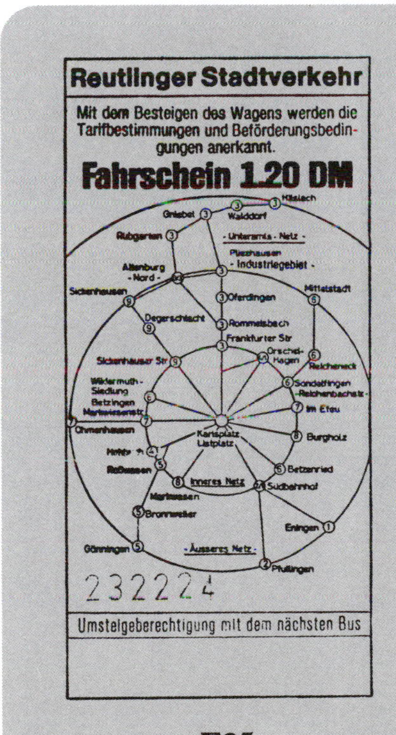

E35

a) What conditions does the passenger have to agree to on boarding this bus?

b) What are you permitted to do with this ticket?

D Flugzeug

Wer kennt die alte Welt wie seine Westentasche?

Die Swissair.

In Europa macht die Swissair ihren Heimvorteil seit Jahrzehnten geltend. Rund fünfzig Städte warten fast täglich darauf. Fluggäste aus aller Welt empfangen zu dürfen. Was aber nicht heissen soll, dass wir uns nicht genauso auf unsere interkontinentalen Gastspiele konzentrieren. Wer im Flugplan blättert, merkt, wie schnell die Welt durch die Swissair kleiner wird.

swissair

E37

a) How many European cities are served by Swissair?

b) What would you notice if you glanced through a Swissair timetable?

Mit Tyrolean Airways ist schon der Flug Bestandteil des Urlaubs.
Sie erleben das herrliche Alpen-Panorama aus 4000 Meter Höhe. Und zum Abschluß genießen Sie das herrliche Naturschauspiel noch einmal.
Immer mehr zufriedene Fluggäste nützen diese angenehme Urlaubsverlängerung.
Tyrolean Airways.
Der schönste Weg nach Tirol.

E36

Tyrolean Airways says that the flight is part of your holiday. What makes the flight such an enjoyable experience with their airline?

M

Bist du jemals in den Urlaub geflogen? Mit welcher Fluglinie? Wie hat dir der Flug gefallen? Warum haben viele Leute Angst vorm Fliegen?

Sie erreichen Bombay, Delhi und Karachi ab Frankfurt nonstop und Bangkok, Hongkong, Kuala Lumpur und Singapore mit nur einer Zwischenlandung.
Sie sehen, mit Ihrer Flugzeit gehen wir möglichst sparsam um. Aber unseren Service und den großräumigen Komfort einer der modernsten Flotten der Welt können Sie voll genießen. Ob Sie First oder Business Class wählen: Lassen Sie sich verwöhnen.

Der Unterschied ist Lufthansa

Fragen Sie Ihr Reisebüro mit Lufthansa-Agentur.

E38

a) How many times does a Lufthansa plane stop en route to Hong Kong from Frankfurt?

b) What two things do they say passengers can enjoy to the full?

Nutzen Sie die günstige Gelegenheit, preiswert nach Österreich zu fliegen!
Als österreichische Fluglinie haben wir natürlich die meisten und besten Verbindungen nach Österreich. Verbindungen, die Sie jetzt zu einem Superpreis nutzen können, um die schönsten Städte und Landschaften Österreichs kennenzulernen. Und selbstverständlich genießen Sie beim Austrian Spartarif den ganzen Komfort der „Friendly Airline“: die kulinarischen Köstlichkeiten – auf edlem Porzellan serviert –, die herzliche Gastfreundschaft und die aufmerksame Betreuung durch unsere Flugbegleiterinnen. Denn Sie sollen sich von Anfang an in Österreich zu Hause fühlen.

AUSTRIAN AIRLINES

M

Auf dieser Seite findest du vier Fluglinien. Welche anderen Fluglinien kennst du? Welche ist die größte der Welt?

E39

What three things does Austrian Airlines try to do to make its passengers feel at home?

E40

a) Why is Vienna airport being made bigger?

b) What in particular is being enlarged?

WICHTIGE RUFNUMMERN

Flughafen Düsseldorf GmbH	(02 11)	42 11
	Durchwahl:	421 . . .
Notruf, Erste Hilfe im Flughafen (Hausanschluß)		222
Flughafen-Information		421 223
Verkehrsassistent vom Dienst		421 220
Polizeiwache Flughafen		421 6940
		421 266
Garagenhof (PKW-Unterstellung)		421 221
Flughafen-Hotel garni		421 63 09
Verkehrsverein (Zimmervermittlung)		35 05 05
Flughafen-Reisebüro Hartmann		42 46 85
Taxi-Ruf		3 33 33
S-Bahn/Fahrkartenausgabe		368 05 96
Zoll-Auskünfte		421 69 27

E42

What service would you get at Düsseldorf airport if you called:

a) 421 266 b) 222 c) 35 05 05

Flughafen Stuttgart – zentral gelegen und schnell zu erreichen

Wichtige Fernsprechnummern: (jeweils Vorwahl 0711)

Duty-Free-Shop (Flughafenhotel)	79 01-665
Erste Hilfe	79 01-315
Flugplan-Auskunft	79 01-388
Flughafen-Pressestelle	79 01-753
Gepäckträger	79 01-844
Grenzschutzstelle	79 90 77/78
Polizeirevier Flughafen	79 01-528/527
Post, Fernsprech-und Telegrammschalter Abflughalle	79 27 03
Luftpostleitstelle	79 50 55
Taxi-Ruf	79 01-427 56 25 34
Zoll	79 01-543/827

E41

Which number at Stuttgart airport would you have to call if you wanted:

a) Timetable information b) The airport police

c) First aid d) Customs e) A porter

Gepäckbänder

Personenbeförderung untersagt
Kinder vom laufenden Band fernhalten
Eltern haften für ihre Kinder

E43

a) What is forbidden on these luggage conveyor belts?

b) Who should be kept away from them?

In den **DUTY FREE SHOPS** des Flughafens Düsseldorf können Sie vor Ihrem Abflug ins Ausland Spirituosen, Tabakwaren und Parfums sehr preisgünstig einkaufen. Bitte halten Sie Flugschein und Bordkarte beim Einkauf bereit. Die Waren müssen in den verschlossenen Packungen bis zum Flugzeug sichtbar getragen werden und dürfen erst nach Abflug geöffnet werden.

E44

a) What three things are mentioned as being available in the duty free shops?

b) What must you show when making a purchase?

Baustelle
Nur Notausgang  **Zu den Flügen** 

E45

a) When would you follow the arrow pointing directly ahead?

b) Where does the arrow pointing downward guide you?

E46

Into what area of the airport is entry forbidden?

BRITISH AIRWAYS
REISEHILFE

SIE SOLLTEN -

- ☐ bei Ihrem Reisebüro oder British Airways die Flugpreise, Flugtermine und Platzmöglichkeiten erfragen.
- ☐ uns Ihre Sonderwünsche bei der Platzbuchung mitteilen, d.h. Diätessen, Rollstuhl, med. Beistand oder andere Extrawünsche.
- ☐ überprüfen, ob Ihr Reisepass gültig ist und sich nach eventuellen Visavorschriften erkundigen.
- ☐ sicher sein, daß Sie alle erforderlichen Impfungen, medizinischen Vorbeugungsmittel und Ihren Impfpass für Ihre Reise besitzen. British Airways offeriert einen Immunitätsdienst in London im Regent Street Büro und am Flughafen Heathrow in London.
- ☐ sich gegen persönliche, medizinische, Gepäck- und Reiserücktritts-Risiken versichern.
- ☐ sich vergewissern, wieviel Gepäck Sie insgesamt mitnehmen dürfen, ob aufzugeben oder mit in die Kabine.
- ☐ einen stabilen, leichten Koffer benutzen und denselben verschließen.
- ☐ den Koffer **innen** mit Ihrem Namen und Wohnanschrift und **außen** mit Ihrem Namen und Ihrer Kontaktanschrift beschriften.
- ☐ sich genau nach Ihrem Flughafen, Abfluggebäude erkundigen.
- ☐ den Zeitpunkt der Abfertigung erfragen.
- ☐ uns mitteilen, wenn Sie Tiere, schwere, zerbrechliche oder außergewöhnliche Gepäckstücke mitnehmen möchten.
- ☐ daran denken, daß Zufahrtstraßen häufig überlastet sind, fahren Sie rechtzeitig los.
- ☐ alkoholfreie Getränke ausreichend während des Fluges trinken, um den Flüssigkeitsverlust im Körper wieder auszugleichen.
- ☐ uns zum Zeitpunkt der Abfertigung mitteilen, ob Sie im Nichtraucher oder Raucherabteil der Kabine sitzen möchten, aber bitte, rauchen Sie keine Pfeifen oder Zigarren.

SIE SOLLTEN NICHT -

- ☐ den Koffer übergewichtig packen.
- ☐ Wertsachen, Medizin, Reisepaß, Geld oder wichtige Dokumente in Ihrem Koffer unterbringen – führen Sie sie stets mit sich.
- ☐ gefährliche Artikel im Reisegepäck mitnehmen: z.B. Camping-Gasflaschen, Zündhölzer, entflammbare Materialien.
- ☐ vergessen, uns bei der Buchung mitzuteilen, wenn Sie Tiere, schwere, zerbrechliche oder außergewöhnliche Gepäckstücke mitnehmen möchten.
- ☐ vergessen, Ihren Koffer mit Ihrem Namen und Ihrer Kontaktanschrift **außen** zu beschriften.
- ☐ vergessen, daß es Maß- und Gewichtsbeschränkungen für Handgepäck gibt. Bitte, erkundigen Sie sich nach Einzelheiten.
- ☐ Ihren Abflug verpassen, kommen Sie rechtzeitig zum Abfertigungsschalter.

Reisehilfe mit British Airways - Wir wünschen Ihnen einen angenehmen Flug.

E47

Which of the following does British Airways ask you to do?

a) Check that your passport is valid.

b) Inform them if you wish to carry breakables.

c) Inform them of your special requirements, e.g. a wheelchair.

d) Insure yourself.

e) Give them your telephone number.

f) Make sure you have had any necessary vaccinations.

g) Use a light suitcase.

h) Leave your house in plenty of time.

i) Park your car at the airport.

j) Leave your name and address inside your luggage.

E48

Which of the following does British Airways ask you NOT to do?

a) Overload your suitcase.

b) Miss your flight.

c) Forget to inform them if you wish to bring pets with you.

d) Forget to put a label on the outside of your luggage showing who can be contacted in case of an emergency.

e) Pack dangerous items such as matches.

f) Wait around at the airport after arrival just in case you are suspected of being a terrorist.

g) Leave valuables in your suitcase.

h) Arrive more than an hour before departure because of congestion in the departure lounge.

Lufthansa Sondertarife

Der Junior & Senior-Tarif

Innerhalb Deutschlands können Junioren und Senioren bis zu 60% sparen. Der Lufthansa Junior & Senior-Tarif gilt für Jugendliche, die schon 12, aber noch nicht 22 Jahre (Schüler, Studenten 26 Jahre) alt sind. Und für Damen ab dem 60. und Herren ab dem 65. Geburtstag.

E49

a) What is the saving on these tickets?

b) What are the age restrictions for young people?

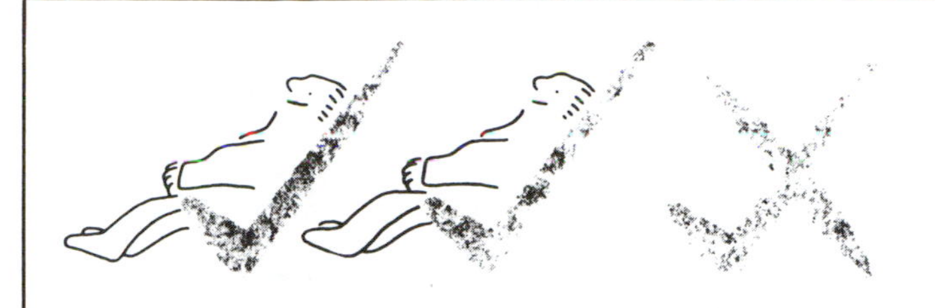

Yes or No-Show?

Flugreservierungen sind verbindlich.
Ihr Platz bleibt daher auch reserviert, wenn Sie nicht zum Abflug erscheinen. Andere Reisende stehen auf der Warteliste und möchten gerne mitfliegen.
Rufen Sie bitte an, wenn Sie umdisponieren, damit Ihr Platz vergeben werden kann.
Damit vermeiden Sie, daß auch Ihre Anschluß- und Rückflüge annulliert werden.
Danke.

Ihre Swissair

Austrian Spartarif
Sommer

Die wichtigsten Bedingungen: Hin- und Rückflug sind fest zu buchen und das Flugticket ist sofort zu bezahlen. Bei Rücktritt oder Änderungen fallen Stornogebühren von DM 100,– an (für Kinder DM 50,–). Nach Antritt der Reise sind keinerlei Änderungen mehr möglich; das Flugticket für den Rückflug hat keinen Erstattungswert. Das Ticket behält 3 Monate Gültigkeit, frühestmöglicher Rückflugtermin ist jeweils der Sonntag nach dem Hinflug. Die Freigepäckgrenze beträgt 20 kg.

E50

The *Spartarif* is a cheap ticket for flights to Austria. Write down any five points which you need to know before deciding to buy one.

E51

Swissair is asking passengers who wish to cancel their flights to let them know in plenty of time. Why are they making this request?

Tyrolean Airways.

Check-In, Reservierungen, Stornos

Wir bemühen uns ganz besonders, unseren Flugplan pünktlich einzuhalten. Wir bitten Sie daher, rechtzeitig zum Check-In zu erscheinen. Die genauen Meldeschlußzeiten finden Sie bei jeder Destination. Als Faustregel gilt bei Inlandsflügen mindestens 20 Minuten, bei Auslandsflügen 30 Minuten vor Abflug.

Bitte nehmen Sie Ihre Reservierung rechtzeitig vor, da es trotz Einschieben von Zusatzflügen in besonders nachfragestarken Zeiten (z. B. Messen, Ferienbeginn) zu Platzknappheit kommen kann. Deshalb finden Sie wichtige Termine bei jeder Destination. Vergessen Sie bitte auch nicht, Ihre Reservierung zu stornieren, sollten Sie einen für Sie reservierten Flug einmal nicht erreichen können.

Flugtarife (AUS/DM)

	Frankfurt	Köln	Hamburg/ Bremen	Hannover/ Münster	Berlin	Düssel-dorf
Einfach	2400/306	3580/456	4140/527	3710/473	3370/430	3580/456
Hin u. ret.	4800/612	7150/912	8270/1054	7420/946	6740/860	7150/912
APEX	2790/349					
Ausflug	3960/504	5740/732	6940/885	6300/803	5410/690	5740/732

Einzel- und Gruppenpauschalreisen:
Nähere Auskünfte über diese attraktiven Angebote erteilt Ihnen gerne Ihr IATA-Reisebüro.

APEX-Tarif nach Frankfurt:
Gültig bei Hin- und Rückflug innerhalb von 3 Monaten. Reiseantritt an jedem beliebigen Tag möglich, früheste Rückflugmöglichkeit an dem Abflugstag folgenden Sonntag. Bezahlung, Reservierung und Ticketausstellung müssen gleichzeitig und nicht später als 14 Tage vor dem Abflug erfolgen. Keine Reservierungsänderung möglich.

PEX-Tarif von Frankfurt:
Gültig bei Hin- und Rückflug innerhalb von 3 Monaten. Reiseantritt an jedem beliebigen Tag möglich, früheste Rückflugmöglichkeit an dem Abflugstag folgenden Sonntag. Bezahlung, Reservierung und Ticketausstellung müssen gleichzeitig erfolgen. Keine Reservierungsänderung möglich.

Ausflugstarif:
Gültig bei Hin- und Rückflug innerhalb 3 Monaten. Reiseantritt an jedem beliebigen Tag möglich, früheste Rückflugmöglichkeit an dem Abflugstag folgenden Sonntag.

E52

a) If flying with Tyrolean Airways within Austria, how soon before departure should you check in? How soon if you are flying beyond Austria?

b) Why should you always make an early reservation?

c) If a person wanted an APEX flight from Innsbruck to Frankfurt what three things must he/she do, and within what space of time?

E Schiff

KURZURLAUB AUF DEM RHEIN. MIT ALLEM KOMFORT VON DB UND KD

Wie wär's mit einem Kurzurlaub, der vor Ihrer Haustür beginnt? Die DEUTSCHE BUNDESBAHN und die KÖLN-DÜSSELDORFER machen ihn möglich: Moderne Züge der Bundesbahn bringen Sie direkt zum Rhein, nach Basel oder Düsseldorf. Dort steigen Sie um auf eines der „schwimmenden Ferienhotels" der KD. Mit komfortablen Außenkabinen, einem beheizten Schwimmbad und einer reichhaltigen Speisekarte. Und dann 3 herrliche Ferientage auf dem Rhein von Basel bis Düsseldorf oder 4 Tage Erholung von Düsseldorf bis Basel. Zahlreiche Reisetermine von April bis Oktober stehen zur Wahl. Das neue Programm „DB-Pauschal" gibt's bei allen DB-Fahrkartenausgaben, bei Ihrem Reisebüro und auch bei der KÖLN-DÜSSELDORFER, Frankenwerft 15, 5000 Köln 1, Tel. 0221/2088-277+278.

KD Köln-Düsseldorfer DB Deutsche Bundesbahn

E53

a) How could you get to the Rhine to begin your Rhine cruise?

b) What facilities are available on board?

c) Where could you book a Rhine cruise for the new program referred to?

M

Fährst du gern mit dem Schiff? Wie würdest du lieber nach Kontinentaleuropa fahren: mit der Fähre oder mit dem Auto durch einen Kanaltunnel? Warum?

E54

Your penpal's family is planning to go on vacation to Norway in the summer, and you are invited to go with them. Your penpal sends you this ad with a picture of the ferry you would be sailing on with them between Denmark and Norway.

a) You receive your penpal's letter in April. How old will this ferry be by then?

b) How many people and how many cars can the ferry hold?

c) What do all cabins have?

d) What is available on board for passengers' relaxation? Name five things.

e) Your penpal's sister will not be 15 until August. The vacation is in July. How much will her fare be?

Schnell und bequem nach Norwegen
Das Skandinavien Ticket
1 Pkw mit bis zu 5 Personen ab DM 250,-
LARVIK-FREDERIKSHAVN

Schon im März wird die neue Großraum-Fähre eingesetzt. Sie bietet Platz für 2000 Passagiere und 550 Pkw's. Alle Kabinen haben Dusche/WC. Zu Ihrer Entspannung befinden sich an Bord Restaurants, Bars, Kino, Sauna und ein Kinderspielraum. Ihre Erholung beginnt, wenn Sie an Bord gehen.

Preisbeispiele:
Erwachsene ab DM **46,-**
Kinder bis 15 J. frei
Pkw ohne Rücksicht auf Länge ab DM **63,-**
Kabinenbetten ab DM **19,-**
Couchetten DM **10,-**
(Alle Preise für einfache Fahrt)

Unser Spezial-Angebot:
1 Pkw mit bis zu 6 Pers. ab nur DM 150,- (Nebens.)

Informationen und Buchung bei Ihrem Reisebüro, Autoclub oder Reisebüro Norden, Ost-West-Str. 10, 2000 Hamburg 11, Tel. (040) 36 32 11

Liebe Evelyn, lieber Peter.

Auf Eure Frage nach unserer genauen Ankunftszeit möchten wir Euch, so gut es geht, Auskunft geben.

Wir waren gestern auf dem Österreichischen Verkehrsbüro und haben die Fahrkarten gebucht. Wir werden heuer nicht über Oostende sondern über Calais nach England fahren, um der Ankunft mitten in der Nacht zu entgehen, aber auch weil Herbert einmal mit einem Luftkissenboot fahren will. Genau dadurch entstehen aber Schwierigkeiten: die Seaspeed-Schiffe verlassen Calais u. a. um 1000 Uhr und um 1230 Uhr, dazwischen fährt keines. Da aber unser Zug erst um 1000 Uhr nach Calais kommen soll, werden hier Anschlußschwierigkeiten entstehen. Wir werden also aller Voraussicht nach erst um 1230 Uhr den französischen Hafen verlassen. Da das Luftkissenboot für die Strecke Calais - Dover zirka eine halbe Stunde braucht, werden wir frühestens um zirka 1500 Uhr in London ankommen. Das heißt wir können erst mit einem Zug, der nach ungefähr 1530 Uhr in Richtung Liverpool abfährt, weiterreisen. Wir wissen aber leider nicht, wann ein solcher Zug genau fährt, daher können wir Euch auch die genaue Ankunftszeit nicht schreiben, aber sicherlich habt Ihr einen Fahrplan und könnt Euch besser orientieren.

Sollten wir doch das frühere Boot erreichen, schreibe uns bitte, welcher Bus aus Liverpool von wo aus zu Euch fährt. Ihr müßt aber keinesfalls schon früher zum Bahnhof kommen, da dieser Anschluß nahezu unmöglich ist, man soll nämlich spätestens 45 Minuten vor Abfahrt schon auf dem Schiff sein.

Nun noch zum Datum, fast hätte ich es vergessen: Wir fahren am 31 07 von Wien ab, werden also am 01 08 bei Euch ankommen.

E55

a) For what two reasons will the writer of the letter be coming to England via Calais instead of via Ostend?

b) Why are they unlikely to leave France before 12:30?

c) How long will the crossing from Calais to Dover take?

d) When do they expect to arrive in London?

e) Why can they not give their exact arrival time in Liverpool?

f) Just in case they should manage to catch the earlier boat, what information would they like?

g) How likely is it that they will catch the earlier boat, in their opinion?

F Zweiräder

FAHRRADHAUS**GRONE**

Würden Sie Ihr Fahrrad in einem Autohaus kaufen?

Mit Sicherheit nicht.

Kaufen Sie Ihr Fahrrad dort, wo man etwas vom Fahrrad versteht, vom 3fachen deutschen Straßenmeister.

Merveldtstraße 39 · 4350 Recklinghausen · 0 23 61/6 35 56

E56

Why does this bicycle shop say that they are the people to go to?

Hernerstr. 125 in Bochum Tel. 58 28 26

wir führen:

- **Hollandräder** von Union, Batavus, Sparta und Gazelle
- **Sport-** und **Leichtlaufräder** von Bianchi, Nardelli, Gudereit, Bridgestone, KOGA MIYATA, Giant und Winora - natürlich "radial" (die mit dem schwarzen Stern!)
- **Rennmaschinen** von Mercier, Bianchi, Nardelli, Giant, KOGA MIYATA, Winora, Gudereit und Bridgestone
- **Das Fahrrad nach Maß** - komplett gebaut nach Ihren eigenen Wünschen
- **Behindertenräder**, z.B. Renndreiräder
- **Sondergrößen, Einräder, Dreiräder, Lastenräder** und **Anhänger**
- **Designräder/Design-Rennsporträder** (z.B. Bamboo-Machine) von Musashi
- Zubehör - E-Teile, Körbe, Packtaschen, Fahrradliteratur, Bekleidung, Ledersättel, in großer Auswahl

Jetzt auch Mountainbikes

und **Mittwoch** ist bei uns **Selbsthilfetag!!**

Mo - Fr 10.00 - 18.30; Sa 9.00 - 14.00 Uhr durchgehend geöffnet

E58

Name three different types of bicycles available here.

Bismarckstr. 89
Gelsenkirchen
0209/81 76 32

Räder für Alltags- und Sonntagsradler, Maßräder, Touringbedarf, Literatur, Rad-Karten, Ersatzteile, Zubehör, Packtaschen, Hilfe in allen Radlagen, Über- und Untergrößen, Kernledersessel

Montag ist Selbsthilfetag
Mittwoch nachmittag geschlossen
Radhaus ist selbstverwaltet

E57

Name any four things cycling enthusiasts could get at the above cycle shop.

M

Fährst du gern rad? Warum (nicht)? Wie oft und wie weit fährst du? Fährst du lieber allein oder mit Freund(inn)en?

Dienstag Fahrrad-TÜV

Wer die Verkehrssicherheit seines Fahrrades prüfen lassen will, kann am Dienstag zum TÜV am Vogelsanger Weg kommen. Polizeibeamte kontrollieren die „Drahtesesl" zwischen 14.30 und 16.30 Uhr.

E59

Why would you take your bicycle to *Vogelsanger Weg* on Tuesday?

Radfahren auf der Straße

... darf man nicht, wenn nebendran ein eigener Radweg ist. Denn Radwege müssen von den Radlern wann immer möglich benutzt werden. Das gilt auch dann, wenn die Radweg-Auffahrt zugeparkt ist.

E60

a) When is it forbidden for bicyclists to ride on roads?

b) What is the rule if the approach to a bicycle track is blocked?

Radfahrer bitte absteigen

E61

What are bicyclists instructed to do?

Radl-Safe

Im Fahrrad-Safe haben Sie alles Wichtige für unterwegs gut untergebracht. Der Behälter ist diebstahlsicher und enthält Luftpumpe, Werkzeug und Ersatzteile. Um 39,80 Mark zu bestellen bei Agentur 2000, Postfach 800627 in 2050 Hamburg 80.

E62

a) What three things does the bicycle safe hold?

b) What is said about its security?

M

Wie heißt das berühmteste Radrennen der Welt? Wie lange dauert es? Wieviel Kilometer ist es? Weißt du, wer es letztes Jahr gewonnen hat? Welche anderen Radrennen und welche Rennfahrer kennst du?

AUTO-DACHTRÄGER für Fahrräder

Münsters größtes Fachgeschäft für Zweiradfahrzeuge

E63

What does this shop claim to be?

Zweiradfahren macht Spaß, aber es passiert viel. Deshalb ist die Versicherung oft teurer als für ein Auto.

E64

a) What is often more expensive for motorcyclists than for motorists?

b) What is the reason for this?

E65

a) What does Heinz Wegmann specialize in?

b) How soon will the new Suzuki be available?

Zweiräder

Leistung und Perfektion: Die 100-PS-Maschinen Honda VFR 750, Suzuki GSX-R 750, Yamaha FZ 750 messen ihre Kräfte im Vergleichstest. Das Ergebnis ist nachzulesen in Europas größter Motorrad-Zeitschrift MOTORRAD.

CX 500 C, Bj. 10/84, ½ J. gelaufen, 5700 km, Extras, 3900 DM evtl. m. kompl. Lederkleidung Damen-Gr. 38/40, Herren-Gr. 50/52 m. Stiefeln u. Helmen. Tel. 02361/371737 ab 13 Uhr.

Verkaufe Mofa KTM 505 S, 2 Gänge, Bj. 81, 16 500 km, neu bereift, Extras, guter Zustand, Preis VB 330 DM. Tel. 02366/53454.

Goldwing, 1000 cm³, Bj. 81, topgepflegt, erst 6400 km, mit Topcase und Koffern, VB 5500 DM. Tel. 02361/81297 bis 16 Uhr.

CB 400 N, Top-Zust., neu bereift, 27 PS, ca. 17 000 km, 2300 DM. Sa. u. So. v. 9-12 Uhr, Bernd Wisner, Haselnußweg 1, RE.

Suzuki GS 550 E, Ia Zustand, TÜV 3/92, Kette u. Bereifung neu, 2. Motor, viele Extras, VB 2350,- DM, Tel. 02363/55024.

Mofas, Großauswahl, gebraucht ab 298,- DM, HUMI, Herne 1, Bahnhofstr. 94 u. Herne 2, Claudiusstr. 3, Tel. 0 23 23 / 5 70 52.

MBX 80, rot, neuw., zwei Sommer gefahren, VB 1600 DM; Helm u. Lederjacke, auch einzeln. Tel. 02365/65792.

RD 80 MX schwarz, EZ 10/84, techn. & opt. einwandfrei, nur 7000 km gelaufen, Extras, 850 DM verk. Tel. 02368/53680

E66

a) If you rang the number 02361/371737 what could you acquire in addition to a motorcycle?

b) If you wanted to buy a small motorcycle with two gears and new tires, what number would you call?

c) What is the address of the dealer who sells secondhand motorcycles?

d) How much is the motorcycle that has had a new chain as well as new tires?

Alle lachen mich aus, weil ich kein Mofa habe

Ich bin 15 Jahre alt und würde gern den Mofa-Führerschein bzw. die Prüfung machen, aber mein Vater verbietet es mir. Allerdings nicht, weil es zu gefährlich ist, sondern aus purem Sadismus!

Das Geld für die Prüfung hätte ich, aber er sagt, daß ich keinen Mofa-Führerschein machen darf. Das Beste kommt noch: In seiner Jugend hat er auch Mofas und Motorräder gehabt, die sogar von seinen Eltern bezahlt worden sind!

Er will mich nur fertigmachen. Bei uns in unserem Viertel hat jeder ein Mofa, der in meinem Alter ist, nur ich nicht. Er gönnt mir nichts! Wenn andere über ihr Mofa reden, stehe ich blöd dabei und kann nicht mitreden. Die anderen lachen mich ja schon aus, weil ich kein Mofa habe. Ich stehe richtig blöd da. *Jürgen, 15, Aachen*

Dr.-Sommer-Team: Mit Trotz erreichst Du gar nichts

Ich kann mir nicht vorstellen, daß Dein Vater ganz ohne Begründung einfach nur „Nein" zu Deinem Wunsch sagt. Er wird bestimmt Argumente haben, die Du nur nicht gerne hörst.

Bevor Du ihm also weiterhin böse Absichten unterschiebst, solltest Du Dich mit ihm zusammensetzen und in aller Ruhe seine und Deine Argumente durchgehen. Bitte ihn um eine Begründung für seine Entscheidung und halte Du dagegen.

Wenn es Dir wirklich ernst mit Deinem Wunsch ist, solltest Du auch in Zukunft Dein Teil zur Verwirklichung beitragen. Spare weiter, so daß Du Dir später ein Mofa oder Moped von Deinem eigenen Geld kaufen kannst.

Natürlich wirst Du dadurch auf einige andere Dinge verzichten müssen, aber um so mehr Spaß wirst Du dann an Deinem Mofa haben, und um so eher wird sich Dein Vater erweichen lassen.

Er wird sich sicher etwas bei seiner Weigerung gedacht haben. Mit lautstarkem Protest erreichst Du bestimmt nicht viel, also hör auf mit dem Trotz und plane lieber etwas langfristiger und damit erfolgreicher!

E67

a) Why can Jürgen not take a moped driving test?

b) Why does this seem unfair?

c) Why is Jürgen so embarrassed about not having a moped?

d) Name two things the Dr.-Sommer-Team advises him to do.

M

Warum sind viele Eltern dagegen, daß ihre Söhne oder Töchter ein Motorrad oder ein Mofa haben? Haben sie recht?

Chapter 10
Urlaub

A Planung und Vorbereitungen

„Was ich schon immer befürchtet habe, Elisabeth: Jetzt sind wir überall schon gewesen."

„Wir können nicht verreisen. Siehst du denn noch einen Platz für Andenken?"

E1

Study the two cartoons carefully. What do you think they have in common?

Das fragt sich jede Mutter

Wann kann mein Kind allein in Ferien fahren?

„Mami, darf ich in diesem Jahr mit meinen Freundinnen allein in die Ferien fahren?" fragte die 15jährige Ulla mit großen, bettelnden Augen. „Anja und Bärbel dürfen schon."

Wenn Ihre Tochter so bittet, stellen Sie sich folgende Fragen: ● Kennen Sie die Freundinnen Ihrer Tochter und deren Eltern? Sind sie so vertrauenswürdig wie Ihre Kleine? Dann ist die erste Hürde schon genommen. ● Bleiben die Kinder in Deutschland? Dann besichtigen Sie doch kurz vorher die Pension oder Jugendherberge. Sagt Ihnen das zu, ist schon die zweite Hürde genommen. ● Wollen die Mädchen ins Ausland? Dann bestehen Sie bei den anderen Eltern darauf, daß eine erwachsene Person mitfährt, nicht als „Aufsicht", als „Stütze". ● Und wenn Ihre Kleine dann hoch und heilig verspricht, sich regelmäßig zu Hause zu melden, dann schieben Sie das letzte „Hindernis", ihren Trennungsschmerz, beiseite.

Erwartungsvoll und neugierig stehen die jungen Mädchen auf dem Bahnhof. Zum erstenmal dürfen sie allein verreisen.

M

Wo verbringst du deine Ferien am liebsten? Warum? Was hast du in den letzten Sommerferien gemacht?

E2

This article makes suggestions as to how parents can reassure themselves before allowing their daughters to go on vacation without them. Which of the following questions should they ask themselves?

a) Will she agree to call home regularly?

b) Will she allow us to inspect the place where she will be staying?

c) Are her friends who are going reliable? Their parents too?

d) Will she agree not to hitchhike if going to a foreign country?

Was sich Teens und Twens für den Sommerurlaub wünschen

Ohne **Sonne** läuft gar nichts. Das jedenfalls förderte das B·A·T Freizeit-Forschungsinstitut ans Licht, als es Teens und Twens nach dem Hauptwunsch für einen gelungenen Sommerurlaub befragte. Fast zwei Drittel der jüngeren Generation kann sich optimale Ferien ohne gutes Wetter einfach nicht vorstellen. Speziell bei den 14- bis 19jährigen allerdings ist offensichtlich ein **Urlaubsflirt** das Allerwichtigste von der Welt. Why not?!

E3

a) According to the results of the B.A.T. survey, what did the majority of young people asked want for their vacation?

b) What did those in the 14–19 age group particularly hope for?

Reisevorbereitungen.

Bevor Phileas Fogg seine „Reise um die Welt in 80 Tagen" antrat, dachte er sogar an die richtige Temperatur seines täglichen Zahnputzwassers. Ganz so penibel brauchen Sie natürlich nicht zu sein. Trotzdem ...

Unterlagen für die Reise. Alle Reiseunterlagen komplett, das gibt's nur bei Pauschalreisen. Deshalb ist für Individualtouristen wichtig: Termine, Buchungen und Reservierungen (Tickets, Vouchers, Transfers) schon lange vor der Abreise bestätigen lassen. Durchlesen und ernstnehmen sollten Sie auch die „Allgemeinen Reisebedingungen" des Reiseveranstalters.

Paß, Visum, Zoll. Für ganz Europa (außer Ostblock) genügt der Personalausweis. Pässe und Visa müssen Sie rechtzeitig beantragen (auf manche Visa muß man lange warten). Denken Sie auch daran, daß es Länder mit extremen Zollvorschriften gibt. Hinweise darüber bekommen Sie im offiziellen Touristenbüro Ihres Reiselandes.

E5

a) For what kind of vacation do you not have to worry about booking arrangements for hotels, transfers, etc?

b) For Germans traveling in Western Europe, what form of identification will do?

c) What advice is given about obtaining visas?

Paßbilder
sofort zum Mitnehmen.
Foto-Quelle-Agentur
Drogerie Reingruber

E4

What could you get from *Drogerie Reingruber* without having to wait?

Z1

On the right you see a checklist of things to do before starting your vacation. Match the following items from the list with their correct English meaning.

1) Haus/Wohnung

1	*Milch abbestellen*	A	Cancel papers
2	*Blumen versorgt?*	B	Windows shut?
3	*Fenster geschlossen?*	C	Flowers taken care of?
4	*Zeitung abbestellen*	D	Cancel milk

2) Auto

1	*Auto-Straßenkarte*	A	Road map
2	*Ersatzschlüssel mitnehmen*	B	Green insurance card
3	*Grüne Versicherungskarte*	C	Take spare key

3) Papiere, Geld, Reisechecks

1	*Krankenschein fürs Ausland*	A	Tickets
2	*Fahrkarten*	B	Identity card
3	*Personalausweis*	C	Medical insurance

Reisecheckliste:

Haus/Wohnung.
- ☐ Post: Nachsendeantrag/Postlagerung; Briefkastenentleerung veranlassen (Drucksachen, Anzeigenblätter etc.)
- ☐ Zeitung ab- bzw. umbestellen
- ☐ Milch, Brötchen etc. abbestellen
- ☐ Blumen versorgt?
- ☐ Wasser- und Gashaupthahn zu; Heizung abstellen; alle Stecker raus; Fenster geschlossen?
- ☐ Wohnungsschlüssel bei Freunden, Nachbarn
- ☐ Urlaubsadresse hinterlegen

Auto.
- ☐ Urlaubsinspektion
- ☐ Internationaler Führerschein (?); grüne Versicherungskarte; Auslandsschutzbrief; Benzingutscheine
- ☐ Ersatzschlüssel mitnehmen
- ☐ Auto-Straßenkarte

Kleinigkeiten, die man leicht vergißt.
- ☐ Kamera: Filme, Batterien
- ☐ Ersatzbrille, Sonnenbrille; Brillenpaß
- ☐ Reiseapotheke komplett?
- ☐ Adapter für Steckdosen

Papiere, Geld, Reiseschecks.
- ☐ Paß, Personalausweis, Kinderausweis, Visum gültig?
- ☐ Alle Rechnungen bezahlt? Konto aufgefüllt?
- ☐ Krankenschein fürs Urlaubsland
- ☐ Tickets, Fahrkarten, Hotelgutscheine etc.
- ☐ Reisegeld?
- ☐ American Express Reiseschecks besorgt?

B Verkehrsbüro

Wir freuen uns, daß Sie sich für einen Urlaubs- oder Wochenendaufenthalt in unserer romantischen Weinstadt interessieren. In Bernkastel-Kues mit den Stadtteilen Wehlen und Andel finden Sie eine große Anzahl ausgesuchter Hotels, Pensionen, Gasthöfe, Hotel-Garnis, Privatquartiere und Ferienwohnungen. Die Tourist-Information als Ihr hier zuständiger Urlaubspartner steht Ihnen mit Rat und Tat zur Verfügung. Gern sind wir bei der Vermittlung Ihres gewünschten Urlaubsquartiers behilflich, aber auch bei den vielfältigen möglichen Arrangements, wie beispielsweise eine Schiffsfahrt auf der Mosel, eine Fahrt mit dem lustigen Burg-Landshut-Express, Busausflugsfahrten zu beliebten und bekannten Reisezielen, eine Weinkellerbesichtigung mit Weinprobe, die Besichtigung des St. Nikolaus-Hospitals (Cusanus-Stift), das Moselweinmuseum, das Geburtshaus des Nikolaus von Kues oder bei Stadtführungen. Inmitten von weltbekannten Weinbergslagen wünschen wir unseren Feriengästen einen erholsamen Aufenthalt. Bedienen Sie sich beiliegender gelber Ferienanmeldekarte.

Herzlich willkommen!

Wir sind für Sie da!

Unsere Rufnummern:
06531 / 4023
+ 4024

...bei Fragen und Wünschen bitte beiliegende **Rückantwortkarte** ausfüllen und an uns zurücksenden!

Unsere Anschrift:
Tourist-Information
Gestade 5
5550 Bernkastel-Kues

Wenn's um Urlaub in unserer Stadt geht!

Wir freuen uns auf Ihren Besuch

Verkehrsbüro:
Stadt Bernkastel-Kues
Tourist-Information – Zimmernachweis – Vermittlung 4023
Gestade 5, Postfach 1426 4024
geöffnet: montags bis samstags von 8.00 – 12.30 Uhr und von 14.00 – 17.30 Uhr (an Sonn- und Feiertagen sowie im Winterhalbjahr samstags geschlossen).

E6

On this page you can see a welcome from the tourist information office in Bernkastel-Kues.

a) What does the information office say it is willing to help you find?

b) Name any five activities they could arrange for tourists.

c) What are the business hours of the information office?

C Gasthaus und Hotel

Gepflegtes Haus in ruhiger Lage. Nähe von Wald und Schwimmbad. Mod. Gästezimmer mit DU/WC und Balkon, Zentralheizung, Etagenbad und -duschen Aufenthalts- u. Fernsehraum, sonnige Terrassen u. Liegewiese, Parkplätze am Hause Weine eigenen Wachstums

Pension Dahm

Haus Dorothea

Im Weierfeld 51 / Tel.: 06531 / 6274
5550 Bernkastel-Kues

Unser neues Haus befindet sich in ruhiger Lage am Kurwald, Nähe Schwimmbad, Kurkliniken u. Bushaltestelle. Geschmackvolle Ein-, Zwei- und Dreibettzimmer m. fl. w.u.k. Wasser, teilweise mit DU/WC, Balkon, Heizung. Gemütlicher Aufenthaltsraum m. Fernseher, Terrasse, Teeküche, Parkplatz

Gästehaus

Josef Geller

5550 Bernkastel-Kues, Birkenweg 1 / 06531 / 6536

Gepflegtes Haus, direkt an den Weinreben. Erholsame, ruhige Lage, trotzdem nur 5 Min. Fußweg zum Moselpark. Zimmer teils m. DU/WC, Balkon, Etagenduschen, Zentralheizung. Große Sonnenterrasse m. sep. Sitzecke u. herrl. Moselansicht, Grillplatz. Freundl. Aufenthaltsraum m. Farbfernseher. Teeküche mit Kühlschrank. Eig. Parkplätze u. Garagen. Gastlichkeit mit mosellländischer Atmosphäre. Appartement für 4 Personen. Bitte Hausprospekt anfordern.

Gästehaus am Weinberg

Pension Mertz

5550 Bernkastel-Kues / Raustr. 19 / Tel.: 06531 / 6394

Zufahrt vom Markt direkt am Spitzhäuschen vorbei, am Fußweg zur Burg, 80 m vom Marktplatz. Alle Zimmer sind geschmackvoll u. gut eingerichtet mit DU/WC, Heizung u. schallisolierten Fenstern, in schöner und ruhiger Lage mit herrlicher Aussicht auf Bernkastel-Kues und das Moseltal. Schöner gemütlicher, mit viel Geschmack u. Liebe ausgestatteter Frühstücks- u. Aufenthaltsraum, Terrasse u. abgedeckter Balkon.

Anerkannt empfohlenes Haus v. AVD.
Gästehaus im Rebschulweg 20

5550 Bernkastel-Kues, Karlstraße 14 / Tel.: 06531 / 2351

E7

You and your family have decided to spend a summer vacation in the Bernkastel area. You write to the tourist information office requesting details about accommodations. They send you a brochure with pictures and information about various guest houses and hotels. You and your family would like to stay in a place that has the features listed below. Which of the four places above you do you choose?

a) View of the Moselle
b) Peaceful location
c) Parking facilities
d) Rooms with private toilet and shower
e) Balcony
f) TV
g) Residents' lounge
h) Sun patio
i) Barbecue facilities
j) Local atmosphere

TELFS TYROL

Seehöhe 630 m

Es soll Ihnen Spaß machen, zu uns zu kommen.

Für weitere Informationen stehen Ihnen die Zimmervermieter oder der Fremdenverkehrsverband Telfs-Mösern - A-6410 Telfs/Tirol, Tel. (05262) 2245 - zur Verfügung.

Berggasthof
Lehen
mit Gästehaus
Bes. Fritz Höllrigl
Tel. (05262) 2314

Netter, familienfreundlicher Gasthof, in ruhiger und sonniger Lage, gutbürgerliche Küche, Zimmer mit Dusche und WC, ganzjährig geöffnet. Ideal für Ruhe und Erholungssuchende. Ausgezeichnete Wandermöglichkeiten.

Haus Christophorus
Fam. Zauner
A-6410 Telfs/Tirol
Fr.-Pischl-Str. 10
Tel. (05262) 2988

4 Doppelzimmer mit Dusche/WC, Balkon/Terrasse, Zentralheizung, Frühstücks- und Aufenthaltsraum, Schwimmbad, Garten, Parkplätze, familiäre Atmosphäre.

Berghof
HIEBER
St. Veit 5
6410 Telfs/Tirol
Tel. (05262) 2271

Wollen Sie Urlaub machen abseits von Strassen, Autos, Streß und Lärm? Dann sind Sie bei uns richtig. Unser neuerbautes Haus liegt an der Sonnenseite des Inntals, inmitten von Äckern, Wiesen und Wald. Sehr ruhige Lage. Auch besonders gut geeignet für Familien mit Kinder - Tischtennismöglichkeit. Idealer Ausgangspunkt für Wanderungen - familiäre Atmosphäre.

Luise Neuner
A-6410 Telfs/Tirol
Tel. (05262) 2359

Pension-Garni Alpenhof

25 Betten, Komfort- und Standardzimmer, herrlicher Ausblick auf die Tiroler Bergwelt, Terrasse, Liegewiese, großer Parkplatz, Fernsehraum, gemütlicher Aufenthaltsraum. Sauna und Solarium. Ihr Haus in dem Sie noch König sind.
English, nederlands und Schwyzer-Dütsch.

Pension
Hellrigl
A-6410 Telfs/Tirol
Hinterbergstraße 2
Tel. (05262) 2306

Gemütlicher Frühstücks- bzw. Aufenthaltsraum mit offenem Kamin, Liegewiese mit bequemen Gesundheitsliegen und Gartenmöbel, viel Spielraum für Kinder, Tischtennistisch, Schwimmbecken und Sauna stehen den Gästen zur Verfügung. Großer Parkplatz vorhanden.

Pension
Georgenhof
Anton und
Marie Rotter
A-6410 Telfs/Tirol
Saglweg 52
Tel. (05262) 2405

Ein herzliches Willkommen und einen angenehmen Aufenthalt bieten wir Ihnen in unserem Haus mit 20 Betten, gemütliche Zimmer, teilweise mit Dusche oder Bad/WC und Balkon. Herrlicher Ausblick auf die Bergwelt, Sonnenterrasse, Parkplatz, großer rustikaler Aufenthaltsraum, Kabelfernsehen, gute Küche, gepflegte Getränke und liebevolle Betreuung.

E8

Below is a list of features relating to these six guest houses in Telfs in the Austrian Tyrol. Some features are common to all six, others are limited to only one or two. Copy the table and check accordingly.

		Alpenhof	Christophorus	Georgenhof	Hellrigl	Hieber	Lehen
1	Peaceful location						
2	Parking						
3	Table tennis						
4	Swimming pool						
5	Sun patio						
6	Open all year						
7	Rooms with WC and shower						
8	Residents' lounge						
9	Central heating						
10	Cable T.V.						

D Camping

930-1300 m.ü.M. Hochschwarzwald Heilklimatischer Kurort

Schluchsee Camping „Wolfsgrund“

Campingplatz
„Wolfsgrund“
7826 Schluchsee, Tel. 07656/7739

Preise ab 10. 1.

Platzreservierung ist nur für die Weihnachts- und Neujahrszeit möglich!

Preise für den Campingplatz Wolfsgrund	DM
Person ab 14. Lj. pro Nacht (incl. Kurtaxe)	5.–
Pers. vom 6.-13. Lj. pro Nacht (incl. Kurtaxe)	3.–
Stellplatz pro Nacht	6.50
Strom kw/h	0.70
Kühlbox/Tag	0.50
Duschen mind.	0.50
Warmwasser mind.	0.50
Kochen mind.	0.10
Waschmaschine pro Benützung	2.–
Wäschetrockner pro Benützung	2.–
Hund pro Tag	2.–

- **ganzjährig geöffnet**
- **direkt am See gelegen**
- **große Stellplätze von 75-90 qm**
- **Strom- und Wasserversorgung auf allen Plätzen**
- **moderne sanitäre Anlagen**
- **gemütliches Restaurant mit Sonnenterrasse**
- **SB-Laden**
- **Aufenthaltsraum**
- **Kinderspielplatz**
- **Tischtennis**

E9

Look at the leaflet for the Schluchsee campsite, and the additional information beneath it.

a) **General**

1. When are site reservations necessary?
2. When is the campsite open?
3. Where is it situated?
4. What are we told about the supply of electricity and water?
5. What is said about sanitation?
6. What kind of shop is on the site?
7. What is there for children?
8. What sport is available?

b) **Prices**

1. What is the charge per night for people over 14?
2. What is the charge for electricity?
3. How much would it cost to have a shower?
4. For which two facilities is there a charge of DM 2?
5. How much would it cost to bring your dog with you?

M

Hast du schon einmal gezeltet? Wo und wie lange? Möchtest du einmal (wieder einmal) zelten gehen? Warum (nicht)? Was für Campingartikel muß man mitnehmen, wenn man zelten geht? Was findet man normalerweise auf Campingplätzen? Wo sind Campingplätze normalerweise gelegen?

Landessieger
im Wettbewerb
„Vorbildliche Campingplätze in der Landschaft“

SEE CAMPING BUM

der **ganzjährig** geöffnete familienfreundliche Campingplatz am Borgdorfer See, freut sich auf Ihren Besuch. In der herrlichen Landschaft des Naturparks Westensee bietet Ihnen **BUM** einen idealen Ferienplatz im Herzen Schleswig-Holsteins. Ostsee, Nordsee, Hamburg und Dänemark sind Ziele für Tagesausflüge. Zwei Gaststätten, ein moderner SB-Laden und ein Schnell-Imbiß sorgen für Ihr persönliches Wohl. Beheizte Sanitär-Anlagen und befestigte, beleuchtete Wege machen **BUM** witterungsunabhängig. Spielplatz, Bolzplatz, Minigolf, Tischtennis, Spielraum und Billard dienen der Unterhaltung. Mit Sauna, Sonnenstudio, Frisiersalon, Waschmaschinen, Küche und **Mietwohnwagen** haben wir das Angebot erweitert.
Information durch: **SEE CAMPING BUM**
2353 Borgdorf-Seedorf · Telefon (0 43 92) 49 25
Btx ✳ 2599 958 #

E10

a) If you stayed at this campsite, what four places could you go to for a day's visit?

b) Name three facilities at this campsite.

c) Name four forms of recreation available.

Campingplatz:
linkes Moselufer, Stadtteil Kues, 1000 m oberhalb der Moselbrücke, bewacht, Zufahrts- und Gehweg nachts durchgehend beleuchtet. Bootstreppen für Ruder- und Paddelboote. Alle, für anspruchsvolle Camper erforderlichen Einrichtungen sind vorhanden. Modernes Campinghaus Gaststätte „Zur Kajüte“ mit Restauration — 8200
Camping „Schenk“
Gemütliches Feriencamp, Stadtteil Wehlen, moderne Toilettenanlagen u. Duschen, eig. Bootsstege, eig. Schwimmbecken, abgegrenzte Stellplätze — 8176
Camping „Prüm“, Stadtteil Wehlen
Toilettenanlagen, Duschen, Bootsanlegestelle

E11

If you study the details relating to the above three campsites, you will notice that each has something that would attract enthusiasts of a particular sport. Which sport?

JUGENDHERBERGE
BERNHARD SALZMANN

IM JUGENDHERBERGSWERK WESTFALEN-LIPPE
Leitung: Marie-Luise und Siegfried Heuer

44 Münster, den 16.5.
Bismarckallee 31 (am Aasee)
Telefon 0251/43765

Herzlich willkommen in der Jugendherberge Münster!

Aufgrund Ihrer Anfrage vom 13.5. haben wir Sie vorgemerkt mit:

15 Jungen   20 Mädchen

1 Lehrer/Gruppenleiter   1 Lehrerinnen/Gruppenleiterinnen

für die Zeit vom 5.6. (Anreisetag) bis 13.6. (Abreisetag).

Geben Sie uns bitte bis zum 1.6. eine verbindliche Bestätigung Ihrer Anmeldung auf beiliegendem Formular. Anderenfalls behalten wir uns vor, über die Plätze anderweitig zu verfügen.

Unsere Preise:			
	Frühstück	(8^00 Uhr)	DM 4,–
	Mittagessen	(12^30 Uhr)	DM 5,50
	Abendessen	(18^00 Uhr)	DM 4,40
	Tagesvollverpflegung		DM 13,–
	Übernachtungsgebühr		DM 7,30

Den Wünschen unserer Gäste folgend, haben wir neue und moderne Betten für unsere Jugendherberge angeschafft. Wir bitten deshalb, folgende Bettwäsche mitzubringen: 1 Bettbezug, 1 Bettlaken, 1 Kopfkissenbezug. Sie kann auch gegen eine Gebühr von DM 3,50 entliehen werden. Der Einfachheit halber verwenden wir diesen Vordruck. Selbstverständlich sind wir gerne bereit, weitere Fragen zu beantworten. Bitte schreiben Sie uns.

Mit freundlichen Grüßen

Jugendherberge Bernhard Salzmann 44 Münster, Bismarckallee 31

Anlage
Anmeldeformular

Bankkonto: Stadtsparkasse Münster, Konto-Nr. 145938

E In der Jugendherberge

Jugendherberge Münster

Das Haus liegt im Naherholungsgebiet der Stadt Münster am Aasee. Vom Bahnhof mit der Buslinie 13 bis Hoppendamm in 15 Minuten. Der Fußweg beträgt 30 Minuten über die Promenade bis zum Aasee. Die Jugendherberge eignet sich für Wandergruppen, Schullandheimaufenthalte und im Winterhalbjahr als Lehrgangs- u. Tagungsstätte. Familien sind willkommen. Die JH verfügt über keine Familienzimmer. Freizeitangebote sind Diaprojektor, Tischtennis, Fernsehen. Wasserburgfahrten können durch die Jugendherberge vermittelt werden. Freizeiteinrichtungen: Sportplatz, Trimm-dich-Pfad, Waldlehrpfad, Theater, Allwetterzoo und Freizeitzentrum. Besichtigungen und Rundfahrten: Rathaus, Dom, Friedenssaal, Altstadt, Stadtrundfahrten und Kutschfahrten. Museen: Landesmuseum, Mühlenhofmuseum usw. Wandervorschläge können mit dem Leiter der JH ausgearbeitet werden. Bankkonto: Stadtsparkasse Münster 145938, BLZ 40050150. Träger Landesverband. Die JH ist von Oktober bis April am 2. Wochenende im Monat geschlossen.

E12

a)
1. You are touring Germany and have arrived at Münster railway station. How do you get to the youth hostel, and how long does it take?
2. Mention two things available at the youth hostel for relaxation purposes.
3. You want to spend two days in Münster seeing the sights. Mention any three things that you might see or do.

b) On the left you can see a reservation form for the youth hostel in Münster.

1. How large a party has made reservations for the period 5.6.90–13.6.90?
2. What does the youth hostel request by 1.6.90?
3. What is the charge for an overnight stay?
4. What meal would cost DM 5,50?
5. What could you get for DM 13,00?
6. What can be rented for DM 3,50?

M

Hast du in einer Jugendherberge übernachtet? Wann und wo? Was sind die Vorteile, Mitglied des Jugendherbergsverbands zu sein?

F Urlaubsorte

M

Bist du schon nach Deutschland gefahren? Was hast du dort gemacht? Möchtest du gern nach Deutschland fahren? Warum (nicht)? Was sind die größten deutschen Städte? Wo liegen sie?

Koblenz

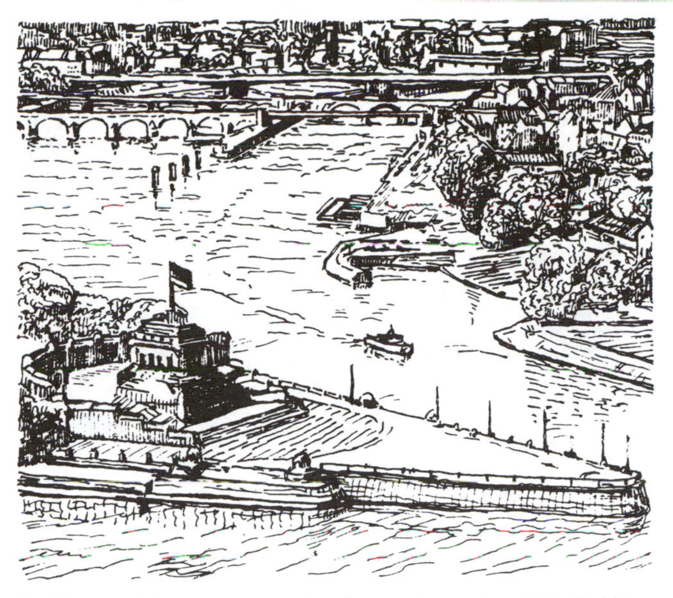

Ein Blick auf die Landkarte sagt alles: Koblenz liegt genau richtig! Koblenz – Urlaub mit der Bahn! Von überall her schnell zu erreichen, dabei selbst das Zentrum einer weltbekannten europäischen Erholungslandschaft. Die Hügelketten von Eifel, Hunsrück, Westerwald und Taunus treffen hier zusammen – als Weinberge, Obstgärten, Waldgürtel. Koblenz – umsäumt von Mosel, Lahn und Rhein, bewacht vom Ehrenbreitstein und Schloß Stolzenfels, Rheinromantik und Mosellieblichkeit – in Minuten erreichbar – zu Fuß, per Bus, per Seilbahn, per Fährschiff.

Vom Deutschen Eck aus hat man das meiste im Blick: Die Flüsse, die Berge, die Burgen und die Stadt, überragt von den spitzen und kugeligen Türmen ihrer romantischen Kirchen. Fürs Familienalbum das Deutschherrenhaus mit Blumenhof, das kurfürstliche Schloß, das vom Brunnensockel herabspukende „Schängelche", die Uferpromenaden. Weiße Schiffe verlocken zu kleinen und großen Ausflügen, moselaufwärts nach Cochem, oder zu einer abendlichen Rheinfahrt auf dem Musikdampfer der Köln-Düsseldorfer.

Rhein und Mosel erleben.
Mit Bahn und Schiff.

Mit der Deutschen Bundesbahn und der Köln-Düsseldorfer erleben Sie Rhein und Mosel auf ideale Weise. Ob an Bord eines geruhsamen Tagesausflugsschiffes oder eines komfortablen Kabinenschiffes – die Bahn bringt Sie zu den zahlreichen Anlegestellen der KD.

KD Köln-Düsseldorfer DB Deutsche Bundesbahn

E14

a) What do you think is the common link between the KD/DB advertisement and Koblenz?

b) The *Eifel, Hunsrück, Westerwald* and *Taunus* all meet at Koblenz. What are they?

c) Mention three ways you could go to see the surrounding attractions.

d) What four things can you see from the *Deutsches Eck*?

e) What is said about river cruises?

E13

Read the information about Hamburg, then answer the following questions.

a) Name three ways in which Hamburg can be enjoyed.

b) What can you see from the *Michel*?

c) What takes place at the *Volkspark*?

d) What can you do in *Klein Flottbek*?

Hamburg

Genießen Sie das Flair einer buntschillernden Weltstadt: Beim Shopping entlang der Boulevards oder unter dem gläsernen Dach der Passagen und Galerien, beim Besuch der zahllosen Restaurants und Gaststätten, beim festlichen Abend in der Oper oder in einem der mehr als 20 Theater, bei einem Museumsbummel.

Von Hafen und Handel geprägt liegen in Hamburg Tradition und Moderne dicht zusammen. Vom Wahrzeichen der Stadt, dem „Michel", können Sie das am besten überblicken: Zu ihren Füßen liegt das Häusermeer, dazwischen die grünen Parks und wie ein Diadem die Alster.

Vom Zentrum zwischen Hauptbahnhof und Rathausmarkt bringen Sie S- und U-Bahnen, Busse und Alsterdampfer schnell an jeden Punkt in der Stadt: zum Bundesligaspiel am Volkspark, zum Konzert ins CCH, zum Spaziergang durch den Botanischen Garten in Klein Flottbek, zum Trip über die Reeperbahn oder zum Altonaer Fischmarkt am Sonntagmorgen.

Hamburg besuchen, heißt eine Entdeckungsreise beginnen.

M

In welchen Ländern liegen die Alpen? Welche sind die höchsten Berge der Bundesrepublik, Österreichs und der Schweiz? Welcher ist der höchste Berg der Alpen? Wo liegt er? Welche Sportmöglichkeiten gibt es in den Bergen im Sommer und im Winter? Wann haben die Winterolympiaden in Innsbruck stattgefunden? Wo finden die nächsten statt?

Interlaken (Schweiz)

Interlaken – das heißt „zwischen den Seen". Es sind der Thuner und der Brienzer See. Ein wenig Schwemmland, das „Bödeli", trennt sie voneinander. Platz genug für das meistbesuchte Fremdenverkehrszentrum des Berner Oberlandes. Nirgends ist die Alpenkulisse großartiger als hier! Schreckhorn, Eiger, Mönch und Jungfrau – die Welt der Viertausender – zum Greifen nahe.

Interlaken – das ist aber auch die Fortsetzung der Züricher Bahnhofstraße mit all ihrer Eleganz und ihrem Publikum. Der quer durch den Ort führende „Höheweg" mit dem berühmten Kursaal und der Blumenuhr gilt als eine der schönsten Promenaden der Welt.

Wenn Sie zum höchstgelegenen Bahnhof Europas wollen, müssen Sie in Interlaken umsteigen. Hier beginnt für den Eisenbahnfan das größte technische Abenteuer der Alpen: die Reise über Wengen, die Kleine Scheidegg, am Eigergletscher vorbei durch die Eigernordwand zum 3454 Meter hohen Jungfraujoch. Endstation im ewigen Eis.

Mayrhofen im Zillertal

Das Zillertal gehört zum Besten, was das Urlaubsland Österreich bieten kann. Die Schönheit der Landschaft, die grandiose Gebirgswelt, die vielen Spazier-, Wander- und Tourenmöglichkeiten und nicht zuletzt die Tiroler Gastfreundschaft begründen den guten Ruf **Mayrhofens,** Hauptort des Zillertales, Sommerfrische und Wintersportort in einem. Vier Hochgebirgstäler führen bis in die Gletscherregionen, am bekanntesten das Tuxertal mit dem Sommerskiort Hintertux und das Zemmtal mit den riesigen Kraftwerkspeicherseen Stillup- und Schlegeisstausee.

Und das wird im Sommer geboten: Sport und Spaß rund um die Uhr, Wander- und Bergtouren, Fahrt mit der Zillertalbahn, Kinderprogramme, Drachenfliegerclub, Wildwasserstrecke mit Schule, Schießen, Tennis, Reiten, beheiztes Freibad und Hallenbäder, Radverleih.

Zur Einkehr laden die zahlreichen gemütlichen Cafés und hübschen Restaurants ein. Und abends viel Unterhaltung mit Kurkonzerten und kulturellen und künstlerischen Veranstaltungen. Bars und Diskotheken, aber auch zünftige Heimatabende locken mit Musik und Tanz.

E15

You and your friends have decided to spend a vacation in the Alps, but you are not sure whether to go to Austria or Switzerland. After reading many brochures, you narrow down the list to Interlaken and Mayrhofen. You know that you definitely want the following attractions or amenities. Which resort has the majority of these, and is therefore your likely choice? Copy out the grid and check accordingly.

		Interlaken	Mayrhofen
1	Alpine scenery		
2	Mountain railway		
3	Pleasant walks		
4	Swimming pools		
5	Bicycle rental		
6	Discos		
7	Horseback riding		
8	Hang-gliding		

80 Jahre Foto Risch-Lau, Bregenz, Österreich

22. Aug.

Liebe Kathy, lieber Tom,
Von unserem Urlaub in Vorarlberg
senden wir Euch herzliche Grüße.
Wir waren schon mit drei verschiedenen Seilbahnen bis 2.500 m hoch
in den Bergen. Es ist hier wunder-
schön. Hoffentlich ist Euer
Texas-Urlaub auch gut vorbeige-
gangen. Herzlichst Tante Hedi

+ [signature]

Bussi für Kinder XXXX XXX

ÖSTERREICH · AUSTRIA · AUTRICHE

WA 21.292

Österreich-Sommerfrische Europas

E16

a) Why were the two people in Vorarlberg?

b) What sort of area is it?

c) By what means of transportion had they traveled three times?

d) How do they describe where they are?

e) What hope is expressed at the end of the card about Texas?

M

Welcher Urlaub hat dir am meisten gefallen? Was hast du gemacht?

Liebe Kathy u. Tom ich möchte
mich nochmals herzlich für den wunder-
schönen Urlaub bedanken, es war
unser bester, den wir je hatten. Herbert
wird Euch selber schreiben, bei Abfahrt
in Chicago hat er ganz traurig gesagt:
„Jetzt ist die schöne Zeit um, ich wäre
gerne noch dageblieben, wenn ich so
denke, eigentlich möchte ich ganz
dableiben, mir gefällt es hier."

E17

a) For what is the writer of the letter expressing gratitude?

b) What made the stay so unique?

c) Herbert was extremely sad to leave. Mention three comments he made.

G Ausflüge

Top Favorit «Piz Gloria»
2970 m
10000 ft
Schilthorn
Mürren

Der Ausflug, von dem man spricht . . .

In 1010 Sekunden schweben Sie, in 100 Personen fassenden Kabinen, von der Talstation Stechelberg im Lauterbrunnental, 18 km von Interlaken, auf den Schilthorngipfel. Gratisparkplatz für 1500 Wagen in Stechelberg. Preiswerte Restaurants auf Birg und Schilthorn.
Auf 2970 m: **das höchstgelegene Drehrestaurant der Welt «Piz Gloria»**
Grosse Sonnenterrassen, unerschöpfliche Wandermöglichkeiten.

E18

a) How long does it take to get from *Stechelberg* to the *Schilthorn*?

b) By what means of transportation?

c) How much does it cost to park your car in *Stechelberg*?

d) What exactly is the *Piz Gloria*?

e) If you wanted to do something active at the summit, what could you do?

f) If you merely wanted to relax and enjoy the scenery, what facility is available for you?

WALTERS
46. TAYLOR DRIVE
GLENVIEW, ILLINOIS 60025
U.S.A.

30/70

Fotoverlag Kuhner Wien — Nachdruck verboten

Dürnstein in der Wachau
Durchgang — Dürnstein
Stiftshof — Dürnstein mit Donau

Sende Euch die versprochene Karte von unserem Ausflug bei herrlichem Sonnenschein, wir sind schon ganz gebraten, nun sind wir auf der Rückfahrt, das Schiff wackelt sehr stark, daher die schlechte Schrift – Bis zum nächsten mal Grüßt Euch
Eure Oma

Nowotny
Anny Rammer

E19

Read the postcard, then answer these questions.

a) How are the writer of the card and the person who received it related?

b) Why was this group of people who signed the card on a ship?

c) What was the weather like, and what effect did it have on them?

d) Why does the writer say that her handwriting is messy?

M

Welche Ausflugsmöglichkeiten gibt es bei dir in der Nähe? Was kann man dort machen?

H Wetter

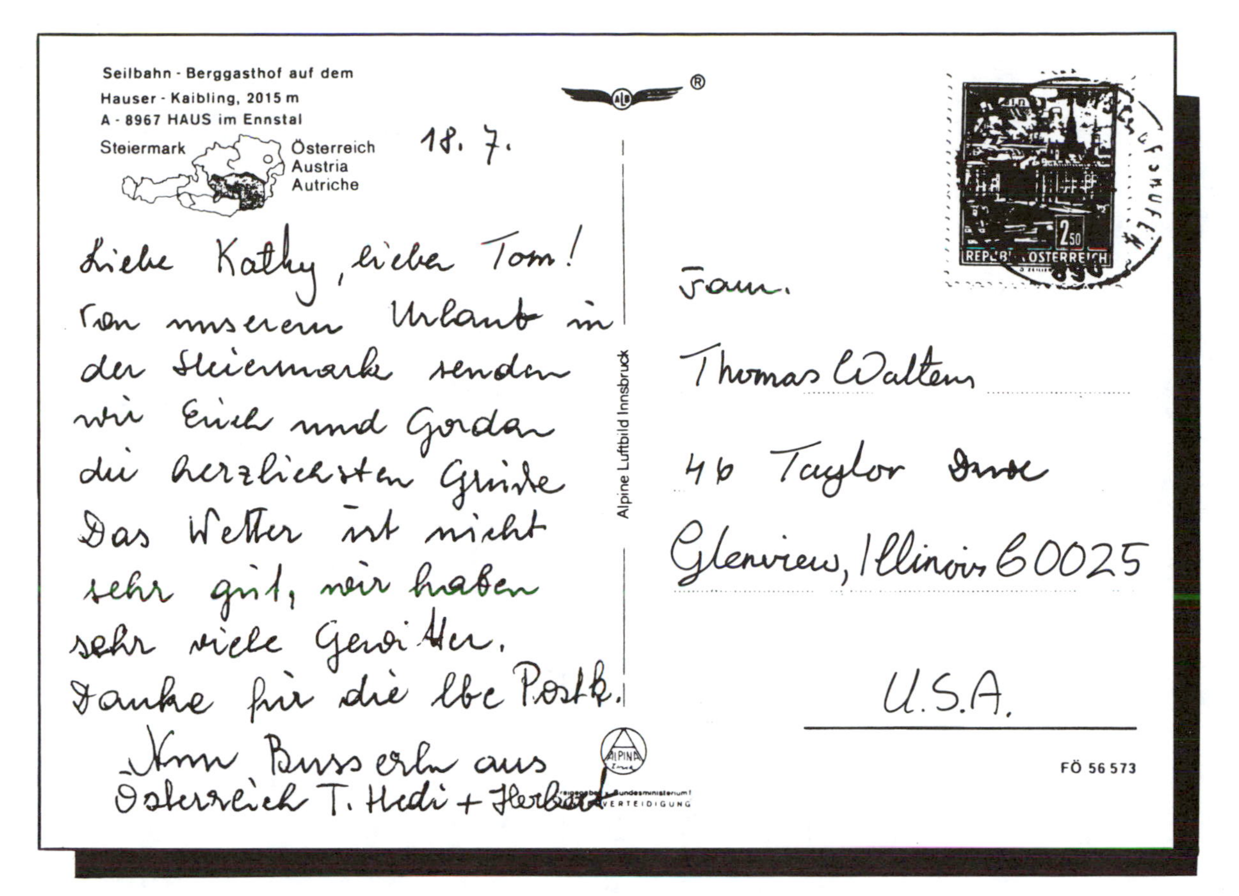
Seilbahn - Berggasthof auf dem
Hauser - Kaibling, 2015 m
A - 8967 HAUS im Ennstal
Steiermark Österreich
Austria
Autriche

18. 7.

Liebe Kathy, liebe Tom!
Von unserem Urlaub in
der Steiermark senden
wir Euch und Gordan
die herzlichsten Grüße
Das Wetter ist nicht
sehr gut, wir haben
sehr viele Gewitter.
Danke für die liebe Postk.
Viele Busserln aus
Österreich T. Hedi + Herbert

Fam.
Thomas Walters
46 Taylor Drive
Glenview, Illinois 60025
U.S.A.

Alpine Luftbild Innsbruck

FÖ 56 573

E20

What two comments do the writers make about the weather while on vacation in Styria?

Heute der Hitzerekord

Am Wochenende drohen Gewitter und Abkühlung

33°

Wie auf Bestellung! Für den heutigen Feiertag hat das Wetteramt herrlichen Sonnenschein und Höchsttemperaturen bis zu 33 Grad versprochen. Auch die Bergfreunde können sich auf wunderbares Wanderwetter freuen: In 2000 Meter Höhe steigt das Thermometer immerhin noch auf 20 Grad. Am Wochenende droht allerdings Schlechtwetter: Gewitter und Temperaturabfall auf 20 Grad

E21

a) What weather had the meteorological office forecast?

b) What can be expected even at a height of 2000 meters?

c) What change in the weather is expected for the weekend?

Wetter

Zunächst meist sonnig, im Tagesverlauf zunehmende Bewölkung und in der Nacht zum Sonntag zeitweise Regen. Höchsttemperaturen um 20 Grad, nachts kaum unter 10 Grad.

Weitere Aussichten: Am Pfingstsonntag leicht wechselhaft, wenig Temperaturänderung, am Pfingstmontag überwiegend heiter und warm.

Z2

Look at the weather forecast above, then find the German equivalent of:

1) Mostly sunny
2) In the course of the day
3) Slightly changeable
4) Further outlook
5) Increasingly cloudy

1. Wir haben schon seit
2 Wochen eine Affenhitze 36° im Schatten.
Es ist schon fast nicht zum Aushalten,
man getraut sich schon fast nicht mehr
aus der Wohnung, wir würden mit freude
ein Regenwetter begrüßen.

2. Vorgestern hatten
wir einen argen Sturm, unser Haus ist nicht beschädigt, zum Glück... Heute ist Glatteis!!

3. Auch haben wir herrliches Wetter,
täglich Wärme und Sonnenschein
seit Wochen, alle frühlingsblumen wachsen
schon.

E22

Above are extracts from three letters, all making reference to the weather. State whether the following comments occur in letters 1, 2 or 3.

a) Today there's ice.
b) It's almost unbearable.
c) We had a terrible storm.
d) Spring flowers are already growing.
e) We've had a scorcher for the past two weeks.
f) Our house wasn't damaged.
g) We're also having glorious weather.
h) We'd really welcome rain.

VON TAG ZU TAG

Samstag, 17. August

NAMENSTAG: Hyazinth, Liberat

WETTER

Nach dem Durchzug einer Gewitterzone setzt sich im Alpenraum bis Sonntag wieder Hochdruckeinfluß durch. – **Aussichten:** Teils sonnig, teils aber auch stark bewölkt und wiederholt gewittrige Regenschauer. Mäßige, in Schauerzellen böig auffrischende Winde meist aus West bis Nordwest. – **Frühtemperaturen:** 12 bis 19 Grad, **Tageshöchsttemperaturen:** 20 bis 26 Grad. – **Vorschau auf Sonntag:** Meist wieder sonnig. Tageshöchsttemperaturen: 23 bis 28 Grad. – **Alpinwetter:** Berge zum Teil in Wolken und wiederholt gewittrige Regenschauer. Temperatur in 2000 m um 9 Grad, in 3000 m um 4 Grad.

WETTERMELDUNGEN von 11 Uhr

Österreich

Bregenz: heiter, 20
Eisenstadt: wolkenlos, 27
Graz: wolkenlos, 25
Innsbruck: heiter, 23
Klagenfurt: wolkenlos, 25
Linz: wolkenlos, 24
Salzburg: heiter, 25
Wien: wolkenlos, 26
Aigen i. E.: heiter, 22
Sonnblick: heiter, 7

Ausland

Amsterdam: Regen, 16
Athen: heiter, 30
Belgrad: wolkenlos, 29
Berlin: Regen, 18
Bonn: wolkig, 19
Bozen: heiter, 23
Brüssel: wolkig, 18
Budapest: wolkenlos, 28
Dubrovnik: wolkenlos, 31
Genua: heiter, 26
Hamburg: wolkig, 19
Istanbul: heiter, 27
Kopenhagen: heiter, 19
Lissabon: heiter, 19
London: bewölkt, 17

E23

Above is the weather forecast for Austria.

a) Name three conditions in the general weather outlook.

b) What weather is expected for Sunday?

c) What two things are said about the weather in the Alps?

d) What was the weather like in:

1. Innsbruck
2. Vienna
3. Berlin
4. Bonn
5. London

M

Welches Wetter gefällt dir am besten? Warum?

Urlaubs-wetter

Süddeutschland: Heiter bis wolkig, gelegentlich einzelne Schauer oder örtliche Wärmegewitter. Tageshöchsttemperaturen 20 bis 26 Grad.

Dänemark: Samstag freundlich, am Sonntag zeitweise Regen. Am Montag wolkig mit Auflockerungen und kaum noch Niederschlag, um 12 Grad, später etwas wärmer.

Benelux-Länder: Anfangs zeitweise Regen. Im Laufe des Sonntag und am Montag Aufheiterungen und kaum noch Niederschlag. Um 17 Grad, später ansteigende Temperaturen. Südwestwind, Stärke 4 bis 5, zeitweise 6.

Südfrankreich: Heiter bis wolkig, vor allem in den Nachmittags- und Abendstunden Schauer oder Gewitter. 20 bis 25 Grad, am Mittelmeer nahe 30 Grad.

Spanien: Heiter, nachmittags und abends vereinzelt Wärmegewitter. Im Norden um 23 Grad, im Süden über 30 Grad.

Portugal: Sonnig, nachmittags und abends vereinzelt Wärmegewitter. Um 24 Grad. Wassertemperaturen 15 bis 17 Grad.

Italien, Korsika, Balearen, Malta: Überwiegend sonnig, kaum Niederschlag, im Norden um 24, im Süden bis nahe 30 Grad.

Griechenland, Türkei, Zypern: Heiter bis wolkig, zeitweise Wärmegewitter, im Norden 20 bis 25, im Süden bis 33 Grad.

Kanarische Inseln: Sonnig, um 26 Grad, Wassertemperaturen 20 Grad.

Reiseziele

München	16 Grad, bewölkt
Helsinki	9 Grad, Regen
Oslo	7 Grad, Regenschauer
Amsterdam	13 Grad, heiter
Hoek van Holl.	13 Grad, heiter
Brüssel	14 Grad, heiter
London	15 Grad, bewölkt
Paris	14 Grad, bewölkt
Zürich	17 Grad, bewölkt
Biarritz	24 Grad, heiter
Nizza	20 Grad, heiter
Rom	23 Grad, heiter
Athen	22 Grad, heiter
Barcelona	22 Grad, bewölkt
Madrid	21 Grad, heiter
Palma de Mall.	24 Grad, heiter
Lissabon	20 Grad, heiter
Las Palmas	19 Grad, heiter
Tunis	28 Grad, heiter
Istanbul	18 Grad, heiter

E24

You are on vacation with your German penpal in the South of Germany. Your parents and brother are in North Italy at the same time you are in Germany. Compare the weather you are having with the weather they are having.

Der SZ-WETTERBERICHT

Wetteramt München
Wettervorhersage
für 1. 8. 86 8h

Wetterlage: Auf der Rückseite eines zu den Alpen ziehenden Tiefausläufers fließt feucht-warme Luft nach Bayern. Sie gelangt zum Samstag unter leichten Hochdruckeinfluß.

Vorhersage für Freitag und Samstag

Südbayern

Zunächst stark bewölkt und einzelne gewittrige Regenfälle, im weiteren Verlauf heiter bis wolkig, morgen gegen Abend erneut Gewitter. Höchsttemperaturen um 25, morgen bei 28, Tiefstwerte um 15 Grad.

Nordbayern

Heiter bis wolkig, anfangs im Osten noch einzelne gewittrige Schauer. Tagestemperaturen um 25, morgen bis 29, Tiefstwerte um 16 Grad.

Alpengebiet

Zwischendurch aufgeheitert, sonst stark bewölkt, zeitweise gewittrige Regenfälle und Schauer. Höchsttemperaturen um 22, morgen bei 25, in 2000 m Höhe etwas über 10 Grad, Tiefstwerte um 16 Grad.

Rhein-Main-Gebiet

Heiter bis wolkig, lokal Wärmegewitter. Tagestemperaturen um 25, morgen bei 28, Tiefstwerte bis 17 Grad.

Deutsches Küstengebiet

Wechselnd bewölkt und einzelne zum Teil gewittrige Schauer, morgen vielfach sonnig und trocken. Höchsttemperaturen um 20, morgen bei 25, Tiefstwerte um 14 Grad.

E25

In this weather forecast for five regions of Germany some weather conditions are fairly widespread, others more restricted. Copy out the table and check accordingly.

	S. Bavaria	N. Bavaria	Alps	Rhine-Main	Coast
1 Very cloudy					
2 Stormy showers					
3 Sunny and dry					
4 Thunderstorms					
5 Bright intervals					
6 Clear to cloudy					

Chapter 11
Practice Examination I

Level One – 30 minutes

1

ZIMMER
FREI

What information does this sign give you? (1)

2

Eintritt
verboten

If you were in a public building and saw this sign on a door, what could you not do? (1)

3

GELDWECHSLER
WECHSELT
2.-DM in 2x50Pf. + 1x 1.-DM
5.-DM in 2x50Pf. + 2x1.-DM + 1x2.-DM

What would a machine do that had this sign on it? (1)

4

SCHULSORGEN?
Schlechte Zensuren? Unsere Fachlehrer helfen sofort durch
NACHHILFE!
Warten Sie nicht zu lange, noch ist Zeit, rufen Sie uns an!
SCHULUNGSZENTRUM RECKLINGH.
Schaumburgstr. 14, Tel. 2 36 34

If a German student were worried about his/her progress at school, why might this ad be of interest? (1)

5

Dr. med. K. Altenburger
Facharzt für Hals-Nasen-Ohrenkrankheiten
Allergologie
Sprechst.: 10 – 12 Uhr 15 – 17 Uhr
außer Mittwochnachmittag
Samstag nach Vereinbarung

If you went to see Dr. Altenburger, which parts of your body would likely need treatment? (3)

6

Die neue Bahn

Die Tourenkarte: Das Angebot für Rundreisen am Urlaubsort.

Wenn Sie zu Ihrem Reiseziel mindestens 201 km mit der Bahn anreisen. Bei Pauschalreisen spielt die Entfernung keine Rolle. 10 Tage gültig für beliebig viele Fahrten in einem Bezirk von ca. 1000 km Streckennetz.

a) What would be the starting point of any trip with a touring ticket? (1)

b) How long is the ticket valid? (1)

7

Frottier-Handtuch

100 % Baumwolle, Dessins und Farben sortiert, 50/100 cm

NATURFASER 100% BAUMWOLLE

Stück **5.99**

What would you do with the item advertised here? (1)

8

Dringend!!!!

Jura/St-Ursanne

Ich suche

ein junges Mädchen

zur Mithilfe im Gästehaus.

Familienanschluss.

Telefon 066/55 35 31

656131 14-8433

a) What job is advertised for a young girl here? (1)

b) When do you think she will be needed? (1)

9

Ein einmaliges Erlebnis

Tagesausflugsreisen nach Helgoland mit zollfreiem Einkauf

a) What kind of visit is being arranged to Heligoland? (1)

b) What would be the attraction of shopping on such a visit? (1)

10

Verloren/Gefunden

Goldrandbrille verloren, Ecke Herner/Weidestraße. Finder bitte melden unter Tel. RE 2 98 47.

Graue Perserkatze entlaufen. Belohnung zugesichert. Tel. RE 25558.

Schwarze Katze mit weißen Pfoten und weißer Blesse und blauem Halsband **zugelaufen.** Tel. 02361/81045.

Schwarze Katze mit weißem Fleck am Hals, sehr scheu, in Waltrop entlaufen. Bitte melden Tel. 02309/79938.

Your penpal has lost a black cat with white paws and a blue collar. Looking through the newspaper one evening while staying at his home, you notice this column. Which number do you excitedly tell him to call? (1)

11

Die neue Bahn

Von Haus zu Haus – Gepäck voraus

Von uns abgeholt – von uns zugestellt. Gepäckservice an vielen Orten. Fragen Sie nach unserem Sonderprospekt.

While staying at a friend's home in Germany, you have bought so many presents and souvenirs that your suitcase is too heavy to carry. Why are you relieved when you see this advertisement? (1)

12

Auch wir heiraten im Mai

Manfred Weidemann
Waltraud Heckel

4352 Herten
Kronstädter Straße 11

8562 Hersbruck
Am Steinberg 1

What are Manfred and Waltraud announcing? (1)

13

Der Treffpunkt
»Café Viktoria«
Aus unserer kleinen Küche bieten wir preiswerte kleine Gerichte.
Konditorei · Café
Viktoria
8700 Würzburg, Neubaustr. 6–8, Telefon (0931) 52773
Täglich geöffnet, auch sonn- und feiertags

a) The *Viktoria* is not only a café, but also a shop. What kind of shop? (1)

b) What two things are we told about the dishes that are served? (2)

14

Täglich geöffnet vom 26. 4. bis 19. 10.
hansaland
Sierksdorf · Ostsee
Freizeit im Park
Hansaland ist Freizeit im Park für alle: rasante Fahrten mit Loopingbahn oder Wildwasserbahn. Unterhaltung im Showtheater, die lustige Delphin- u. Seelöwenshow. Abenteuer in Bonanza City, interessante Ausstellungen . . . über 60 Attraktionen sind im familienfreundlichen Eintrittspreis enthalten. Freizeitpark Hansaland. Telefon: 04563/7052.

Sie erreichen das HANSALAND mit dem eigenen Fahrzeug über die Autobahn A 1, Abfahrt Eutin oder Neustadt/Süd, mit der Bundesbahn oder dem Bus.

a) *Hansaland* has more than 60 attractions. Name one that is listed. (1)

b) On which days is *Hansaland* open between April 26 and October 19? (1)

c) Mention any two means of transportation you could use to get to *Hansaland*. (2)

15

Wo gibt's Karten für die Festspiele?

Schriftlich ab sofort bei der Kartenstelle Festspielhaus, Otto-Burrmeister-Allee 1, 4350 Recklinghausen (die Kartenverteilung wird nach Eingang bearbeitet).

Telefonisch ab 3. Februar (02361) 25300 und 25350.

Persönlich bei der Kartenstelle im Festspielhaus, ab Dienstag, 1. April.

Öffnungszeiten: Montags bis freitags von 10 bis 17 Uhr, samstags, sonn- und feiertags von 11 bis 13 Uhr sowie jeweils eine Stunde vor Vorstellungsbeginn.

Theater im Depot, Castroper Straße 12, jeweils eine Stunde vor Vorstellungsbeginn. Abendkasse (02361) 47774.

While staying with your German friend in the Ruhr District, you both decide you would like to see a play at the Recklinghausen Festival. As you are going into Recklinghausen to do some shopping, you decide to buy the tickets from the box office. You reach the office at 1:15 after lunch. It is Saturday. Why are you disappointed? (1)

16

»Was helfen die schönsten Briefmarken, wenn die Post alles wieder umstempelt«, schrieb MOTORWELT-Leser Günther Illert zu dieser Kombination auf einem Briefkuvert.

Günther Illert is a stamp collector. He complains that the post office ruins stamps. How? (1)

17

ÄRZTE UND APOTHEKEN

Der Wiener Ärztefunkdienst ist täglich in der Zeit zwischen 19 und 7 Uhr (an Samstagen, Sonn- und Feiertagen auch zwischen 7 und 19 Uhr) unter der Telephonnummer 141 erreichbar.

Diensthabende Ordinationen (von 8 bis 20 Uhr). Samstag: Wien I., Börseplatz 6, Wien XX., Klosterneuburgerstraße 59/1. Sonntag: Wien I., Börseplatz 6, Wien XX., Brigittenauerlände 148.

Diensthabende Zahnärzte (von 9 bis 18 Uhr): Wien XVII., Andergasse 18, Wien III., Hegergasse 2/12, Wien XIV., Einwanggasse 25/5.

Information über diensthabende Dentisten: Telephon 63 94 11.

Information über diensthabende Apotheken: Telephon 15 50.

You are on vacation with your family in Vienna. Your father urgently needs some medication from a drugstore, but none of you know where the nearest one is that is still open. Which telephone number do you dial to get this information? (1)

18

Wer hat Lust, einem bald 13jährigen Mädchen zu schreiben? Hobbys: Reiten, Schwimmen, Lesen, Zeichnen. Schreibt wenn möglich mit Foto an: Cornelia Bergemann, Am Schellbruch 18, 2400 Lübeck 1

Cornelia is looking for a penpal. You share all of her interests, and you write and tell her so. However, in listing your interests, one is not mentioned by Cornelia. Which?

a) reading **b)** swimming **c)** riding
d) dancing **e)** drawing (1)

19

TENNIS-DISCOUNT

Alles spricht für uns!
Die Preise, Auswahl u. der Service

Weit über 1000 Tennisartikel
im aktuellen **Gratiskatalog** TR 5/86
Tennisschläger, Saiten ab 3,99 DM, Besaitungsmaschinen ab 299,- DM, Ballwurfmaschinen, Bälle, Griffbänder, Platzbedarf, Taschen, Thermobags u. vieles andere mehr.
– Direktversand täglich – Per Postkarte oder Telefon gratis anfordern beim:

Discount-Schnell Versand-Service ☎ 0421 / 803080 Tag + Nacht

SPORTCHAMPION Postfach 1227 D-2805 Stuhr 1

Angebot freibleibend

Your penpal is an avid tennis player. He looks through this catalog and sees something he would like to order by phone. It is 9 p.m. Is it worth calling? Give a reason. (1)

20

● Wetter

Unterschiedliche, überwiegend starke Bewölkung und besonders im Osten gebietsweise noch Regen. Später hier wie im Westen nur noch einzelne Schauer und beginnende Wolkenauflockerung. Frühtemperatur um 14, Höchstwerte wenig über 20 Grad.

What weather can travelers staying in eastern parts of the country expect? (1)

21

Ferienwohnung

Sigmund Mörmann, Illertstr. 4, 7562 Gernsbach-Lautenbach, Tel. 07224/3954

Gemütlich eingerichtete 75 qm große Ferienwohnung. 2 Schlafräume für 2-5 Personen, 1 großes Esszimmer, Dusche, sep. WC, Küche, Zentralheizung. Parkplatz gegenüber. Fernsehmöglichkeit, Liegewiese mit bequemen Gartenmöbeln, Tischtennisplatte vorhanden. Das Haus befindet sich in Waldnähe. Es ergeben sich herrliche Wandermöglichkeiten.

Preis für 2 Personen 34,- DM zuzügl. Kurtaxe

jede weitere Person 7,- DM

Endreinigung 20,- DM

Wir vermieten auch Doppelzimmer, Übernachtung mit Frühstück, Benutzung des Kühlschrankes. Preis pro Person 15,70 DM inkl. Kurtaxe.

You and your family are looking for a vacation home in the Gernsbach area. You want it to have the following facilities. Which of these facilities does the house above have? Copy the table and check accordingly.

	Yes	No
Shower		
Garage		
T.V.		

(3)

22

Unterhaltung und Kontaktpflege für Junge und Alte

Gernsbach ist kinderfreundlich, deshalb finden gerade junge Familien mit Kindern hier ideale Voraussetzungen. Da gibt es Kinderspielplätze mit allen Schikanen wie Schaukeln, Wippen, Karussels, ja sogar mit einer kleinen Seilbahn. Und dann die weiten Wiesen und Wälder mit ihren kleinen Bächen sind ein idealer und gefahrloser Tummelplatz für Kinder.

Auch die Junggebliebenen werden sich in Gernsbach nicht langweilen. Im Programm der Kurverwaltung gibt es regelmäßig Heimat- und Folkloreveranstaltungen, Tanzabende, Kurkonzerte, Stadtführungen, Farblichtbildervorträge, Führungen „mit dem Förster durch den Wald", Kegeln, Minigolf, Gartenschach und vieles mehr.

a) Your parents chose Gernsbach because you have a six-year-old brother, and the brochure mentioned that there would be plenty for him to do. Name one kind of attraction that would be suitable for him. (1)

b) Name an activity available for adults. (1)

23

Why does Wurzel say that his master shouldn't be surprised to find his breakfast gone? (1)

Level Two – 40 minutes

1

Wir reparieren:
Geschirrspülautomaten
Waschautomaten
Kühlgeräte und
Elektroherde
Kundendienst
Meisterbetrieb
Helmut Wolske
Castrop-Rauxel
Lange Straße 98
Tel. 7 57 25

If your German friend's mother called 7 57 25, name any three things she might wish to have repaired. (3)

2

Lehrer fürchten Montags-Horror

Alkohol, Nikotin und Video sind derzeit die Drogen, die Kinder und Jugendliche am meisten gefährden. Zu diesem Ergebnis kam die Gruppe Berliner Drogenkontaktlehrer.
Besonders kritischer Zeitpunkt ist nach Erfahrung der Lehrer der Wochenanfang – nicht selten kommen die Schüler montags müde und schwankend in die Klassenräume.
Dieser „Horror-Montag" hat noch eine andere Ursache: Am Wochenende verbringen viele Schulkinder die meiste Zeit an Videogeräten.
Die Folge: Auf dem Schulhof spielen sie, was sie im Videofilm gesehen haben: Gewalt, Brutalität und Krieg.

a) According to this article, how do many schoolchildren spend most of their time during the weekend? (1)

b) How does this affect their behavior in the school playground? (1)

3

Internationaler Studentenausweis

Zu Beginn eines jeden Reisejahres wird bei jungen Leuten die Frage nach dem internationalen Schüler- und Studentenausweis akut. Das Papier bringt erhebliche Preisvorteile, u. a. beim Eintritt in Museen und Theater, aber auch bei Beförderungsmitteln. Wichtig: Der Ausweis muß im Ausland auch ohne Dolmetscher „lesbar" sein. Gegen 50 Pfennig in Briefmarken und 50 Pfennig fürs Rückporto gibt es einen fünfsprachigen Vordruck bei: SSR e. V., Rothenbaumchaussee 61, 2000 Hamburg 13. Ein Stempel der Lehranstalt macht den Ausweis dann „gültig".

a) When is the demand for an international student identity card particularly great? (1)

b) What difference does it make if the card does not bear the stamp of the student's school? (1)

4

JUNIOR-PASS.

Wer schon 12, aber noch keine 23 ist (oder Student bzw. Schüler unter 27, jedoch nicht Besucher von Verwaltungs- und Beamtenfachhochschulen), der braucht bei der Bahn keinen vollen Fahrpreis zu bezahlen. Denn schließlich gibt's den Junior-Paß. Mit dem reist man ein ganzes Jahr lang zum halben normalen Fahrpreis. In jedem Zug (ausgenommen in Autoreisezügen und bei Sonderfahrten). Zu jeder Zeit. In jeder Klasse. Zuschläge* gehen natürlich extra. Und der Paß gilt auch dann noch, wenn man inzwischen 23 bzw. 27 geworden ist. Für den Junior-Paß ist ein deutliches Lichtbild (Paßbild) erforderlich. Er kostet 110 DM.

Damit zahlen Sie bei jedem Fahrausweis für einfache Fahrt oder für Hin- und Rückfahrt nur die Hälfte des normalen Fahrpreises für den DB-Schienenverkehr sowie in den Bahnbussen.

a) What two conditions apply to the age limit for purchasing this pass? (2)

b) What is stated about the travel price with this pass? (1)

c) What is said about the travel times? (1)

d) What happens if a person has a birthday and exceeds the age limit a few weeks after buying the pass? (1)

e) To be valid, a *Junior-Paß* must have something attached to it. What? (1)

5

München – jung und preiswert

Zwei Prospekte, die ganz besonders für den jugendlichen Gast konzipiert sind, hat das Münchner Fremdenverkehrsamt soeben für herausgegeben. Die Informationsbroschüre „München – Leitfaden für Jugendgruppen" wendet sich vor allem an die Organisatoren von Gruppenreisen, an Lehrer, Klassensprecher oder Jugendleiter.

Damit diese ein erlebnisreiches München-Programm planen können, gibt der Prospekt Auskunft über günstige Übernachtungsmöglichkeiten, preiswerte Gaststätten, Führungen durch Museen und alles andere, was junge Besucher interessieren könnte. Das zweite, in Englisch erscheinende Informationsheft, der „Young People's Guide to Munich" gibt den jugendlichen München-Touristen aus aller Welt Tips zu vielen aktuellen Themen. Sehenswürdigkeiten der Stadt werden dabei ebenso genannt wie Übernachtungsmöglichkeiten, der nächstgelegene Waschsalon und verschiedene Sportstätten.

a) Who has just published two new guides to Munich? (1)

b) For whom are they intended? (1)

c) Name two things that the German version gives information about. (2)

d) Name two additional things that the English version gives information about. (2)

6

SABINE ROHN
Breslauer Str. 13 A, 4352 Herten
Telefon 02366-34211

Liebe Sheena!

Verzeih' mir bitte, daß ich Dir erst jetzt schreibe. Aber nach Deinem Besuch mußte ich einiges an Arbeit erledigen, was liegen geblieben war. Nächste Woche beginnen für mich die Klausurtermine und ich muß langsam anfangen mich vorzubereiten. Neben Mathe und Latein graut es mir vor allem vor Englisch. Denn auch wenn Du mein Englisch gelobt hast, bleibt in mir immer noch der Zweifel, ob meine pingelige Lehrerin genauso milde über meine Fehler hinwegsieht wie Du.

Ich freue mich auf Deine Antwort, Tschüß
Deine Sabine!

a) Why did Sabine have no time to write to Sheena until now? (1)

b) Next week Sabine has exams. What is her attitude toward the math, Latin and English exams that she must take? (1)

c) How does she compare Sheena's opinion of her English with her teacher's opinion? (1)

7

Cessna-Pilotin: Eine 17jährige erobert den Himmel

Schulschluß am Starnberger Internat, Stephanie Neumeyer wird von ihrer Mutter mit dem Auto abgeholt. Stephanie ist noch nicht 18, hat keinen Führerschein. Flughafen Fürstenfeldbruck: Raus aus dem Auto, rein in ein Sportflugzeug – mit vertauschten Rollen: Stephanie sitzt am Steuerknüppel! Mit 17 ist sie Deutschlands jüngste Pilotin.

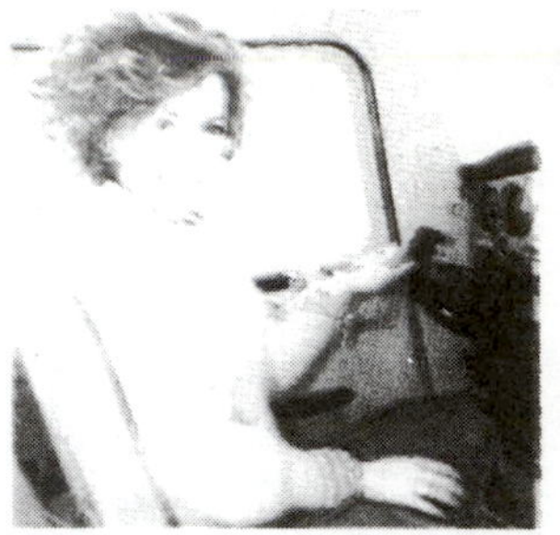

Stephanie im Cockpit: „Fliegen über den Wolken ist wie ein Rausch", schwärmt sie.

„Klingt verrückt, es ist aber so", sagt sie lachend, „den Flugschein darf man schon mit 17 machen." Schon als Kind wollte sie Pilot werden – „durch Papa (ein Autogroßhändler). Er fliegt auch, nahm mich oft mit." Unterrichtsstart vor einem Jahr. 50 Flug-, 80 Theoriestunden, die 8000 Mark Gebühren zahlte Papa. Inzwischen hebt Stephanie jede Woche mit ihrer Cessna 172 ab – mal mit Freunden, mal mit den Eltern auf den Hintersitzen. „Bringt mehr Spaß und wird billiger", sagt sie, „die Cessna ist geliehen, kostet 165 Mark pro Stunde – wer mitfliegt, beteiligt sich." Zukunftspläne? „Abitur – dann Jet-Pilotin."

200 Stundenkilometer schnell, vier Sitzplätze – Stephanie vor ihrer Cessna: „Mein Traum ist eine eigene Maschine, eine gebrauchte kostet etwa 50 000 Mark."

a) What is Stephanie Neumeyer's claim to fame? (1)

b) How did her interest in flying begin? (1)

c) When did she begin to take flying lessons? (1)

d) Who accompanies her on her flights? (2)

e) What does she say are the two advantages of having company on her flights? (2)

f) What are Stephanie's plans for the future? (2)

8

Das müssen Sie wissen, wenn Sie nach Großbritannien fahren:

Pässe: Reisepaß oder Personalausweis genügt (für Berliner der behelfsmäßige Personalausweis). Kinder unter 16 Jahren, die nicht im Paß einer Begleitperson eingetragen sind, benötigen einen Kinderausweis oder eine Berliner Kinderlichtbildbescheinigung.

Devisen: Bei Einreise nach Großbritannien alle Zahlungsmittel in unbegrenzter Höhe.

Zoll: Nach Großbritannien kann Reisegepäck nur über den Weg befördert werden, den Sie selbst für Ihre Fahrt wählen.

Informationen: An allen deutschen Bahnhöfen, bei den DER-Reisebüros und anderen DB-Verkaufsagenturen. Dort erfahren Sie auch mehr über weitere Sonderfahrten und Fahrpreisermäßigungen.

a) What kind of identification do Germans over the age of 16 need when coming to England? (2)

b) What amount of currency can be brought into England? (1)

c) What conditions apply to sending luggage? (1)

d) Name one place where travel information is available? (1)

Chapter 12

Practice Examination II

Level One – 30 minutes

1

Why are people urged to keep the streets cleaner? (1)

2

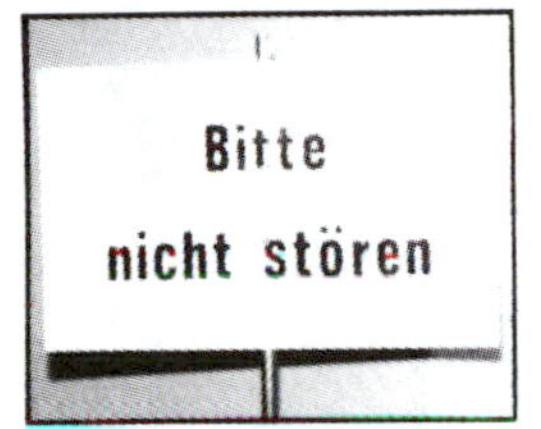

There is an important meeting in progress in a classroom in school. This sign is outside the door. What request does it make? (1)

3

This sticker is from Stuttgart airport. What does it say? (1)

4

VERSETZUNG
GEFÄHRDET?
Schon wenige Stunden
Nachhilfe
bewirken oft Wunder!
SCHULUNGSZENTRUM RECKLINGH.
Schaumburgstr. 14, Tel. 2 36 34

If a German student were weak in a particular subject and were in danger of having to repeat a school year, why might this advertisement be of interest to him/her? (1)

5

Julia, Helen

geb. 17. 5. um 18.53 Uhr 2460 g 47 cm

Voller Freude geben wir die Geburt unserer zweiten Tochter bekannt.

Petra, Rudolf
und Eva Wackernagel

4000 Düsseldorf, Stoffeler Broich 73

AB106239

Why are the Wackernagels so happy? (2)

6

What can you buy for DM 1,79? (1)

7

WICHTIGE RUFNUMMERN

Überfall – Verkehrsunfall – Feuer – THW

Überfall – Unfall	Rothenburg	110
Feuer	Rothenburg	112
Polizei	Rothenburg	2001
Rettungsdienst Rotes Kreuz ..	Rothenburg	2222
THW-Unfallhilfsdienst über ...	Rothenburg	2001

a) What number would you dial if you wanted the fire department? (1)

b) What number would you dial if you wanted to contact the police? (1)

8

Hohe Belohnung!

Wer hat den Ferrari-Unfall auf der A 43 Richtung Recklinghausen – Münster (Unfallstelle Höhe Haltern) am 8. 11. um 10.38 Uhr gesehen?

Telefon 02361 / 25210 oder 57767

What happened on Highway A43 on the date in question? (1)

9

Das RAIL & FLY-TICKET –

ein Super-Angebot zum Super-Preis!

Mit der DB vom Wohnort
zu den Flughäfen DÜSSELDORF oder HAMBURG –
weiter mit der OFD
auf die Ostfriesischen Inseln
und HELGOLAND

Fragen Sie uns, Ihr Reisebüro oder die DB am Wohnort nach Einzelheiten und PREISEN — es lohnt sich!

From where could you catch the train if you wanted to take advantage of this offer? (1)

10

Wer hat Lust, mir (15) zu schreiben? Alter ist egal. Hobbys: Schwimmen, Fußball, Musik. Alle Briefe werden beantwortet. Schreibt an Tanja Juraschek, Wiesenweg 5 c, 2121 Melbeck

Tanja is looking for a penpal. What age does she want this penpal to be? (1)

11

Britta Schwerma (Ort fehlt) wird am Pfingstsonntag stolze drei Jahre alt. Ganz herzlich gratulieren dem Geburtstagskind Mama, Papa und der kleine Bruder Michael.

What will Britta Schwerma be celebrating on Pentecost? (1)

12

a) What could you expect to buy at Edith's? (1)

b) According to this advertisement, why would you be likely to be in Nortorf? (1)

13

a) What kind of store is *Roter Apfel*? (1)

b) What do we know about lunchtime closing? (1)

14

Izdavač: Hotelsko turističko poduzeće »RIVIERA« — POREČ

22.7.

Liebe Evelyn + Peter
Aus dem sonnigen Süden
senden wir Euch die herz-
lichsten Grüße. Es geht uns
hier wunderbar und wir
schwimmen sehr viel. Grüßt
uns Gordon.
Herzlichst
T. Hedi + Herbert

OTOK »SV. NIKOLA« — POREČ

TISAK HIP »VJESNIK« — ZAGREB
Foto: A. Abram

a) What does this postcard say about the weather? (1)

b) How are the two people spending a lot of their time? (1)

15

Röntgen-
Abtlg.
„Seit wann haben Sie eigentlich Ihr schlimmes Magenweh . . .?"

What has the patient been complaining about? (1)

16

a) What are we told about the age of this circus? (1)

b) On which day of the week could you not see a performance at 4 p.m.? (1)

17

Europa's größtes Freizeit- und Abenteuer-Paradies

Phantasialand

Schmidt-Löffelhardt GmbH
D-5040 Brühl, Berggeiststr. 31-41
Tel. 0 22 32-3 20 84 · Telet. 2232 402
Telex 8 883 270 phsl d · Btx 4 30 51

Sehr geehrter Besucher, besonders lohnenswert ist der Besuch in den Monaten April und Mai, sowie September und Oktober, **speziell an Freitagen und Samstagen.**
Wir wünschen Ihnen einen erlebnisreichen Tag.
Weitere Informationen am Info-Zentrum (Brandenburger Tor)

a) What is *Phantasialand*? (1)

b) When during the week is it recommended that you should go there? (2)

18

Erholsame und aktive Ferientage in Ostfriesland:

Wandern, Radfahren, Baden, Angeln, Tennis, Fitneß und Gesundheit – und alles in bester Luft inmitten einer einmaligen Landschaft. Zu jeder Jahreszeit.
Die ganze Vielfalt des Ferienlandes Ostfriesland, im **LUFTKURORT HAGE**.
Das aktuelle „Urlaubsjournal" mit allen Informationen kommt sofort. Kostenlos. Anruf oder Karte genügt.

155

Kurverwaltung Hage · Hauptstr. 55 · 2984 Hage · Tel. 0 49 31 / 7 43 90

Apart from tennis, name three sports that you could enjoy during your stay in Hage. (3)

19

Hier ein Auszug aus unserer reichhaltigen Speisenkarte.

Schaffners Suppenteller Goulaschsuppe mit Sauerrahm verfeinert	5,80 DM
Salat Niçoise Ein herzhafter Salatteller mit Thunfisch, Tomaten, Zwiebeln, grünen Bohnen, Oliven und gebutterten Toastecken	12,50 DM
Schollenfilet »Florentiner Art« Gebratenes Schollenfilet auf Blattspinat, mit Sc. Hollandaise überbacken, dazu Salzkartoffeln	14,50 DM
Toast »Theatre« mit Champignons à la crème und Schinken, mit Käse überbacken	9,80 DM
Gebackene Champignons mit Sc. Remoulade — ein Gedicht	7,50 DM
Nudeln »Accapulco« Ein Nudelgericht mit Putengeschnetzeltem und Sauce Mexicaine	8,90 DM
Broccolipfanne Broccoli mit einer leckeren Sauce aus Schinken und Zwiebeln, das Ganze mit Käse überbacken	14,00 DM
Gefülltes Schweinesteak »Cuba« mit Ananas, Schinken, Käse auf Currysauce mit Paprikareis	17,50 DM
Schweinefilet auf Blattspinat Ein saftiges Schweinesteak auf Blattspinat, dazu reichen wir Gratin Dauphinoise	19,80 DM

a) Name any four things that you would eat if you chose a *Salat Niçoise*. (4)

b) What meat would you find in a *Toast »Theatre«*? (1)

c) Which fruit accompanies a Cuba pork steak? (1)

Level Two – 40 minutes

1

Gebrauchsinformation, sorgfältig lesen!

What are you told to read carefully? (1)

2

pro Person leider nur einmal
Gratis 100 Briefmarken aus Deutschland
Außerdem zum Kennenlernen unsere hochaktuellen und preiswerten Marken-auswahlen aus Deutschland oder aller Welt, die wir **unverbindlich** zur Ansicht mitsenden. Preisliste liegt bei.
MARKEN PAUL Abt. 79 · 8228 FREILASSING

How much would you have to pay for the 100 German stamps mentioned in this advertisement? (1)

3

Studio im Museum
Tübingen
Einheitspreis
Preis lt. Aushang
Nur für gelösta Vorst. gültig
Auf Verlangen vorzeigen
BIREKA, 6962 Adelsheim
31042

Why is it important to keep this ticket while you are in the movie theater? (1)

4

Gesucht werden Friseure/innen
die selbständig arbeiten wollen,
die Spaß an ihrem Beruf haben,
die meistens gute Laune haben; und
2 Auszubildende(auch männlich)
Wir freuen uns auf Ihren Anruf.
S. F. Pahl, GE-Buer, Hagenstr. 24, Tel. 0209/3 13 53

Name any two qualities expected of applicants for these hairdressing jobs. (2)

5

IC-Züge
Bequem und schnell verbindet dieses Zugsystem viele Städte, 36 davon im Direktanschluß miteinander. Bei Umsteigeverbindungen wartet der Anschlußzug am gleichen Bahnsteig auf dem Gleis gegenüber oder läuft in den nächsten Minuten dort ein. Zwischen der 1. und 2. Wagenklasse ist das Zugrestaurant, in dem Sie vom DSG-Team gerne erwartet werden.

If you had to change from one Intercity train to another, why could you be sure that you would not miss your connection? Give two reasons. (2)

6

Der Schlüssel zur Welt
Die Jugendherbergs-Mitgliedskarte für Jugendliche, Schulen, Gruppen und Familien ohne Altersbegrenzung.
Vorteile der JH-Mitgliedschaft: preisgünstige Übernachtungs- und Verpflegungsmöglichkeit weltweit – eigenes Reservationssystem – 6mal jährlich informiert die attraktive Mitglieder-Zeitung über Jugendherbergen, Reisen und andere interessante Themen – Mitglieder erhalten an vielen Orten Vergünstigungen – der eigene Reisedienst jugi-tours offeriert ein vielfältiges Programm.

Name two advantages of membership in the Youth Hostel Association. (2)

7

Arzneimittel für Kinder unzugänglich aufbewahren!

What must be stored out of the reach of children? (1)

8

Tiermarkt

Wellensittich mit dekorativem, großem Käfig mit Ständer umständehalber günstig abzugeben. Tel. 02365/83674.

Perserkätzchen, weiß, 9 Wochen, günstig zu verkaufen. Tel. 02365/83674.

Münsterländerwelpen von Privat geimpft u. entwurmt. Tel. 02543/4960.

Junger Wellensittich (weiß/hellblau) für 10 DM zu verk. 02363/52453.

Legereife Junghennen u. Hühnerküken zu verk., Tel. 02365/66367.

Deutsch. Schäferhund, 1½ J., m. Papieren zu verkaufen. Preis VB. Tel. 0 23 61 / 4 68 08.

Perserkatzen schwarz und schwarzweiß, 4 Wochen alt in gute Hände zu verkaufen. Tel. 02366/82194 ab 19 Uhr.

Schäferhund, Rüde, 3 J. alt, für 300 DM zu verk., geeignet auch als Wachhund. Tel. 02366/41442.

Junge Mischlingshündin umständehalber abzugeben. Tel. 0 23 68 / 5 69 53.

a) What pets would you get if you called 02365/83674? (2)

b) Which number would you phone if you wanted a German shepherd? (1)

9

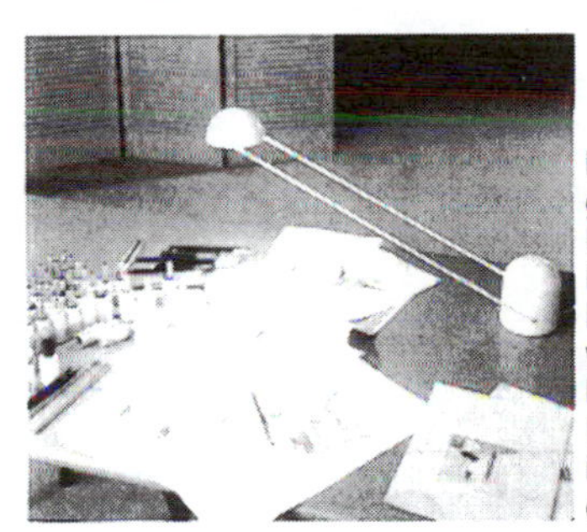

Bürolampe

Auch Heim- und Hobbyarbeitsplätze wollen gut beleuchtet sein. Die Philips-Halogen-Tischleuchte hilft dabei. Die Lichtstärke kann reguliert werden. Im Elektroladen kostet die „Dimmlite-Kombi" um 200 Mark; sie ist in den Farben Weiß oder Braun zu haben.

For what activities might you buy this type of lamp? (1)

10

WETTER AKTUELL

Frühtemperaturen: 10 bis 15 Grad
Tageshöchstwerte: 22 bis 27 Grad

Im Alpenraum setzt sich erneut schwacher Hochdruckeinfluß durch. Die Aussichten für heute: Überwiegend sonniges und warmes Wetter, gegen Abend einzelne Gewitterbildungen, schwacher Wind.

Aussichten für Samstag: Vorübergehend schwacher Störungseinfluß.

What weather changes can be expected in some parts of Austria by the evening? (2)

11

Tramper-Monats-Ticket.

Wer gern durch unser Land trampt, kann eine ganze Menge sparen. Vorausgesetzt, man ist noch keine 23, auf einer Schule – nicht jedoch Verwaltungs- und Beamtenfachhochschule – oder Uni und noch keine 27. Dann hat sie oder er nämlich genau das richtige Alter fürs Tramper-Monats-Ticket. Es kostet 245,– DM. (Wer einen gültigen Junior-Paß hat, zahlt sogar nur 212 DM.) Dafür kann man einen ganzen Monat lang in der 2. Klasse rumreisen. So oft man mag. Auf dem gesamten Schienennetz der DB (auch innerhalb des Bereiches von Verkehrs- und Tarifverbünden und der S-Bahn Köln) in allen Personenzügen (ausgenommen in Sonderzügen/Sonderwagen, Autoreisezügen). Sogar im Intercity. Und das, ohne einen Pfennig mehr zu bezahlen. Das Tramper-Monats-Ticket gilt auch zu beliebigen Fahrten auf den Bahnbuslinien, den Omnibuslinien der Omnibus-Verkehrsgemeinschaft Bahn/Post sowie auf den Omnibuslinien der Regionalverkehrsgesellschaften nach Maßgabe ihrer Tarife; Auskunft über die Benutzung der Busse erteilen die Omnibusfahrer der betreffenden Linien. Wie man das Tramper-Monats-Ticket bekommt? Ganz einfach: Man bringt seinen Ausweis und ein Paßbild mit und zahlt seine 245 DM. Bei kleineren Fahrkartenausgaben muß allerdings u.U. vorbestellt werden. **Neu ab 1. Mai:** Bei der Benutzung von Zügen mit Gepäckwagen können ohne zusätzliche Zahlung Fahrräder mitgenommen und in die Gepäckwagen eingestellt werden.

a) For what kind of person is this ticket intended? (1)

b) What is the age limit for applying for one of these tickets if you are not a full-time student? (1)

c) In what kind of train is it not valid? (2)

d) What two things are required before you can purchase a ticket? (2)

e) What additional facility can you take advantage of starting May 1? (1)

12

Nette Polizei

»Urlaub gerettet«

Auf dem Weg in den Urlaub habe ich nach dem Tanken meine ganzen Reiseunterlagen auf dem Kofferraum des Wagens liegengelassen und bemerkte den Schaden erst 200 km weiter am Oslo-Kai in Kiel. Wir waren verzweifelt – aber fünf Minuten später kam ein Polizist und brachte unsere vollständigen Papiere. Ein Werkstattleiter hatte die Papiere entdeckt und sie der Autobahnpolizei übergeben. In einer Stafette wurden sie uns nachgebracht, und unser Urlaub war gerettet.

Klaus Hartmann, Münster

a) Where did the driver leave his travel documents? (1)

b) What had he just been doing? (1)

c) Where exactly was he when he discovered the loss? (1)

d) How was his vacation saved? (2)

13

Sehr geehrter Herr LUPSON!

Von der Familie Dr. Josef Walter habe ich Ihre Adresse erhalten. Frau Walter hat mir mitgeteilt, daß Sie sie über unsere Wünsche informiert.

Wir hätten folgendes Anliegen:
Wir haben 2 Kinder im Alter von 16 und 15 Jahren, die ihre Englischkenntnisse in den heurigen Sommerferien verbessern wollen. Zu diesem Zwecke würden wir eine bzw. zwei Gastfamilien suchen.
Unser Sohn ist 16 Jahre, besucht die 6. Klasse Gymnasium und lernt 6 Jahre Englisch. Unsere Tochter ist 15 Jahre, besucht die 5. Klasse Gymnasium und hat 5 Jahre Englischunterricht.

Es wäre sicher günstiger die beiden Kinder in getrennten Familien unterzubringen, wenn möglich sollten auch Kinder in den Gastfamilien sein.

Es käme ein Austausch im dereuffolgenden Jahr oder eine Unterbringung gegenBezahlung in Frage, letzteres wäre uns lieber.

Ich danke Ihnen im voraus für Ihre Bemühungen

und grüße Sie herzlich

Gerta Meister

a) Why does Frau Meister want to send her two children to England? (1)

b) Where would she like her two children to live during their stay? (1)

c) On what basis would she prefer accommodations for them? (1)

d) What would be an acceptable alternative? (1)

14

Kerstin (17): Aushilfsverkäuferin

Ich arbeite in einem Mode-Kaufhaus in der Herrenabteilung als Verkäuferin, für sechs Wochen insgesamt. Täglich knapp neun Stunden verkaufe ich Krawatten, Hemden, Sakkos. Es macht mir sehr viel Spaß, wirklich ein toller Job. 12 Mark pro Stunde bekomme ich dafür, das sind runde 2000 Mark insgesamt. Ich finde, das ist sehr gut bezahlt. Die Arbeit ist nicht anstrengend, man lernt was dabei, es macht Spaß.

Viel besser als die Jobs, die ich bisher hatte: In einer Wäscherei an der Bügelmaschine hab ich zwei Sommerferien lang geschuftet. Dort ist es tierisch heiß, stinklangweilig, unterbezahlt (DM 7,50 pro Stunde). Ich bin froh, daß ich diesen Job gekriegt hab. Aber eben mit „Vitamin B", mit Beziehungen: Ein Bekannter arbeitet dort, hat mich vorgeschlagen ...

a) Where exactly does Kerstin work in the department store? (1)

b) Name two items that she sells. (2)

c) Mention two things that she says about the work. (2)

d) Where had she worked previously during her summer vacation? (1)

e) Mention two things that she says about that job. (2)

Acknowledgments

I would like to express my gratitude to Alan and Elaine Kay of the inlingua Sprachschule, Recklinghausen, for their interest and support in the preparation of this book. In particular, I would like to thank them for the materials that they provided for inclusion in this selection.

My grateful thanks also to the following for permission to reproduce copyright material:
ADAC Motorwelt, München, for "Langeweile oder Streit im Auto?" on page 92; for the ADAC advertisement on page 93; "Berlin Transit" and "Leserbriefe" on page 94; "Urlaub gerettet" on page 138; and "Bier-Brief" (question 16) on page 125 • Bägeno-Verlag GmbH u.Co.KG, Hilden, for "Hase Cäser" and "Mäuschen" on page 6 (both articles from *Bäckerblume)* • Heinrich Bauer Fachzeitschriften – Verlag KG, München, for the following articles from *Bravo:* the three readers' letters to the Dr.-Sommer-Team on page 4; the two readers' letters to the Dr.-Sommer-Team on page 19; Pinwand on page 34; the reader's letter to the Dr.-Sommer-Team on page 107; the penpal's request (question 18) on page 125; the penpal request (question 10) on page 132; "Kerstin (17) . . ." on page 139 • Der Bundesminister für das Post- und Fernmeldewesen, Bonn, for items E1–E5 on page 71; "Informationen für Touristen," "Wenn Sie Briefmarken brauchen . . ." and "Der Nachsendungsantrag" on page 72; "Aufschrift Beispiele" and the form on page 73; the information for stamp collectors on page 74; "Postgiro und Postsparen" on page 75; "Wo und wie Sie Telefonieren können" and "Greifen Sie zum Fernsprechbuch" on page 77; "Gelbe Seiten" and "Ruf doch mal zu Hause an . . ." on page 78 • Burda GmbH, München, for "Super! Die Stones bei Gottschalk" (from *Bild und Funk*) on page 36; • Cornelia Busch for the school timetable on page 14; • Deutsche Bundesbahn – Zentrale, Mainz, for all items on page 95; for the "Junior Paß" and "Tramper-Monats-Ticket" information, and the ticket on page 96; the two advertisements and the timetable on page 97; "Rail and Road" and the insurance information on page 98; for the information about Koblenz and Hamburg, and "Rhein und Mosel erleben" on page 115; for the information about Interlaken and Mayrhofen on page 116; "Die Tourenkarte" on page 122; "Von Haus zu Haus . . ." on page 123; "Junior-Paß" on page 128; "Das müssen Sie wissen . . ." on page 130; "Das Rail and Fly-Ticket" on page 132; "IC-Züge" on page 136; and "Tramper-Monats-Ticket" on page 138 • Deutsches Jugendherbergswerk, Detmold, for the form, and "Jugendherberge Münster" on page 114 • Deutscher Sparkassenverlag, Stuttgart, for "Kann Thomas hier lernen?" (from *Hallo*) on page 9 • Prof. Dr. Jürgen Feldhoff, Universität Bielefeld, for the following articles from *Projekt Betriebspraktikum – Beschäftigungsbereich Industrie*: "Ausbildungsstellenmarkt" and "Berufszufriedenheit der Auszubildenden" on page 23; "Richtlinien zur Durchführung von Betriebspraktika" and "Jugendarbeitsschutzgesetz" on page 28; "Betriebspraktikum als Probelehre?" and "Praktikum in der Lehrwerkstatt" on page 29; "Belastung am Arbeitsplatz" on page 31 • Film Theater Betriebe Gerd Politt, Recklinghausen, for the Studio 2 film program on page 39 • Gruner; und Jahr AG u.Co., Hamburg, for the following articles from *Brigitte*: "Zu intelligent, zu kreativ?" and "Vorstellung: Natürlichkeit ist Trumpf" on page 26; "Betriebspraktikum" on page 27; "Bewerbungen" and "Nur nicht zu spät bewerben!" on page 30 • Hotel Schultenhof, Gladbeck, for the menu on pages 63–65 and the receipt on page 66 • Internationale inlingua Sprachschulen, Bern, for "Nachhilfeunterricht für Schüler und Studenten" on page 16 and "Ausbildung zum Fremdsprachen-Korrespondenten" on page 24 • Karstadt AG, Essen, for the advertisement on page 54 • *Kurier-Wien* for the article on the "Tierheim Klosterneuburg" page 5; for "Heute der Hitzerekord" on page 119; for the weather report on page 120; and for "Wetter aktuell" on page 137 • *Mail on Sunday/You Magazine* and the artist Alex Graham for the "Wurzel" cartoon on page 126 • Mainpresse Richterdruck, Würzburg, for the following articles from *Die junge Zeitung*: "Focus interviewt Focus" on page 20; "Grips und schöne Augen" on page 31; "Louisa „macht" Models" on page 32; "Lehrer fürchten Montagshorror" and "Internationaler Studentenausweis" on page 127; and "München – jung und preiswert" on page 128 • Österreichische Nestlé Gesellschaft m.b.H. for the Maggi soup package on page 69 • Sabine Rohn for the report card on page 16 and the letter on page 129 • Sport Raab, Mösern b.Seefeld, for the price list and letter on page 49 • Claudia Schulte for the letter on page 2 • Axel Springer Verlag AG, Hamburg, for "Sommerschlußverkauf – kein Grund zur Panik" (from *Journal für die Frau*) on page 60 • Städtisches Verkehrsbüro Bernkastel-Kues for the cover of the town information guide on page 110 • Süddeutscher Verlag GmbH, München, for "Urlaubswetter" and "Der SZ – Wetterbericht" (from the *Süddeutsche Zeitung*) on page 121 • *Tiroler Tageszeitung,* Innsbruck, for the article "Schüleraustausch England-Telfs" on page 22 • Vereinigte Motor – Verlage GmbH u.Co. K.G., Stuttgart, for the reader's letter on "Super-Bond" (from *Video*) on page 45 • Dr. Josef Walter, Direktor, Bundeshandelsschule Telfs, Tirol, for the following: the identity card and "Klasse 2a" responsibility list on page 13; the form, and "Wie entsteht die Mitarbeitsnote?" on page 17; "Wir Lehrer haben die Schüler befragt," "Rund um die Sprechstunde" and the joke on page 18; "Ferialarbeit" on page 27; and the "Elternfragebogen" on page 81.

Every effort has been made to contact copyright holders, but we apologize if any have been overlooked.

Finally, I would like to thank two students, Karen Ashburner and Sheena Gavaghan, for their constructive criticism and helpful suggestions.